中国交通教育研究会职业教育分会推荐教材
高等职业院校船舶技术类专业教学用书

高等职业教育规划教材

船舶机装与电装工艺

【船舶舾装专业】

刘兴永 主 编
许宝森 主 审

CHUANBO
JIZHUANG YU
DIANZHUANG
GONGYI

人民交通出版社

内 容 提 要

本书是高等职业教育船舶技术类船舶舾装专业中国交通教育研究会职业教育分会船舶技术专业委员会规划教材之一，按照《船舶机装与电装》课程标准的要求而编写的。

本书共分七章，内容紧密结合现代造船企业的生产实际，前四章介绍船舶轴系部件的制造与装配，船舶轴系的安装，螺旋桨的制造与安装，船舶辅机和锅炉的安装等机装工艺；后三章介绍电气安装件及船体构件开孔补强，船用电缆及拉敷，船舶电气设备安装等电装工艺。

本书可作为高等职业技术学院船舶舾装和船舶涂装专业的教材和教学参考书，亦可供从事船舶设计、生产的有关技术人员参考。

图书在版编目(CIP)数据

船舶机装与电装工艺 / 刘兴永主编. -- 北京 : 人民交通出版社, 2012.7

ISBN 978-7-114-09841-3

Ⅰ. ①船… Ⅱ. ①刘… Ⅲ. ①舾装 - 工艺学 Ⅳ. ①U671.91

中国版本图书馆 CIP 数据核字(2012)第 119921 号

书　　名：船舶机装与电装工艺
著 作 者：刘兴永
责任编辑：钱悦良
出版发行：人民交通出版社
地　　址：(100011) 北京市朝阳区安定门外外馆斜街 3 号
网　　址：http://www.chinasybook.com
销售电话：(010) 64981400，59757915
总 经 销：北京交实文化发展有限公司
印　　刷：北京鑫正大印刷有限公司
开　　本：787×1092　1/16
印　　张：10.5
字　　数：251 千
版　　次：2012 年 7 月　第 1 版
印　　次：2012 年 7 月　第 1 次印刷
书　　号：ISBN 978-7-114-09841-3
定　　价：30.00 元

前言

QIANYAN

为规范高等职业教育船舶技术类专业的教学,积极推进课程改革与教材建设,提高教学质量,更好地满足我国船舶工业快速发展的需要,中国交通教育研究会职业教育分会船舶技术专业委员会组织全国开办有船舶技术类专业的职业院校及其骨干教师,编写了“十二五”高职船舶规划教材。

这些教材分别适用于船舶工程技术专业、轮机工程技术专业和船舶电气工程技术专业,以及船舶检验、船舶舾装、焊接技术及自动化、游艇设计与制造等船舶技术类专业。

“十二五”高职船舶规划教材大部分是在“十一五”高职船舶规划教材的基础上修订而成。本规划教材注重以就业为导向,以职业能力培养为核心,面向行业企业,充分体现职业教育的特色,满足高素质实用型、技能型船舶技术类专业高等职业人才培养的需要。

本规划教材主要是针对高等职业教育编写的,其他形式的职业教育、职工培训、专业考证训练以及相关技术人员也可参考使用。

《船舶机装与电装工艺》是高等职业教育船舶技术类船舶舾装技术专业规划教材,按照《船舶机装与电装工艺》课程标准的要求,比较系统地介绍了船舶机装工艺和电装工艺的概念、基本内容,船舶轴系部件的制造和装配,船舶轴系的安装,螺旋桨的制造与安装,船舶辅机和锅炉的安装,电气安装件及船体构件开孔补强,船用电缆及拉敷,船舶电气设备的安装等内容,以使读者全面理解船舶机装与电装工艺的基本过程和方法。

参加本书编写工作的有:主编渤海船舶职业学院刘兴永(编写绪论、第一、三章),副主编武汉交通职业学院刘世伟(编写第二、四章),参编渤海船舶职业学院张俊杰(第五、六章),参编大连职业技术学院张天添(第七章)。本书由渤海船舶职业学院许宝森教授主审。

限于编者经历和水平,书中难免疏漏与不足之处,恳请读者批评指正,以便修订时完善。

中国交通教育研究会职业教育分会船舶技术专业委员会

2012 年 6 月

目录

MULU

绪　论

● **学习目标**

知识目标

1. 了解船舶机、电装工艺的含义；

2. 了解船舶机、电装作业的特点及工艺原则；

3. 理解现代造船模式的特点。

机装(机舱舾装)是指机舱内各种船舶设备的安装与调试。机装专业的内容包括轴系装置和主机的安装与校正;各种辅机和锅炉的安装;机舱管路系统、起重梁和吊环等安装。此外,还有机舱机修机床的安装,以及机械设备绝缘的安装等。

一、机装工艺概述

1. 机装工艺的含义

机装工程是指船舶机舱及特种舱室中的机电设备,各种管路及有关舾装件的设计、制造和安装这一工程范畴。

机装工艺是指包括主机、辅机、轴系、设备和管路系统等整个动力装置的部件及有关舾装件在内的全部安装工程,采用先进的科学技术方法进行安装和调试,以达到提高生产率、降低建造成本、改进产品质量、缩短造船周期为目的的一门综合性的应用科学。

船舶主机、轴系和推进器是船舶动力装置中最重要的组成部分。构成船舶动力装置的还有锅炉、发电机组和服务于主机、锅炉和其他船舶设备的辅机以及船舶管路系统等。船舶动力装置主要有内燃机、(蒸)汽轮机、燃气轮机、核动力和联合动力装置等几种形式。民用船舶是以内燃机动力装置为主,但随着超级油船和大型集装箱船的建造,在 22 050kW 以上的船舶中,汽轮机动力装置日益增多。本书主要讲解内燃机动力装置的安装工艺。

2. 机装的特点及工艺流程和规程的制定

(1)机装作业的特点。由于机舱内设备密集,布置分散,次序参差交错,安装精度要求很高,机舱舾装作业条件差,工作效率低,历来是影响舾装周期的重要环节。另外,随着船舶自动化技术的迅速发展,集控机舱、无人机舱的日益普遍,机舱设备的机械化、自动化程度越来越高,这一切使得机舱舾装工作量急剧增加,舾装周期也就相应延长。因此,单元组装、分段舾装和机舱模块化等新工艺,对机舱舾装来说,越发显得重要。

①采用新的工艺流程和方法,生产设计时推行预舾装工艺,舾装采办件按直接所属的单元、分段或船上区域编组,装入托盘,在需要时运往船上安装,这使得机械安装的主要工作量从机舱移到分厂内完成。另外,在同一舾装区域内的元件预先组装成一个整体,这一工艺过程成为单元预舾装。现代造船中,在分段建造的适当阶段,将分段所属的舾装件或单元安装到分段上,这一工艺过程称为分段舾装,这种安装方式减少了船上机械安装的工作量。

②设计采用新的机械化工具，应用新型材料简化安装作业，减少装配部件刮配加工范围，采用各种方法减轻施工人员的劳动强度，提高生产效率。

(2)机装工艺流程。机装工艺流程取决于生产规模、安装过程的劳动量以及安装件的结构和质量等因素。一般是属于自由移动式安装，即安装件从一个存放地点吊运到按机舱布置图要求应到位的位置上，并给予校中、连接、配垫、钻铰孔、紧固和验收等安装顺序。在每一安装区域，均配备有专用工装设备和量卡具，根据被安装件的安装顺序，不断地将所需要的安装件运送到相应的安装位置上，并使其定位和安装，这种安装方式称为船舶动力装置安装工艺流程。工艺流程能把所有力量都组织起来，对工程的进展能定量地、形象地进行指挥，起着组织、协调、控制的作用。总之，工艺流程能比较直观地看出各工序的主要或次要地位，既能抢出速度又能相互配合，是目前指挥生产行之有效的措施。

(3)编写机装工艺规程的步骤：

①分析研究安装件的总装图、验收技术条件和零部件明细表；

②确定安装的组织形式，即首制产品还是批量船，由此派生相适应的组织形式；

③确定各安装件的科学排列顺序，力求符合安装过程节拍的要求；

④选择和制作安装工艺过程中所要用到的工装设备和工、量、卡具；

⑤确定安装质量检验的方法和标准；

⑥确定工人等级及工时定额；

⑦确定安装件位移时的吊运方法及安装操作指导卡；

⑧拟定试验大纲。

二、电装工艺概述

1. 电装工艺含义

电装(电气舾装)是指船上电缆的敷设以及电气设备的安装、接线、检查和调试等作业。电装作业从事全船电器安装工作，作业内容有装焊电气设备和电缆的紧固件、贯穿件以及密封装置，敷设电缆、电气设备接线及设备填料密封，舱壁和甲板电气密封装置的密封，电缆端头的加工和接线，电气设备的试验与调整等。

船用电气设备与陆上同样功能的电气设备相比，工作环境较为恶劣，必须考虑到电器的防振性、防潮性和防蚀性等，因此设备的结构较为复杂，安装工艺也不同。特别是船用电缆，由于必须在狭窄的场所进行敷设，因此电缆的构造和架设都比较特别。目前船舶电气化、自动化程度正在日益提高，电气安装的工作量也在成倍增加。一艘20万吨油轮的电缆敷设长度可达70km。为了加快电气舾装的工作进程，必须合理地划分电气安装工艺阶段。电气工艺阶段划分的实质，就是要把所有的船舶电气制造工作穿插安排到船体建造的各个工艺阶段去，使各专业、各工种间能相互协调一致，以达到按期、按质完成造船任务的目的。在具体划分时，一般应在船舶生产设计准备阶段进行，要考虑与船舶建造的工艺阶段和计划相适应。

2. 电装工艺原则及电装工艺原则的确定

(1)电装工艺原则。电装工艺原则可根据船舶的不同类别、船体及电装分厂的生产能力来确定，经常采用的工艺原则如下所述：

①按合拢顺序安装工艺。

特征:在某段船体合拢完毕并经火工矫正后,即可进行各阶段的电气安装工作,将跨区的主干电缆卷绕挂起,按合拢顺序向前推进。

优点:开工较早,能缩短船舶电装的周期,节省人力。

缺点:与其他工种交叉作业,电缆及一些设备易受损伤。

应用:船体建造能力不强,大合拢时间较长而又要求缩短造船周期的大、中型船舶。

②全面平行安装工艺。

特征:在船体大合拢完毕并经火工矫正后,全船按工艺分区,各小组按区实施同步平行作业,各小组也可实现局部交叉流水作业。

优点:安装效率高,人员可机动,缩短周期。

缺点:电装工作开始较迟,若调配不当可能会延长电装周期,应注意统筹安排。

应用:船体建造能力较强,大合拢时间较短的大、中型船舶。

③分段预安装工艺。

特征:在船体某一分段建造完成后,即可进行该分段电气紧固件及大型设备的预安装;无试水要求舱室的电缆、设备等的安装与接线,主干电缆在大合拢时再敷设。

优点:能缩短船舶建造周期,在分段倒置时能寻找有利的安装位置,变空中作业为地面作业,降低劳动强度。

缺点:电气安装周期长,电缆线路所占的位置较大。

④总段预安装工艺。

特征:各分段均在总段中进行舾装工作,在总段建造中电装工作可大部分完成,主干电缆在大合拢时再敷设。

优点:能大大缩短船舶建造周期。

缺点:电装周期较长,电缆线路所占的位置较大。

应用:适于大型或超大型单一建造的船舶及标准型的大、中型船舶的建造。

⑤单元预安装工艺。

特征:把船上的部分安装工作移到内场进行,连成一个单元后再上船安装,如电缆紧固件和电气设备被制成单元等。

优点:可改善劳动条件、减轻劳动强度、提高效率,保证安装质量。

缺点:单元的运输及安装不便。

应用:适于批量生产的各种船舶。

除了上述介绍的安装工艺原则外,还有分区安装工艺、流水安装工艺等原则,在船舶的电气建造过程中,往往是上述各种不同安装原则的有机结合。

(2)船舶电装工艺原则的确定。

①主要原则是尽量缩短船舶电装的周期、减少电装的工作量、减低劳动强度、提高船舶建造的质量及合理安排劳动力。

②船舶采用小分段依次逐段合拢时,大合拢的周期较长,电气建造工艺宜采用“按合拢顺序安装工艺”。

③船体分厂自动化程度较高,采用由几总段大合拢的建造方法,当合拢周期较短时,采用“全面平行安装工艺”。

④当船体采用分段依次合拢，且在分段完成后，留有各专业的预装时间时，常采用“分段预安装工艺”。

⑤当船体采用总段大合拢方式的大型船舶建造时，各总段的建造周期较长，应采用“总段预安装工艺”。

⑥由于其他工种施工的需要，某一特定部分的安装件及电气设备需要提前或滞后安装，应采用局部性施工工艺。

⑦在确定完整电装工艺后，还要考虑电装各工艺阶段中劳动力的调配，应尽量采用平行作业、内部作业与外部作业交叉进行的安装工艺。另外，还应将每个船舶总段分成若干个工艺安装区及电气安装阶段，以便能在各阶段中投入机动劳动力或多余的劳动力，易于统筹安排。

⑧对于批量生产的建造，可考虑流水作业法，即某一安装小组专门负责每一条船舶上的同类别电气建造工作。

⑨可根据产品要求及生产情况，对全船性施工方法和局部性施工方法进行有机组合，通过实践总结出适合本厂实际的各种施工方法。

三、现代造船模式简介

所谓现代造船模式，可理解为以统筹优化理论为指导，应用成组技术原理，以中间产品为导向，按区域组织生产，壳、舾、涂作业在空间上分道，时间上有序，实现设计、生产、管理一体化，均衡、连续地总装造船。

传统造船模式是系统导向型造船模式，这种模式从船舶工程组织生产的总体看，船体建造是作为一个相对于轮机、电气等专业独立的生产作业系统和部门，按其各自专业系统，由专业工种组织生产。

现代造船模式是产品导向型造船模式，它按产品划分作业区域，分阶段地把区域内的作业任务按其类型以生产任务包形式组织生产为共同特征。现代造船模式强调船体建造、舾装、涂装三类作业的相互结合。产品导向型的现代造船模式实质上是从船体建造、舾装、涂装一体化角度，按区域对产品作业任务进行分解和组合，并按区域划分各类作业任务，形成船体以分段、舾装以托盘(或单元)作为组织生产的基本作业单元，进行船舶建造的一种造船模式。

现代造船模式形成的技术基础是成组技术和系统工程技术。成组技术是研究事物间的相似性，并将其合理应用的一种技术。成组技术有两个原理应用于现代造船模式中，一个是中间产品为导向型的作业分解原理，另一个是相似性原理。中间产品导向型的作业分解原理是把最终产品按其形成的制造级，以中间产品的形式对其进行作业任务的分解和组合。所谓中间产品是指生产的作业单元，是对最终产品进行任务分解的一个组成部分，也是逐级形成最终产品的组成部分。相似性原理是对产品作业任务分解成门类繁多的中间产品，按作业的相似特性，遵循一定准则进行分类成组，以便用相同的施工工艺的处理方法扩大中间产品的成组批量，以建立批量性的流水定位，或流水定员的生产作业体系。系统工程技术是组织“系统”的规划、研究、设计、制造、试验和使用的科学方法，是一种对所有系统具有普遍意义的科学方法。系统工程技术的基本原理运用统筹优化理论，其基本准则是：

(1)体现整体、综合、动态及寻优观点处理组织“系统”的问题；

(2)充分运用大系统的分解协调、定量分析和优化等方法。

为此，系统工程技术需要应用现代数学的统计管理方法和电子计算机进行系统的分析、综合、优化、评价和规划。在造船中应用系统工程技术处理组织"系统"的准则，通常可概括为统筹、协调、优化的准则。壳、舾、涂和设计、生产、管理两个一体化，从全局、全厂、全船的角度统筹、协调各系统的各方面问题，使船舶建造能整体优化。

现代造船模式的形成，除应用成组技术和系统工程技术作为主要技术基础之外，还需有当代其他新技术的应用作支承，如电子计算机技术、管理科学等新技术的应用。其中电子计算机技术的应用尤为重要，这是因为现代造船模式的形成，由于改变传统的船舶设计、组织生产和生产管理方式，需要大量的设计、生产、管理的图形、数据信息，及加以相互沟通、交换和处理。如若没有电子计算机技术的应用作支承，而仅靠人工收集和处理信息数据，那将会使船舶设计工作增加难度，而影响造船生产技术准备的周期。

SIKAO YU LIANXI

1. 什么是船舶舾装？

2. 船舶机装与电装工艺的内涵是什么？

3. 试述机装工艺规程的步骤。

4. 试述电气工艺阶段的含义。

5. 某船体分厂的船体生产能力较强，现已将一艘15万吨级的货轮进行完大合拢，并经火工校正，且对造船周期要求较短，问应采取哪一种电气安装工艺，为什么？

6. 船舶建造有哪些工艺阶段？简要说明在船舶建造的不同工艺阶段的电装施工的基本内容。

7. 何谓现代造船模式？

第一章　船舶轴系部件的制造和装配

● **学习目标**

知识目标

1. 正确叙述和理解船舶轴系及部件的作用和组成；
2. 正确理解和掌握轴系部件制造与装配技术要求；
3. 正确理解和掌握轴系部件的装配方法。

能力目标

1. 会选用轴系部件的加工方法；
2. 会轴系部件的制造与装配。

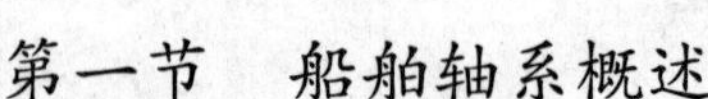

第一节　船舶轴系概述

一、轴系的作用及组成

船舶轴系的作用是将主机发出的功率传递给螺旋桨；螺旋桨旋转后产生的轴向推力通过轴系传给推力轴承，再由推力轴承传给船体，使船舶前进或后退。因此，船舶轴系是船舶动力装置中的重要组成部分之一。轴系安装质量直接影响主机的正常运转及船舶的正常航行，为此，轴系的制造与安装都有较高的技术要求，都要符合技术标准的有关规定。

船舶轴系通常指从主机曲轴末端（或减速齿轮箱末端）法兰开始，到艉轴（或螺旋桨轴）为止的一系列传动装置。主要部件有：推力轴及其轴承，中间轴及其轴承，艉轴（或螺旋桨轴）及艉轴承，人字架轴承，艉轴管及密封装置，各轴的联轴节，隔舱壁填料函、轴接地装置及制动器等。

轴系的结构种类很多，常用的有定距螺旋桨推进轴系、可调螺距螺旋桨推进轴系、正反转螺旋桨推进轴系等。目前除工程船舶及小型内河船舶外，大多数民用船舶采用定距螺旋桨推进轴系。因此，本书主要介绍定距螺旋桨推进轴系的制造与安装工艺。

民用船舶轴系分为单轴系或双轴系，货船通常采用单轴系，而客轮一般为双轴系。单轴系位于船中纵剖面上，双轴系则位于船的两侧，并相互对称。双轴系船舶的操纵性能比较好，动力装置的生命力比较强，用于内河船舶居多，但双轴系船舶的结构复杂，建造的工作量大，成本也高。

根据主机及螺旋桨布置的要求，有时轴线与基线成倾斜角 α 或与纵剖面成偏斜角 β。轴系的倾斜使主机处于不良的工作状态，降低了螺旋桨的有效推力。为了使螺旋桨的有效推力不致显著下降，以及保证主机工作的安全可靠，一般 α 角限制在 $0° \sim 5°$之间，而且 β 角限制在 $0° \sim 3°$之间。对于一般快艇，由于条件的限制，α 角可达 $12° \sim 16°$，对于单轴系船舶通常 $\alpha = 0°$，双轴系船舶则很少能满足无倾斜角的要求。

船舶总体设计时，机舱可以布置在中部，也可以布置在艉部。当机舱布置在中部时，轴系

就比较长;当机舱布置在艉部时,轴系就比较短。一般来说,具有两根或两根以上中间轴的轴系,称为长轴系,中机型的大型船舶的轴系长度有的达 100m 左右,中间轴多达十余根;只有一根,其长度可短至 7 ~ 8m 或者没有中间轴的轴系称为短轴系。长轴系的柔性比较好,比较容易调整,但调整、安装的工作量大。短轴系的刚性比较大,安装的要求也就高一些。双轴系船舶,左右主机回转方向应相反,当船舶在正车前进时,右舷主机一般为右转,而左舷主机为左转。如果主机回转方向一致,则可通过换向机构来实现。当一台主机驱动左右两套轴系时,也可安装换向机构使左右轴系反向旋转。

当主机或减速箱内部设有推力轴承时,轴系不必设置独立的推力轴承。推力轴及其轴承的作用有两点:一是承受螺旋桨所产生的轴向推力,并传递给船体,使船舶产生运动;二是防止螺旋桨产生的轴向推力直接推动主机曲轴,使曲轴发生移动及歪斜,而损坏主机的机件。常见的推力轴承有两种结构型式,一种是马蹄片式推力轴承;另一种是单环推力轴承,后者目前应用比较广泛。

隔舱壁填料函的作用是在轴系通过舱壁时,使舱壁保持水密,以保证船舶的抗沉性。当机舱布置在尾部,就不用隔舱壁填料函。

艉轴管一般都有前后两个轴承,有些船舶的艉轴管较长,设有三个艉管轴承。艉管轴承绝大多数采用滑动轴承。当艉管轴承采用铁梨木、橡胶、层压板和尼龙等材料时,则用水作为冷却润滑剂。这时,艉轴通常都用铜质保护套或玻璃钢保护层来保护艉轴轴颈,以防止海水对艉轴的锈蚀。当艉轴管内采用白合金轴承时,用润滑油来润滑冷却,这时艉轴管首尾端都设有密封装置。目前大型船舶艉管轴承和中间轴承采用了球面支座自动调位的滑动轴承,这种轴承能够对船体变形给以有效的补偿,大大减轻了轴承因船体变形而产生的附加负荷。艉管轴承也有采用滚动轴承的。

中间轴承大多数采用白合金的滑动轴承,但也有采用滚动轴承的。滚动轴承的摩擦系数小,因此轴系的机械损失少一些。当采用滚动轴承时,各中间轴和艉轴一端的连接法兰必须制成可拆联轴节,以便于滚动轴承的拆装,中间轴承均用润滑油润滑,用冷却水(在管子内)再来冷却润滑油。

轴系的可拆联轴节的结构形式很多,常见的有:圆锥(或圆柱)形螺栓可拆联轴节、液压联轴节、夹壳联轴节、挠性联轴节等。而挠性联轴节又有弹性圆柱销联轴节、轮胎联轴节、圆筒橡皮联轴节及十字头滑块联轴节等。

当艉轴伸出船体外的长度较长时,需要人字架给以支承,这通常在双轴系船舶上采用,人字架轴承通常为滑动轴承。

艉轴管两端的密封装置的结构型式常见的有:橡皮环式密封装置、橡皮筒式端面密封装置、金属环式密封装置及首端填料函密封装置等。轴系布置的典型实例如下:

远洋 46 000DWT 货船单轴系布置如图 1-1 所示。该船的主机采用一台二冲程、单作用、中冷、直流扫气、废气涡轮增压、直接换向十字头式低速船用柴油机,机型为 SULZER 6RTA52U 柴油机,经传动轴直接与螺旋桨相连接,这种大型低速机本身带有推力轴承,故在本轴系中未另设推力轴及推力轴承。整个轴系长达 14 210mm,由一根中间轴 2、艉轴管装置 1、中间轴承 4、轴系接地装置 3 组成,中间轴与艉轴采用整锻法兰连接,螺旋桨与桨轴采用无键液压套合连接,提高了轴系的强度。本轴系属于直接传动方式,有结构简单、传动效率高等优点。这种传

动方式在大型远洋船舶中得到了广泛的应用。

长江线客船的双轴系布置如图 1-2 所示。该轴系由推力轴 9、中间轴 3、5、6、10 及艉轴组成,每根中间轴分别由中间轴承 2 支承,推力轴 9 上设有推力环,推力环两侧有推力块,用以传递主机功率,并承受螺旋桨的推力。在中间轴上装有测功仪,来测量主机所传递的功率大小。艉轴通过艉轴管 7 而伸出船外,艉轴管中设有密封装置避免舷外水进入舱内,以及滑油泄到船外。因艉轴伸出艉管外距离较长,为了支承螺旋桨的重量及保护伸出船体外的部分艉轴,装设人字架作为支承。

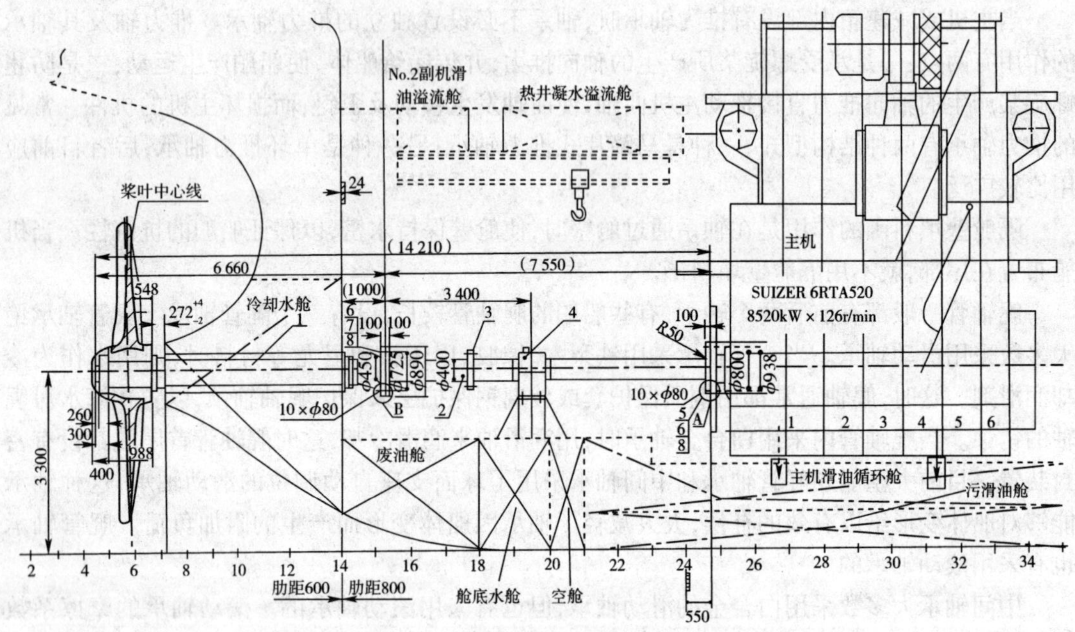

图 1-1 远洋 46 000DWT 货船单轴系布置图

1-艉轴管装置;2-中间轴;3-轴系接地装置;4-中间轴承;5、7-螺栓;6-螺母;8-垫片

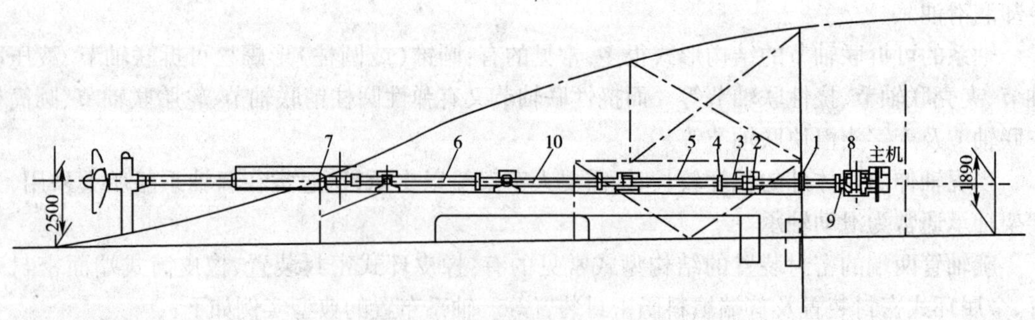

图 1-2 长江线客船双轴系布置图

1-隔舱填料函;2-中间轴承;3-中间轴;4-中间轴连接法兰;5-中间轴(Ⅱ);6-中间轴(Ⅲ);7-艉轴管;8-推力轴承;9-推力轴;10-中间轴(Ⅳ)

二、船舶轴系的典型结构及安装要求

船舶轴系按在一艘船上所安装的主机台数,分为单轴系装置、双轴系装置及多轴系装置。

按主机在船上安装的位置(中部机舱、中尾部机舱和尾部机舱),分为长轴系及短轴系。根据这些轴系的典型结构,提出一些安装要求:

1. 单轴系装置

(1)长轴系。图 1-2 所示为中机型长轴系结构。它的特点是轴系长度与直径之比较大($L>22\sqrt{d}\sim100$m),柔性较好,比较容易调整,但安装工作量大,找正时应先控制艉轴端法兰的偏移 δ 和曲折值 ϕ,一般艉轴和主机输出端轴应安装得偏高些,当开机运行一段时间后能自动平轴,轴的中间部位偏移和曲折可放宽些。

(2)短轴系。图 1-3 所示为国产 16 000t 煤矿船的单轴短轴系结构。该船的主机为一台 6ESD276/160 型低速船用柴油机,额定功率 6615kW,额定转速为 115r/min。由于机舱布置在船尾部,发动机轴与艉轴之间只用一根中间轴连接,故为短轴系。它的特点是轴系长度直径之比较小 ($L<22\sqrt{d}$),柔性较差,因而当轴线有微小的弯曲和曲折时,两端轴承的附加负荷就急剧增大,在安装这类轴系时,要严格控制轴两端支承轴承的同轴度。目前采用轴承负荷合理校中法来安装这类轴系,达到很好效果。

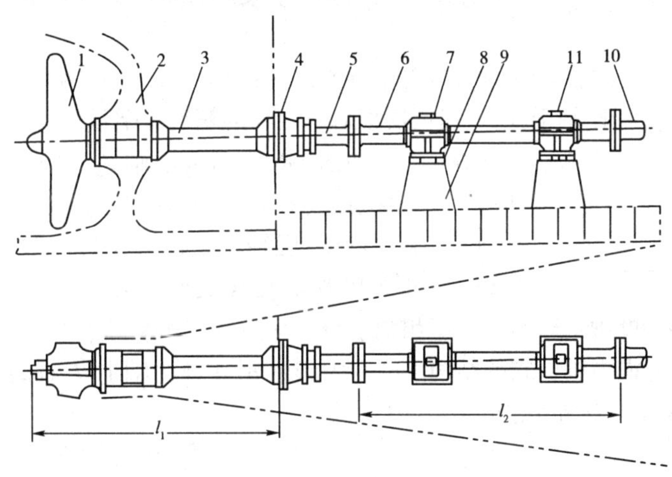

图 1-3　16 000t 煤矿船单轴短轴系结构

1-螺旋桨;2-艉柱;3-艉轴管; 4-隔舱壁填料函;5-艉轴;6-中间轴;7、11-中间轴轴承;8-轴承垫块;9-轴承机座;10-主机功率输出轴

此轴系装置中,艉轴、中间轴及主机曲轴用法兰联轴节连成一体。中间轴用滑动式中间轴承支撑,定好位后用垫块及基座螺栓紧固在各自的轴承基座上。艉轴装于艉轴管中。艉轴管的尾部固定在船体艉柱的艉轴壳孔中,其前端固定在横隔舱壁的焊垫上。

2. 双轴系装置

图 1-2 所示为国产大型客船的双轴系装置。轴系对称地布置在船体中龙骨的左右两侧。机舱设置在船的中部,在艉轴与推力轴之间装有 4 根中间轴,故称为长轴系。它的特点与单轴长轴系装置相似,在此不再赘述。

双轴系的艉轴、各中间轴及推力轴用法兰联轴节连成一体并与主机曲轴相连接。每根中间轴用一个滑动式中间轴承支持。由于双轴系船舶的艉轴需伸出船尾较长一段才能安装螺旋桨,故用于支承艉轴的艉轴管比较长。艉轴管的尾端用装焊在船体上的人字架支撑,其前端固

定在船体的艉轴壳孔中。

3. 滚动式中间轴承的轴系装置

7 000t 远洋货船的单轴系装置如图 1-4 所示。此轴系采用滚子轴承作为中间轴承，为便于将轴承套装在轴颈上，轴与轴之间采用液压套筒式联轴节联接。这类轴系的结构特点是属于细长轴，挠性较大，一般用光学仪器对滚子轴承找中定位。

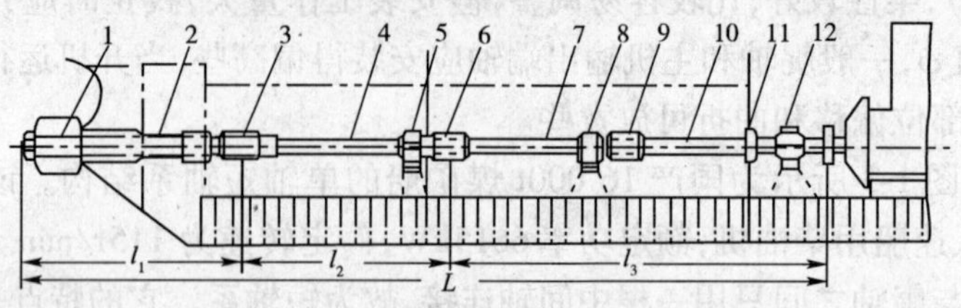

图 1-4　滚动式中间轴轴承轴系装置

1-艉轴；2-艉轴管；3、6、9-液压套筒式联轴节；4、7、10-中间轴；5、8、12-滚子式中间轴；11-隔舱壁填料函

第二节　轴系部件制造与装配的技术条件

如图 1-5 所示为中间轴。它的结构比较简单，两端为法兰 A，主体为轴干 B，轴的支承处称轴颈 C。轴颈 C 的直径比轴干大些，以便磨损后有足够的精加工余量。

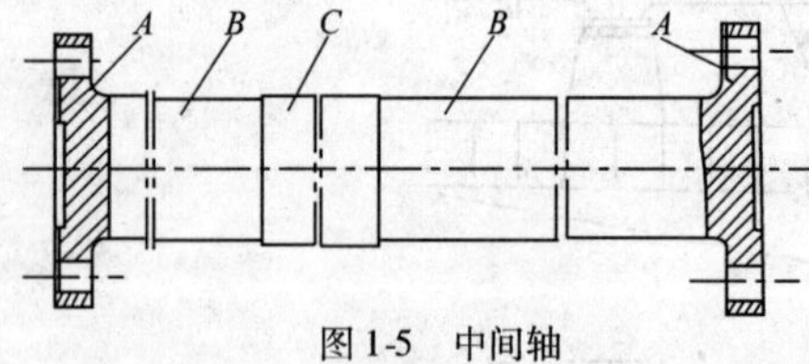

图 1-5　中间轴

如图 1-6 所示为艉轴，它是轴系中最末一段轴，它穿过艉轴管伸出船尾，首端与中间轴相连，尾端安装螺旋桨，艉轴的结构由法兰 A，轴干 B 和 D，轴颈 C 和 E 以及安装螺旋桨的锥形轴 F 和螺柱 G 等部分组成。

如图 1-7 所示为推力轴。它的结构由两端为法兰 A，主体为轴干 B，轴的支承处为轴颈 C，承受轴向推力的推力环 D 等组成。

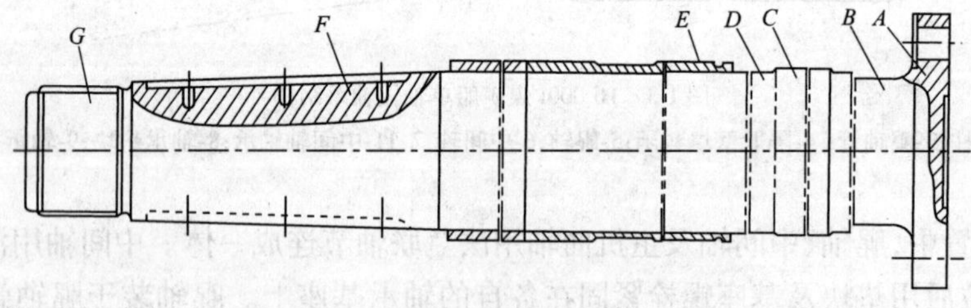

图 1-6　艉轴

一、轴系零件材料的技术要求

轴系是传递主机功率的重要部件，运转中由于受力情况比较复杂，因此要求轴系材料具有足够的强度，高的冲击韧性和疲劳强度，以及良好的耐磨性。

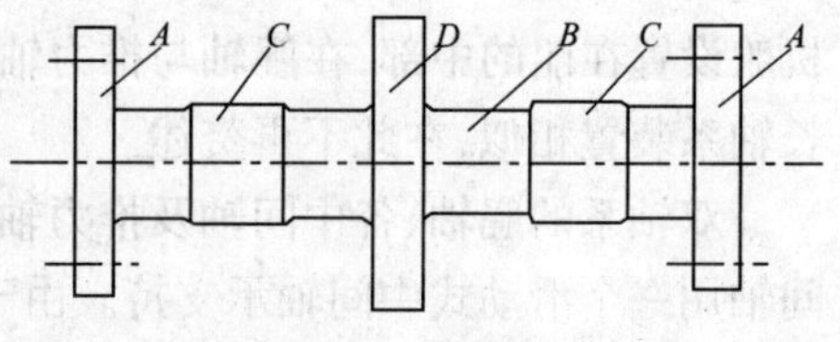

图 1-7　推力轴

推力轴、中间轴、艉轴的材料常采用 30、40、45 号钢，轴系法兰联结螺栓材料一般要求用 35、40、45 号

钢,联轴节材料一般采用35、40号钢,也可采用ZG30、ZG35和ZG40,但其强度一般要求不应低于轴的材料强度。轴的毛坯材料要求经过锻压,以增加其金相组织的均匀性。轴材料的机械性能和化学成分必须符合表1-1的要求。

轴锻件材料的机械性能

表1-1

轴的直径(mm)	抗拉强度σ_b(N/mm)	屈服强度σ_s(N/mm²)	延伸率δ_5(%)	收缩率ψ(%)	冲击值a_k(N·m/cm²)	硬度HB	180°冷弯试验
≤100	568.4	294	196	40	58.8	180~207	$d=3a$
101~300	524.2	264.6	176.4	38	49	180~207	$d=3a$
>300	470.4	245	166.6	35	49	180~207	$d=3a$

注:d——芯型直径;a——试样厚度。

轴系材料必须有质量保证书(合格证),或符合材料试验规范要求方可使用。

锻件原材料不应有缩孔、疏松、气泡、分层、裂缝等。经过锻打后不应有分层、裂缝、折叠、结疤、砂眼、密集发裂以及其他缺陷,亦不得有过烧现象。锻件的缺陷一般不应用焊补方法修整,局部缺陷可用机械方法修整,其深度不得超过加工余量的75%,而且其加工余量不得少于3mm。

推力轴、中间轴及艉轴经过锻打后均应经退火处理消除内应力。亦可采用正火处理,以获得均匀的细晶粒组织,在粗加工之后再经退火处理消除应力。对于内河船舶,允许采用控制较小切削容量的逐步加工方法,以达到消除内应力的目的。

中间轴及艉轴的法兰采用焊接时,焊后应经退火处理,亦可采用局部退火处理的方法。轴系中的法兰联结螺栓、键、大型螺母等锻件,应经正火处理,而粗加工后则应退火处理,以消除内应力。轴系中较重要的铸钢件,如中间轴承座,可拆联轴节等,均应经高温退火处理,精加工之前应作退火处理消除内应力。其他一般零件的铸钢件,则作退火处理即可。

轴系联结法兰螺栓承受较大的剪切力,对它的材料有较高的要求,一般用45号钢。在粗加工后应进行调质处理,使螺栓既具有足够的抗拉强度,又有适当硬度。

用硬木做轴承座垫块时,要注意必须用硬杂木,且不能用松木等一般木材代替,以免承受负荷时承压变形或碎裂。用金属板做垫块时,一般有钢质和铸铁两种。用铸铁做垫块时,其厚度不应小于16mm。

二、推力轴、中间轴及艉轴的机械加工技术要求

对新制并经过精加工的各轴,其表面粗糙度及精度,必须符合规定的技术标准。

(1)工作轴颈外圆、轴铜套外圆及非工作轴颈外圆的跳动量,应不超过表1-2的规定。

(2)轴系法兰外圆及端面跳动量应不超过表1-3的规定。

(3)工作轴颈外圆,轴铜套外圆,可拆联轴节外圆等的圆度及圆柱度,不超过表1-4规定。可拆联轴节法兰的外圆及平面应与轴装配后一起进行精加工,其要与整体法兰相同。

(4)安装可拆联轴节键槽,艉轴锥体上键槽的宽度尺寸应相同,允许偏差每20mm宽,应不超过0.01mm,键槽两侧面应与槽中心线平行,不平行度每100mm应不过0.01mm,但总数应不超过0.03mm。

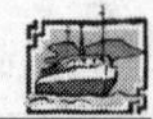

轴外圆跳动量(mm) 表 1-2

轴长/轴颈(*L/D*)	工作表面的外圆跳动量	非工作表面的外圆跳动量
≤20	≤0.03	≤0.12
20~35	≤0.04	≤0.16
35~50	≤0.05	≤0.20
50~65	≤0.06	≤0.24
65~80	≤0.07	≤0.28
80~95	≤0.08	≤0.32

注:①此表适用于单根或成对装配的轴;

②当 *L/D* 小于或等于 20,外圆跳动量为 *D* = 260~360mm 时,应不大于 0.04mm;*D* = 360~500mm 时,应不大于 0.05mm;

③装配螺旋桨的艉轴锥体修理时,其外圆跳动量根据艉管结构型式可适当放大。

轴系法兰外圆及端面的跳动量(mm) 表 1-3

法 兰 外 径	允许跳动量	法 兰 外 径	允许跳动量
120	0.03	860~500	0.06
120~180	0.03	500~700	0.07
100~260	0.04	>700	0.08
260~360	0.05		

注:①法兰定中凹凸圆的跳动量.不允许超过表中加工后外圆跳动量的允许值;

②推力轴上推力环的端面跳动量,应不超过下列数值:轴颈≤300mm,应小于 0.02mm;轴颈>300mm,应小于 0.03mm;

③推力轴前端法兰平面的跳动量,每 100mm 不超过 0.005mm,但总数不应超过 0.03mm。

轴外圆的圆度及圆柱度(mm) 表 1-4

轴 颈 直 径	圆度及圆柱度	轴 颈 直 径
120	≤0.02	260~360
120~180	≤0.03	360~500
180~260	≤0.03	500~700

注:①轴颈长度大于轴颈时,其圆柱度允许每增加 100mm;增加 0.01mm;

②非工作轴颈圆度不得大于工作轴颈要求的 2.5 倍。

(5)轴上螺纹应光洁,在与螺母配合时不应松动。最初的 3~4 牙用手能轻便旋入,最后 2~3 牙用小锤经敲旋入。修理轻度碰损轴的螺纹时允许锉削修正,碰损较重者则上车床修理,若螺母松动需要换新。

(6)轴系精加工后表面粗糙度应达到如下要求:

①工作轴颈表面粗糙度应为 0.8~0.4μm;

②有铜套的轴颈,铜套外圆粗糙度应为 0.8μm;

③非工作轴颈表面粗糙度应为 6.3μm;

④锥体部分表面粗糙度不高于 1.6μm;

⑤法兰外圆及端面的粗糙度不高于 32μm。

第三节　艉轴的装配

艉轴工作轴颈处装上铜套的作用是防止艉轴遭受舷外水的腐蚀,又能延长艉轴的使用寿命。当铜套磨损后,可在车床上进行精车,而当精车到极限厚度时,又可将铜套拆换。对于没有装铜套的艉轴,其轴颈经多次精车后也可再加装保护套,使艉轴仍能使用。

一般来说,每节工作轴颈处装上一个保护套。但对大型船舶艉轴,由于工作轴颈较长,有超过3m以上的,在制造和安装铜套时工艺复杂,保护套允许分段制造。在安装以后可用对接焊或压缝的办法来解决水渗入的问题,一般可分为两段或三段。

艉轴保护套的材料要求有良好的耐磨性和抗蚀性。海船的艉轴保护套,一般采用锡青铜ZQSn10-2,内河船舶则采用ZQSn5-5-5,小型船舶也可采用锰铁黄铜ZHMn55-3-1制成。艉轴安装铜套有铜套红装法、环氧树脂胶粘法、浇注法等方法。

一、艉轴铜套红装

铜套红装法是利用加热铜套的方法,将铜套套入艉轴,待自然冷却后即能箍紧在轴颈上,铜套红装法目前得到广泛的应用。

铜套的质量有一定要求,不允许有裂纹,密集气孔、缩孔、疏松和浇不足等严重缺陷。对某些小缺陷允许存在,有一些还允许修补后使用,其允许范围如表1-5所示。

铜套缺陷允许范围　　表1-5

缺陷部位	允许存在的缺陷	允许修补的缺陷
内圆及非工作轴颈的外圆	单独孔眼,最大外形尺寸不超过$\phi8\times3$mm,离边缘及孔边距不小于40mm,数量不多于6~10个,单独小孔眼,最大外形尺寸为$\phi3\times2$mm,离边缘距离及孔边距不小于20mm,每平方分米不多于2个	单独孔眼,直径不超过20~30 mm,深度不超过壁厚的1/2,离边缘及孔边距不小于50mm,修补数不多于4个
工作轴颈外圆	单独大孔眼,最大外形尺寸不超过$\phi5\times2.5$mm,离边缘及孔边距不小于50mm,数量不超过4个,单独小孔眼,最大外形尺寸为$\phi3\times2$mm,离边缘距离不小于20mm;每平方分米不多于1个	单独孔眼,直径不超过20~30 mm,深度不超过壁厚的1/2,离边缘及孔边距不小于50mm,修补数不多于4个

铜套的径向厚度,按式(1-1)计算:

$$\delta=(d_0+235)/32 \quad \text{mm} \tag{1-1}$$

式中:d_0——艉轴直径(mm)。

铜套非工作轴颈部分的厚度,取0.75δ。修理时,精加工后其厚度应不少于0.7δ。

1. 制造铜套在时有如下要求

(1)铜套外圆粗加工时留余量2~5mm,待铜套装上艉轴后,再连艉轴一起上车床精加工外圆;铜套内圆可进行精加工。

(2)铜套粗加工后应做水压试验,其压力为$(9.8\sim14.7)\times10^4$Pa,5min内不得有任何渗

漏。铜套表面产生渗漏的小空隙,允许用焊补、涂胶,熔铅等方法消除,处理后再进行水压试验。

(3)铜套内孔表面粗糙度及套合处的轴表面粗糙度 Ra 不应高于 1.6μm。轴和孔的圆度和圆柱度直接影响套合后各接触点承受压力的均匀性,以致减少接触面而降低套紧力。其圆度和圆柱度不大于表 1-6 规定。

铜套内圆的圆度和圆柱度(mm) 表 1-6

轴　颈	120 以下	120 ~ 180	180 ~ 260	260 ~ 360	360 ~ 500	500 以上
圆度	0.04	0.05	0.06	0.07	0.08	0.10
圆柱度	0.06	0.07	0.08	0.09	0.10	0.12

(4)为了减少热套后的应力,轴套两端应车成如图 1-8 所示的卸荷槽。

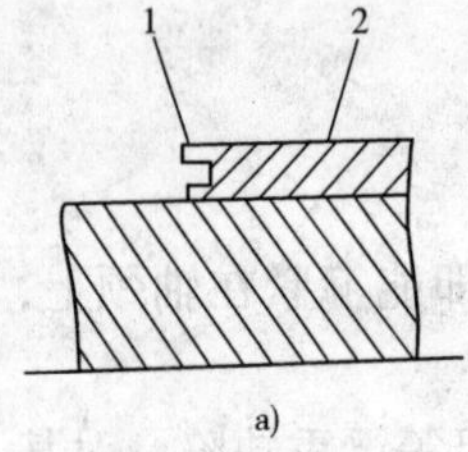

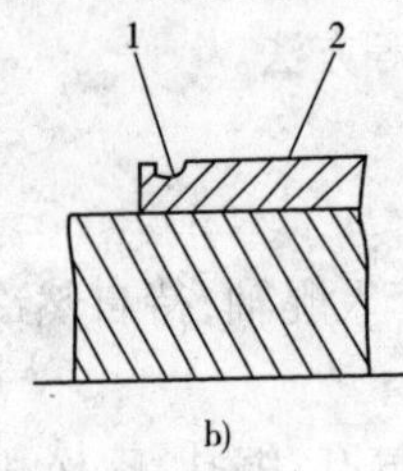

图 1-8　艉轴铜套两端的卸荷槽
1-卸荷槽;2-铜套

2. 铜套红装的工艺要求

(1)铜套与艉轴的过盈值,按表 1-7 选取,过盈值的公差范围在 0.01% 左右,过盈值如取得过大,则套合后箍紧力过大会使铜套产生裂纹;如果太小,则不能得到很好的箍紧力,则容易产生松动。所谓过盈值就是指轴径比孔径稍大的数值。例如:轴颈直径为 100mm,则选取过盈值为

$$100 \times 0.0012 = 0.12\text{mm}$$

则铜套内径应为

$$\phi 100_{-0.12}\text{mm}$$

铜套加热后孔受热胀大,当胀大到孔径超过 100mm 后即可套入轴颈,冷却后孔径收缩,便能牢牢地箍紧在轴颈上。

铜套与艉轴的过盈量 表 1-7

轴颈 d	100 以下	>100 ~ 200	>200 ~ 300	>300 ~ 400	>400 ~ 500
过盈值	$(0.0011 \sim 0.0012)d$	$(0.001 \sim 0.0011)d$	$(0.0009 \sim 0.001)d$	$(0.0008 \sim 0.0009)d$	$(0.0007 \sim 0.0008)d$

(2)铜套套合的加热温度在 300 ~ 350℃之间,加热的方法可采用煤气、丙烷或电热等。对于大型船舶的艉轴铜套,由于工件比较大,铜套温度很难保证且不易均匀。如某船铜套内径为 416mm,它套入的温度升高到 389.5℃才能使孔膨胀到需要的尺寸,通常采用油温加热铜套的方法。

3. 铜套红装时的操作顺序

(1)单个铜套的红装:

①按照选取的过盈值,制作一根孔径量棒。量棒用直径 10 ~ 15mm 圆铁制成,两端磨尖,尖端带圆弧形,其长度为套合处轴颈直径再加 2 倍的过盈量。使用量棒可以量出加热后的铜套孔径是否已膨胀到预定套合尺寸的要求。

②将艉轴放置在 V 形垫木上,如图 1-9 所示。艉轴表面必须擦拭干净,不得有油污,套合

时轴颈必须干燥,为防止铜套红装时超过预定位置,在艉轴上安装一定位卡箍,卡箍的位置按图纸上的规定放置。

③加热铜套,使孔径膨胀到量棒能放进时进行红装。取出铜套,迅速擦拭铜套内孔及外表面,不允许内孔有何杂物。然后即将铜套从艉轴锥体端套入,先套至轴颈2处,并立即用吊车吊起艉轴锥体端,移开垫木,将铜套继续套进到轴颈1处,并碰上卡箍为止。顺次进行其他几段铜套的红装,如果艉轴首端安装的是可拆联轴节,可以从两端分别套入。

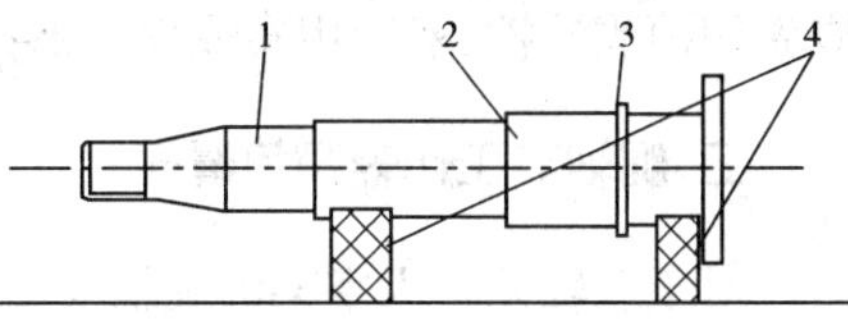

图1-9 铜套红装时的艉轴搁置情况

1、2-轴颈;3-卡箍;4-垫木

④让铜套自然冷却,不允许用任何方法进行强制冷却,以免影响套合质量。冷却后,用小锤轻轻敲打铜套,如声音清脆表示铜套质量良好,然后拆去卡箍,热套工作即告完成。如果艉轴短,工作场所、起吊设备及空间条件又许可,也可将艉轴直立进行直套,以提高热套速度。

套好铜套的艉轴在车床上精加工铜套外圆及粗加工留下的其他部位,使各部分的尺寸加工到符合技术要求。

(2)组合式铜套的红装。对铜套分为两至三段套在同一轴颈上时,其操作上将比整段安装复杂些,其要求如下:

①每段铜套的长度一般不超过600~1000mm,否则在铸造及加工上都会有困难。

②分段配合必须考虑其搭口的水密性,在搭口处绝不能有渗漏现象,如果水渗入舱内,则艉轴将会锈蚀而缩短使用寿命。一般套与套之间的接缝处采用三种型式,如图1-10所示。

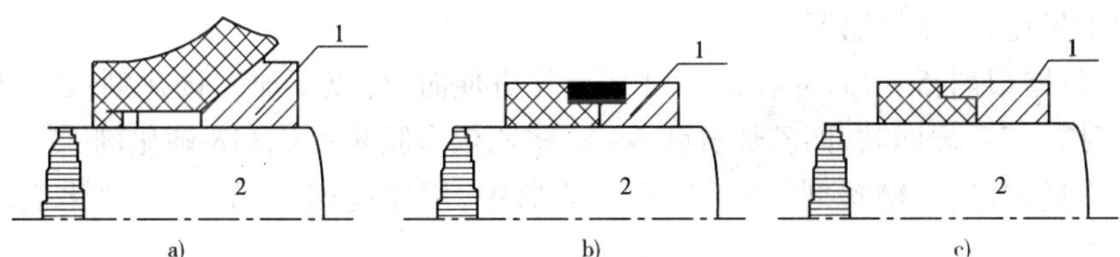

图1-10 铜套与铜套之间的接缝型式

1-铜套;2-艉轴

图1-10a)中,将铜套的端面加工成特定形状,使套与套部分采用过盈配合。待热套配合后,在车床上精加工铜套外圆,经滚轮滚压后将缝口碾平。

图1-10b)中,将两个套的接缝处留出一个燕尾形凹槽,在此燕尾槽内可填入经过退火的紫铜片或紫铜条,或用与铜套相同材料的两个半圆垫片,将其捻入缝内,然后用锡焊连接。也可用与铜套相同材料的金属焊接,焊接时必须在缝口左右约50mm处,用湿石棉布包扎或用其他方法冷却。

图1-10c)中,其接缝形式和图1-10b)相同,但还采用了搭口热套的方法,即套与套之间采用过盈配合,这种接缝形式较好地保证连接质量。

艉轴铜套套合后须进行油压试验,检查是否有漏油现象。试验压力为9.8×10^4Pa,油压试验时在两个套的接缝处要钻两个油孔,一个为进油孔,一个为出油孔,然后接上油管,并在出油管上装油压表及回油阀。试验合格后,试验孔可用铜丝堵塞,并用锡封没。

由于热套法操作复杂,动作慢一些,冷却一过快,在套到一半时就可能无法再套进,同时也

无法拉出,容易造成返工。因此,目前已开始采用环氧树脂胶合法来配合艉轴铜套。这种方法比较先进、它对铜套的配合表面粗糙度要求不高,一般只要求 *Ra* 达到 6.3 ~ 3.2μm。套合前应先用丙酮洗擦,然后用布或棉纱擦拭干净方可涂上环氧树脂。

二、艉轴非工作轴颈包覆层

对于双轴系带人字架的艉轴及一些舰艇的艉轴,其非工作表面可以包玻璃钢保护层,以防止舷外水腐蚀。玻璃钢是以玻璃纤维为增强材料,热固性合成树脂为粘结剂,采用一定成型方法制成的复合材料,属于纤维增强塑料的一种。玻璃钢具有耐腐蚀、强度高、重量轻且不受海洋生物污损,易于修补等优点。

1. 玻璃钢的主要材料

(1)胶粘剂包括树脂、增塑剂、稀释剂及硬化剂。它们的品种很多,可以按市场供应情况选用:

树脂:618,634,6101 环氧树脂;

增塑剂:304 聚酯树脂,亚磷酸三苯酯,苯二甲酸二丁酯;

稀释剂:662 甘油环氧树脂,690 活性溶剂,丙酮,苯乙烯,甲苯,其中丙酮纯度要求 99.5;

硬化剂:乙二胺,二乙烯三胺,三乙烯四胺,多乙烯多胺,118 硬化剂。

(2)玻璃布宽度为 30、60、80、100、120mm,要求纵横密度较稀以便渗透,要求经过 35℃热处理脱脂。

2. 胶粘制的配方

配方用重量比,其比例如下:

树脂:100;增塑剂:5 ~ 20;稀释剂:<10(操作方便时,可以不加);硬化剂:乙二胺 4.5 ~ 6(或二乙烯三胺,三乙烯四胺,四乙烯五胺 6 ~ 8,多乙烯多胺 8 ~ 10,118 硬化剂 15 ~ 20)。

将计算称量的树脂、增塑剂、稀释剂盛于器皿中,用棒搅匀,最后加入硬化剂,充分搅拌均匀。

3. 包覆工艺要求

(1)艉轴表面要除净油污和锈斑,可用丙酮、汽油、香蕉水或四氯化碳等清洗。

(2)将已裁成一定宽度的玻璃布卷装在特制的圆筒体中,以便抽出包裹。玻璃布一头进入胶粘剂内,浸透后由另一头抽出即可包扎。

(3)将配制好的胶粘剂在艉轴表面均匀涂刷一层;然后将浸透了胶粘剂的玻璃布绕在艉轴上。包扎自艉轴后端开始;并与螺旋桨旋向相反,缠绕间距为玻璃布宽度的 1/3 ~ 1/2。要求布的起点及终点应在距离两端约 150 ~ 200mm 处,由此处开始向近端包扎,然后再向反方向包扎;在包扎至另一端时,必须在达到终点后,再向反方向包扎 150 ~ 200mm。玻璃布重叠层数不少于四层;然后将布剪断。也可在包扎之前,先在轴表面上涂一层胶粘剂,将玻璃布按其宽度在轴上均匀包覆一层。然后,再涂一层胶粘剂;再包一层玻璃布,直到需要厚度为止。

(4)在包覆过程中,艉轴应匀速缓慢转动,直至胶粘剂不流动为止。

(5)每包扎一层后,应稍待 0.5h 左右,使其中丙酮挥发后,再包扎第二层,以避免在第二层包扎后产生气孔。

(6)艉轴包好玻璃钢后,应让其自然干燥;一般在 40 ~ 48h 后即可自然硬化。

(7)装配前,应将毛刺去除。包扎环境要求干净无灰沙,在未完全硬化前不能遇水或油污。

包覆工作可在车床或有关工装设备上进行,如图1-11所示。

为了保证玻璃钢包覆层与艉轴铜套的紧密结合,在铜套接触保护层的端头应加工成倒向锯齿形,如图1-12所示。

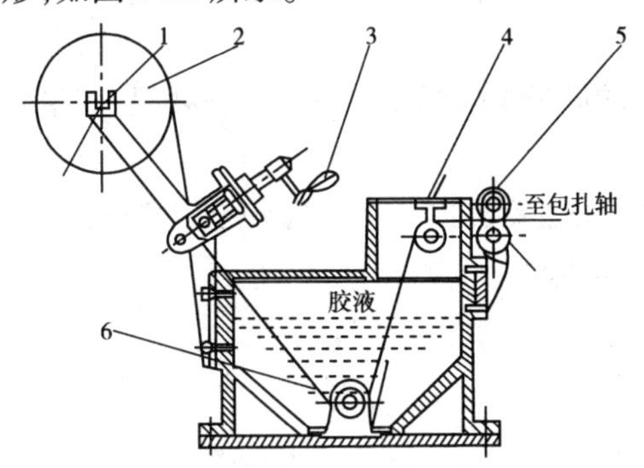

图1-11　艉轴包玻璃钢设备

1-滑轮;2-玻璃布;3-玻璃布松紧调节;4-玻璃布刮板;5、6-滑轮

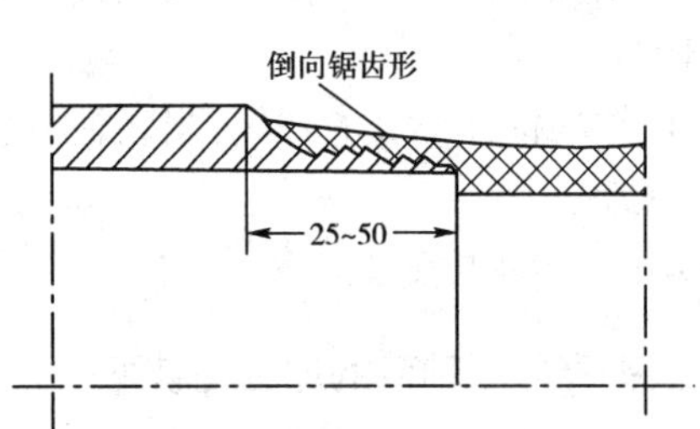

图1-12　艉轴玻璃钢布包护层接口

第四节　可拆联轴节的装配

在安装滚动轴承的轴系中,或艉轴必须从船体外部进行安装的船舶,使用轴系可拆联轴节。船舶轴系可拆联轴节的型式很多,主要有法兰可拆联轴节、夹壳形联轴节、液压法兰联轴节及液压可拆套筒联轴节等。

一、法兰式可拆联轴节的加工和装配

法兰式可拆联轴节常用于艉轴与中间轴的连结,它是属于刚性联轴节的一种型式,根据连接法兰上螺栓孔的形状,它又可分为圆柱形螺栓可拆联轴节及圆锥形螺栓可拆联轴节两种。圆柱形螺栓可拆联轴节如图1-13所示。

1.联轴节加工的技术要求

(1)联轴节的外表面及法兰端面均先粗加工,并留有3~5mm余量,而内孔则与轴的锥体部分配合加工。联轴节与轴的锥体部分拂配安装后,将艉轴上车床,精加工联轴节外圆及法兰端面。

(2)联轴节上键槽的宽度,高度及与轴线的平行度与轴上键槽的加工要求相同。

2.联轴节的装配技术要求

(1)联轴节锥孔与轴锥体接触应良好,接触面积要求在75%以上,用色油检查,每25×25mm内不得少于三点。塞尺检查锥体大端时,0.03mm塞尺

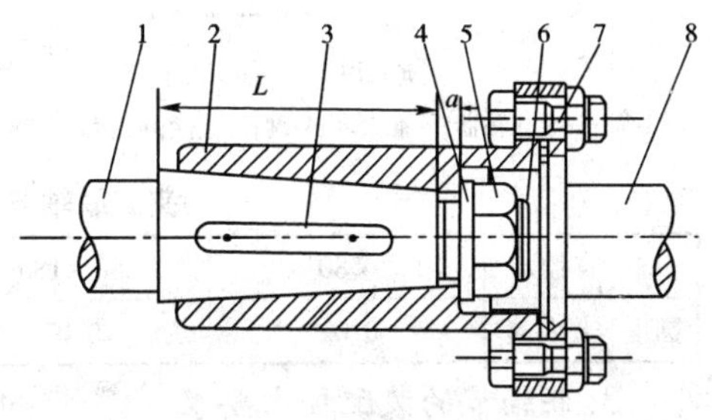

图1-13　圆柱形螺栓可拆联轴节

1-艉轴;2-联轴器;3-键;4-垫片;5-锁紧螺母;6-止动螺钉;7-联结螺栓;8-中间轴

插入深度应不超过3mm。接触面上允许存在1~2处面积不大的空白区,但总面积应小于锥体表面积的15%,最大的长度及宽度不超过该处锥体直径的1/10,且不得分布在同一轴线或圆周线上。

(2)平键与轴上键槽两侧面的接触面积不少于75%,与联轴节键槽相配合时,在85%长度上应插不进0.05mm塞尺,其余部分应插不进0.1mm塞尺。平键与键槽底应接触;接触面不少于30%~40%。

(3)联轴节法兰螺栓安装后,在接合面90%的周长上应插不进0.05mm塞尺,其接触面积不少于75%。

(4)轴的锥体部分的螺纹,当联轴节装好后应缩进锥孔内一个距离a(图1-13):

$$a=(0.02\sim0.05)L \tag{1-2}$$

式中:L——锥体长度。

二、夹壳形联轴节的加工和装配

1.结构型式

夹壳联轴器因其径向尺寸小,又便于装拆,所以它一般用来连接艉轴和螺旋桨轴。在采用滚动轴承的轴系中,轴与轴的连接有时也用夹壳联轴器。这种联轴器分为重型和轻型两种。夹壳联轴器的典型结构如图1-14所示。它主要由对开的两个半联轴器2组成。这两个半联轴器靠螺栓5将被连接的两根轴1紧紧地包住。转矩便靠两个半联轴器与轴之间的摩擦力及其中的键4传递。在两根轴的端部设有推力环3,以便传递轴向推力。

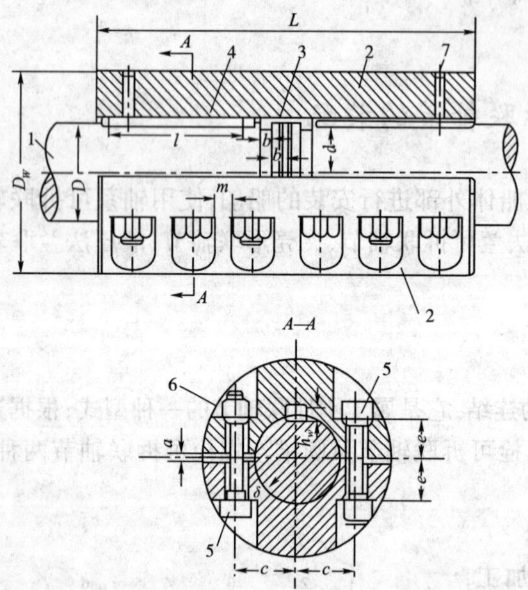

图1-14　夹壳形联轴节

1-轴;2-半联轴器;3-推力环;4-键;5-螺栓;6-螺母;7-拆卸用螺孔

2.联轴节的加工技术要求

(1)夹壳形联轴节加工后,其内圆的圆度和圆柱度应符合表1-8要求。

(2)夹壳长度每超出轴颈一倍时,其锥度误差允许增加0.01mm。其内圆直径应较轴颈大0.04~0.08mm。两半联轴节的间距应为轴颈的3%~5%。

(3)内圆表面粗糙度Ra不高于3.2mm。

夹壳联轴节内圆的圆度和圆柱度(mm)　　表1-8

内孔直径 d	<80	80~180	180~260	260~360	360~500
圆度与圆柱度	0.02	0.03	0.04	0.05	0.05

3.联轴节的装配技术要求

(1)轴向键必须进行修复,其装配质量要求与法兰式可拆联轴节的平键要求相同。

(2)夹壳联轴节的推力环应经修复,使内圆与轴槽紧密配合,接触面积要求在60%以上。两侧面轴槽或壳槽配合处应插不进0.05mm的塞尺。

(3)装配后推力环外圆与夹壳内孔之间允许有0.2~0.4mm间隙。

三、液压联轴节的加工和装配

液压联轴节也是可拆联轴节的一种结构型式。装配时，将高压油(油压可达 14.7×10^7 Pa)压入联轴节与轴(或中间套筒)之间，使联轴节内孔膨胀，而轴被压缩，使两者产生弹性变形。然后，再施以轴向推力，当两者达到预定位置时将油放出。由于弹性变形的恢复而产生了很大的静配合过盈，使联轴节紧固在轴上。拆卸时可按相反的过程操作。液压联轴节按使用情况可分液压装配式和液压套筒式两种。

1. *液压装配式联轴节的加工和装配*

液压装配式联轴节利用锥孔和锥体间摩擦力来传递扭矩，因此要求内外圆锥面接触良好，如图1-15所示。

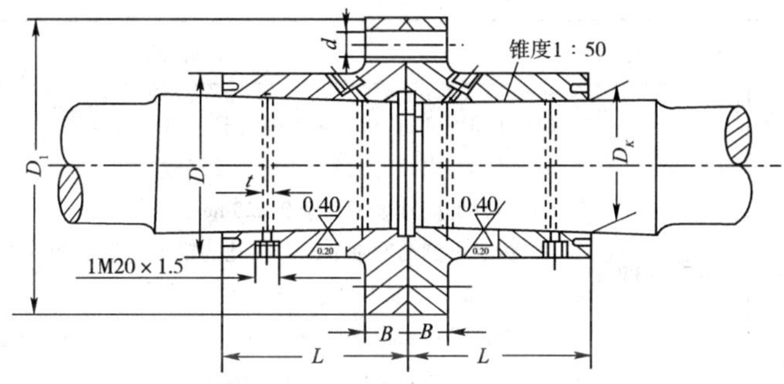

图1-15　液压装配式联轴节

(1)联轴节加工技术要求：

①液压联轴节内孔与轴配合面的锥度，一般加工成1∶50，法兰加工质量与可拆法兰联轴节相同。

②液压装配式联轴节与轴配合的过盈量 δ 为

$$\delta=(1.4\sim1.8)\times10^{-3}d\qquad \text{mm}\tag{1-3}$$

式中：d——配合处轴的平均直径(mm)。

③锥面粗糙度 Ra 为0.20~0.40μm。

(2)联轴节的装配技术要求：

①锥面经研刮后使85%以上面积均匀接触，且每 $25\times25\text{mm}^2$ 面积上具有不少于4~6个色油点。

②两轴轴向间隙，当 $d\leqslant100$mm时为2mm；当 $d>100$mm时为 $0.02d$。

2. *液压套筒式联轴节的加工和装配*

液压套筒式联轴节如图1-16所示，它是由两个高强度的钢套组成，内套较薄，外套较厚。内套的外表面略带锥度，外套的内孔锥度与此相应。内套孔径略大于轴颈，因此能在轴上滑移，外套在液压作用下，朝内套的大端移动，压紧内套。操作时内外套之间需充以高压油，形成一层承载油膜，克服内外套配合锥面的摩擦力，一旦外套达到预定位置时，放出高压油，使内外套之间恢复正常的摩擦力，并迫使内套紧压在两轴段的接触表面。这种型式的联轴节能传递很大功率，主要用于采用滚动轴承的大型船舶。

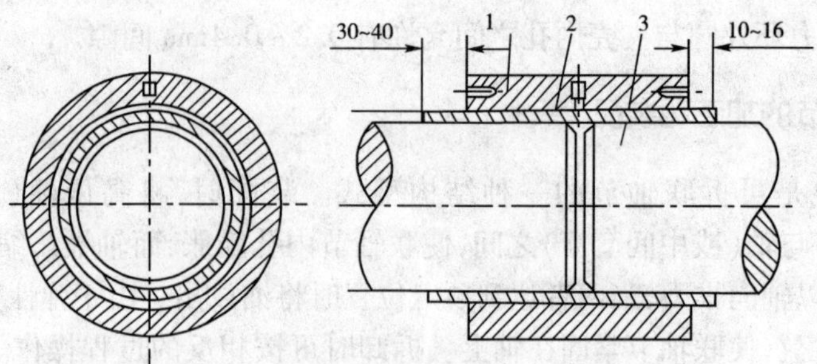

图 1-16　液压套筒式联轴节

1-外套筒;2-内套;3-轴

液压套筒式联轴节技术要求如表 1-9 所示。

加工与装配技术要求　　　表 1-9

零件名称	材　料	硬　度	允许偏差
外套	GC,15	HB275 ~ 350	(1)外圆键度每 100mm 长不大于 0.01mm; (2)外圆与内圆的圆度不大于二级公差之半; (3)内外圆同轴度不大于 0.025mm; (4)内套外圆与联轴节外套内孔的锥度可取 1∶80 ~ 1∶100;当轴颈直径小于 60mm 时,锥度可取 1∶50; (5)套两端应车成圆凹槽,其尺寸,当 $20mm \leqslant d \leqslant 90mm$ 时,为 $5 \times 5mm^2$;当 $100mm \leqslant d \leqslant 150mm$ 时,为 $10 \times 10mm^2$; (6)外套内圆和内套外圆的 Ra 为 0.80μm
内套	45	HB240 ~ 300	(1)内圆与轴颈配合为 $\frac{H7}{h6}$; (2)外圆与外套内圆的配合接触面不少于 90%,且每 $25 \times 25mm^2$ 面积内具有 46 个色油点; (3)内外圆同轴度不大于 0.02mm; (4)刮配后内套大端伸出外套的距离应大于计算值; (5)两端轴向间距,当 $d \leqslant 100mm$ 时为 1mm,当 $d > 100mm$ 时为 $0.01d$

第五节　轴系的配对

所谓轴系的配对,是指将各轴段置于同一轴线上,保证其同轴度要求,然后铰镗法兰上的螺栓孔,并配制相应的螺栓,固紧等一系列工作的总称。轴系配对主要指法兰螺栓孔的钻铰及螺栓的配制和轴的对接工艺两项内容。

轴系法兰螺栓孔的钻铰工作是一项既重要又复杂的工作,轴系法兰螺栓孔的钻铰工作均在分厂内完成。轴在车床上加工完毕后,应按照图纸在法兰端面上划出螺栓孔中心线及螺栓孔线,然后在钻床或卧式镗床上钻(镗)出螺栓孔。孔应留出精铰孔的余量,余量的大小要视钻(镗)孔时的精度和粗糙度来决定。如果机床精度高,余量可留小一些,在 0.5 ~ 1.0mm;如果机床精度低,钻出的孔粗糙度较高,则余量要留大一些,这样精铰时的工作量会增加。

一、轴的对接平轴工艺过程

平轴对接工作可以在平台或长轴车床上进行。如图 1-17 所示为轴在平台上进行对接的情况，由于中间轴直径大、长度长，必须要有中心距较大且床身较长的车床来承担，这种方法只适用于中、小型船舶轴系对接，对于较长的轴也可考虑将车床箱改装在平地上，再在平地上铺设导轨作床身，这样便可解决长轴对接问题。平轴对接工艺过程如下：

(1)如果相邻两法兰定中圆均为凹圆时，应预先在凹圆内嵌入定心圈 6。

(2)装入全部临时螺栓。在装配时要用塞尺检查接合面，使四周接合面处不能塞进 0.02mm 的塞尺。同时，法兰外圆应平齐，用直尺先后在法兰的外圆面的上、下、左、右四个位置贴放，用塞尺测量直尺与另一法兰外圆面之间的间隙。对上、下及左、右间隙的平均值不超过 0.03～0.05mm时，则认为两法兰基本上是同心的。

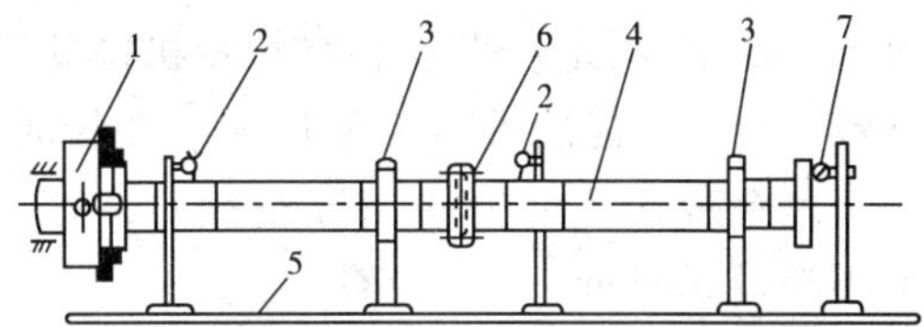

图 1-17 中间轴在车床上对接平轴示意图

1-四爪卡盘；2、7-百分表；3-中心架；4-中间轴；5-床身导轨；6-定心圈

(3)转动轴并观察百分表 2，其指针变动应小于 0.04mm。百分表 7 所指示的摆动量验证两根相接轴是否有偏移。如果百分表 7 的摆动数在标准范围内，则百分表 2 的摆动量系由法兰接合处轴线曲折值 ϕ 所引起。如果发现曲折值超过允许范围，则必须刮削法兰面来消除曲折。然后必须重新用百分表校对。

(4)对接工作完成后，便可进行铰孔工作。此时，全部临时螺栓应该上紧。铰孔时，可先拆去 1～3 个临时螺栓，先铰这几个孔。

对接平轴工作一般自尾向首依次进行，可先安放螺旋桨轴，检查其跳动量为最小值后作为基准，然后在临时支撑上放上第一根中间轴，用百分表检查，保证连接法兰处的偏移和曲折为最小值，用临时螺栓将它们紧固，再次检查各个轴颈处的跳动量在允许范围内为止。

铰孔采用机械化铰孔。对大直径的螺栓孔，也有采用活动式小镗孔机进行镗削的。

如图 1-18 所示，为用手工铰孔的方法，它的主要工具是一只双簧扳钻 2 及卡箍 1。将铰刀 3 的尾部插入扳钻孔内，扳钻的另一端顶在卡箍上，而卡箍夹固在轴上。摇动扳钻手柄 7 即可进行铰孔。铰刀 3 必须与法兰端面垂直，这可用角尺 4 来检验。孔铰好后，在法兰端面螺孔处

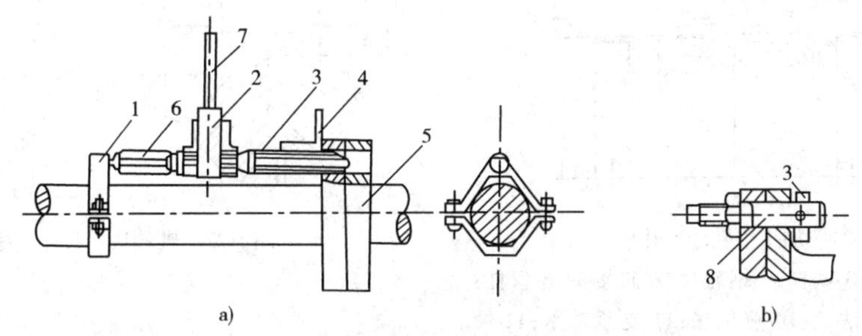

图 1-18 采用双簧扳钻进行手工铰孔

1-两半式卡箍；2-双簧扳钻；3-铰刀；4-角尺；5-中间轴或艉轴法兰；6-螺母，7-手柄；8-刀排

应刮出鱼眼坑。刀排 8 上的螺母 6 是为进刀而设置。

大型轴系法兰铰孔工作用手工进行，劳动强度很高，为了减轻劳动强度，提高劳动效率，目前多数采用机动铰孔或机动镗孔代替手工劳动。

铰大型轴系法兰孔用的风动铰孔机如图 1-19 所示，它由自控气门装置、挠性气缸组和扳手机构三大部分组成，压缩空气通过自控气门装置进入气缸推动活塞，活塞杆带动装有棘轮机构的扳手，扳动铰刀旋转。使用风动铰孔工具，在粗铰时可切削去直径余量 0.5 ~ 1.0mm；在精铰时，一般切削余量不超过 0.1mm。

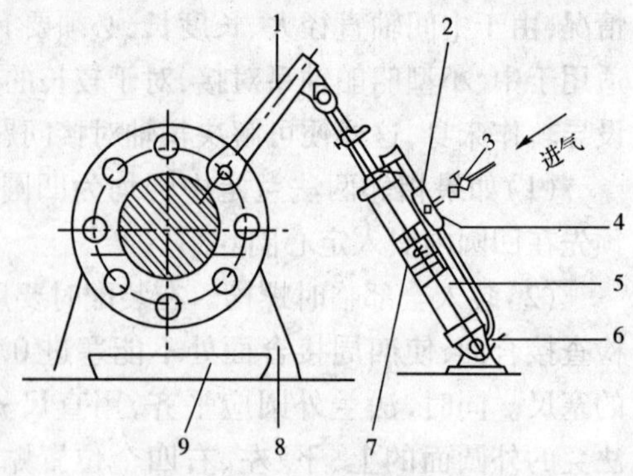

图 1-19 风动铰孔机

1-扳手；2-滑阀；3-操纵阀；4-配气口；5-气缸；6-绕接头；7-活塞；8-支架；9-润滑剂盘

常用轴系法兰镗孔机如图 1-20 所示。镗杆置于二支承轴承内，支承用螺栓固定于轴上，并使镗杆中心与轴中心线平行。由电动机带动减速齿轮箱提供动力。这种设备只能加工圆柱孔，如将镗杆内进给机构加以改进，使进给用丝杠与轴孔中心线倾斜一定的角度，从而使镗刀进给方向与轴孔中心线形成一定角度，就可进行圆锥孔的加工(图 1-21)。

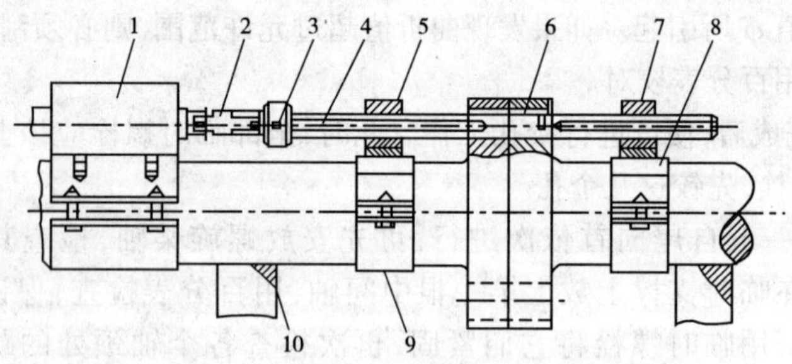

图 1-20 轴系法兰镗孔机

1-齿轮箱；2-万向接头；3-刀架；4-镗杆；5、7-支承轴承；6-法兰；8、9-支承夹圈；10-垫木

一般轴端法兰螺孔与螺栓之配合面有圆柱形及圆锥形两种，如图 1-22 所示。

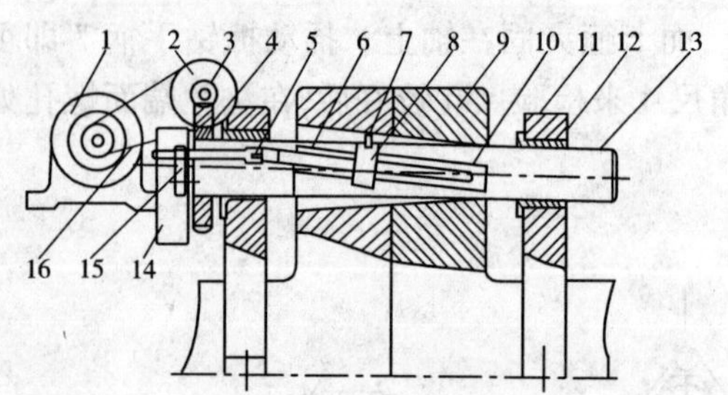

图 1-21 加工锥孔的镗孔机

1-电机；2-皮带轮；3-蜗杆；4-蜗轮；5-万向接头；6-丝杠；7-刀具；8-刀架；9-法兰；10-燕尾槽；11-支承轴承；12-镗杆；13-变速箱；14-变速箱；15-传动齿轮；16-皮带

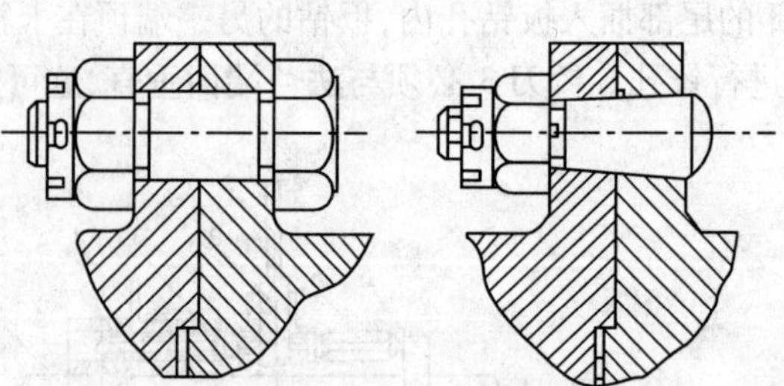

图 1-22 轴端法兰与连接螺栓

圆柱配合面的优点是加工方便，缺点是法兰螺栓与孔的配合精度较高，否则不能达到紧密配合要求。且螺栓经多次拆装后，孔与螺栓之间的配合精度不能保持，容易松动。

圆锥形的配合面的特点正好相反，虽然加工圆锥孔要比加工圆柱形孔要困难一些。但却容易达到螺栓与孔之间的紧密配合，经多次装拆配合面也不易松动。

法兰圆柱形连接螺栓及螺孔的配合，加工精度可按表1-10规定选用。

圆柱形连接螺栓及螺孔的加工精度(mm)　　表1-10

螺栓直径		<30	30~50	50~70	70~100
配合值		0~0.01	-0.005~0.005	-0.015~0	-0.02~0.005
螺孔	圆度	0.01	0.01	0.02	0.02
	圆柱度	0.02	0.02	0.03	0.03
螺栓	圆度	0.01	0.01	0.015	0.015
	圆柱度	0.015	0.015	0.02	0.02

在铰、镗法兰孔时，为保证质量必须注意一些工艺操作上的问题。例如：铰(镗)孔的进给方向应与螺栓压入方向一致，以利于螺栓的压入。为达到较低的表面粗糙度，应掌握每次铰孔的切削量不宜过大。铰完孔后按 $\frac{H7}{k6}$ 的配合要求，配制紧配螺栓并紧固。

二、螺栓孔精铰后的技术要求

(1)孔的表面粗糙度 Ra 应达到0.80μm；

(2)孔的圆柱度，对于孔径 $d<50$mm 不应超过0.02mm，当 $d>50$mm 不应超过0.03mm；

(3)孔的圆度，对于孔径 $d<50$mm 不应超过0.01mm，当 $d>50$mm 不超过0.02mm；

(4)孔的中心线必须和端面垂直，垂直度应小于0.03mm，法兰与圆弧过渡处须刮平，并削出鱼眼坑；

(5)圆柱形螺孔孔径的倒锥不应超过0.02mm；

(6)螺栓孔如采用圆锥形螺孔，其锥度一般为1:15~1:20。

在加工螺孔的过程中，应不断检查配对法兰的外圆及偏移和曲折，如发生差异要停止加工，并给予修正后再继续加工。精铰螺孔1~3个之后，要立即配制精配螺栓并将其上紧，然后再拆去其他临时螺栓。最好拆一个铰一个，铰完一个配上一个精配螺栓，依次进行。

三、法兰联接螺栓应达到的技术要求

(1)螺栓材料一般使用35、40及45号钢，其化学成分及机械性能，必须符合材料试验规范的要求。

(2)圆柱形螺栓与孔的配合性质：

螺栓直径　$d<30$mm　　取0~+0.01mm；

$d=30\sim50$mm　取-0.005~+0.005mm；

$d=50\sim70$mm　取-0.015~0mm；

$d=70\sim100$mm　取-0.02~-0.05mm。

(3)圆锥螺栓的锥度一般为1:15~1:20，必须与螺孔配对。

(4)螺栓配合面的表面粗糙度 Ra 应不高于0.80μm。

四、螺栓的装配要求

(1)装入螺栓前将螺孔、螺栓清洗干净,并涂上清洁的机油。

(2)将螺栓装入螺孔后,用铅锤或紫铜锤轻轻敲击螺栓头部,将螺栓敲入孔内。如用普通手锤敲击,则要在螺栓头部垫上紫铜或黄铜板,以免击伤螺栓。

(3)旋上螺母,当螺母上紧后,要求螺栓头部和螺母与法兰平面接触的面贴紧,在90%周长上不能插进0.05mm塞尺。

(4)对锥形螺栓,在装配中应经过研配,用色油检查,要求其接触面积在75%以上,螺栓研配不允许用锉刀锉削其表面。

(5)螺栓上紧后,其螺纹部分应缩进孔内5mm左右。

(6)锥形螺栓头部露出孔的长度,力求使每个螺栓都相等。

(7)将所有螺栓上紧后,要在螺栓、螺母及法兰螺孔上打上记号,以便拆除再装时能对号入座。

(8)在将轴运上船以前,要将螺栓全部拆卸下,并在螺栓、螺孔上抹上机油,以免生锈。

五、螺栓的装配方法

在万吨级船舶轴系各轴之间,法兰螺栓的装配方法有打入法、压入法、低温冷装法等三种。

打入法虽然规定 $\frac{H7}{k6}$ 级过盈配合,但实际上,轴与孔的公差一般取零对零,或过盈0.005mm,有的还有0.01mm的间隙,用98~147N大锤打入。压入法和低温冷装法一般最低过盈量为零,通常过盈量为0.01~0.02mm。压入法需要一套专门工装设备和固定止推装置才能把螺栓顶进去,而低温冷装法仅需保温瓶及保温箱设备。因此,冷装法有效率高,体力劳动减轻和安装方便等优点。

低温冷装法一般采用液氮作冷却。液氮冷却是一个热交换过程,螺栓在液氮槽内,最初3~5min急骤收缩,液氮大量蒸发,液面处于沸腾状态,6~7min以后,开始逐渐稳定,10min以后基本稳定下来。实践证明,夏季12~15min(冬季当气温在0℃以下时为18~20min)左右取出螺栓,进行安装较为合适。在上述时间里,一般螺栓直径为80~90mm,缩小量为0.12~0.15mm。

第六节　艉轴管的装配

船舶尾部的艉轴管,用来安装艉轴并使之密封。一般由艉轴管本体、艉轴管衬套及艉轴管轴承等组成,如图1-23所示。这种艉轴管称为常规型,它又可分单轴系的整体艉轴管(图1-24)和

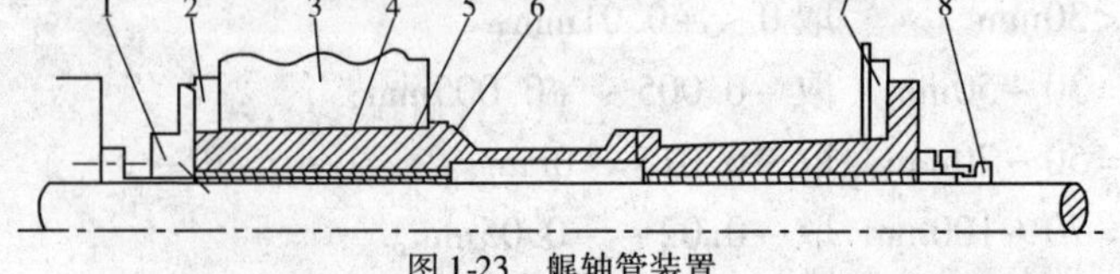

图1-23　艉轴管装置

1-尾密封;2-锁紧螺母;3-艉柱;4-本体;5-衬套;6-轴承;7-焊垫;8-首密封

双轴系的组合型艉轴管，后者一般比较长，往往分若干节组合而成，同时在尾部还装有人字架。有些吃水浅的单轴系小船也有装人字架的，艉轴管和人字架都装有轴承，用来支承艉轴。

目前对船舶吨位和相对功率均较大的油船和货船，艉轴管采用艉柱轴毂本体代替艉管本体，然后在镗好的艉轴壳孔内压入艉轴管衬套和轴承，如图1-25所示。这种艉轴管结构除尾段艉管柱轴毂孔代替外，首段艉管由铸钢套管制成，中间一段由钢板卷制而成，三段艉管焊接组成一体，在船上完成对内孔的加工，然后将首、艉轴承衬套直接压配在艉轴管孔内。根据图纸要求其过盈量为0.01～0.03mm，并按劳氏规范要求，还应有一定的固紧力，因此其加工和装配要符合规范的要求。

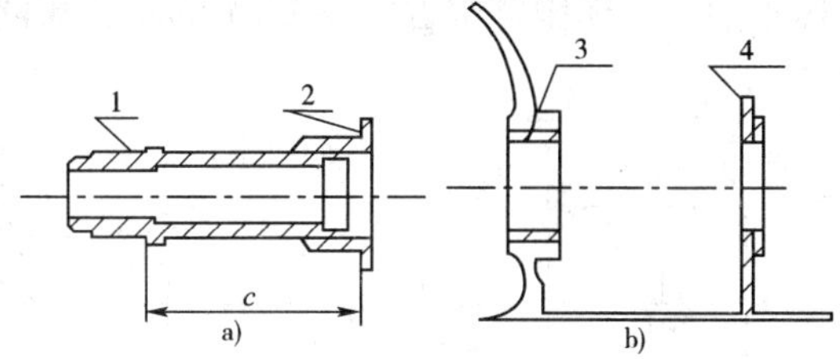

图1-24　单轴系艉轴管

1-尾法兰；2-首法兰；3-尾柱毂；4-尾隔舱壁

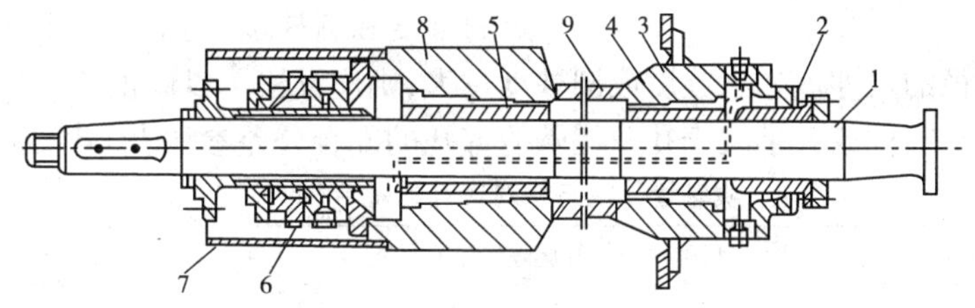

图1-25　大型船舶改进型艉轴管

1-艉轴；2-首密封装置；3-艉轴管首段，4-首白合金轴承；5-尾白合金轴承；6-尾密封装置；7-保护罩；8-艉柱替代艉管尾段；9-艉轴管中段

一、艉轴管本体

1. 艉轴管结构

艉轴管常用材料：海船一般用铸钢ZG25，或用铸钢与钢管的焊接结构，也可采用球墨铸铁QT45-5、QT40-10和灰铸铁HT24-44、HT25-47。内河船舶除了上述材料外，可采用钢管或钢板卷成的焊接结构。大型船舶艉管型式采用分体焊接式，其特点是结构简单、安装方便、经济性好。艉轴管尾段为艉柱本体，中间由两块较厚钢板卷制焊接而成，首段为铸钢艉管座，三部分焊接组成一体，考虑到拆装需要，艉管座由一块加强垫环焊在隔舱壁上，并钻孔、攻丝用螺栓进行联接。

2. 艉轴管加工工艺过程

铸钢、铸铁或焊接结构的艉轴管在加工前进行消除内应力的热处理，并进行清砂工作。艉轴管加工后，应对其内孔未加工部分进行清砂，避免有砂粒留在艉轴管内，以免掉下而进入轴承。清砂时，开始用长扁凿凿去砂粒，然后再用风动砂轮磨削，要求磨出金属光泽。如果艉轴管太长，可将风动砂轮系在钢管上伸入艉轴管内进行磨削。清砂后，用压力水进行冲洗干净，然后进行水压试验，试验压力为19.6×10^4Pa，在5min内不应有渗漏。如果有局部微小渗漏，可采用填补塑料或玻璃水等方法补救，对铸钢或钢板卷成的艉轴管，可以用焊补的办法解决，修补后应再进行相同压力的试验，在5min内不应有渗漏。试验合格后，在除了配合表面及法兰平面外，内外均应涂上两度红丹防锈漆。

艉轴管与船体的艉柱、人字架壳孔及尾隔舱壁孔配合部分的尺寸，要经过实际测量后才能车削，测量时应考虑到室内外的温差可能引起的加工误差，因此每孔做一根内径样棒，根据样棒来加工。样棒是用直径为 8 ~ 12mm 的圆钢制成，两端加工成锥形，顶端磨成小球形。样棒的长度应比孔径略大些，将样棒放入孔内，其一端不动，而另一端作摆动，当量取上下位置时，摆动应在前后和左右两个方向轻轻进行，不能硬塞。若样棒在前后方向太紧，甚至无法摆动，则可将其顶端锉去一些，但其顶端形状仍应保持小球形。经过数次量度和锉削，直至样棒能在前后方向刚好摆动，左右方向仅能摆动微小的摆幅即可，如图 1-26 所示。量取左右位置时，也采用相同的方法。

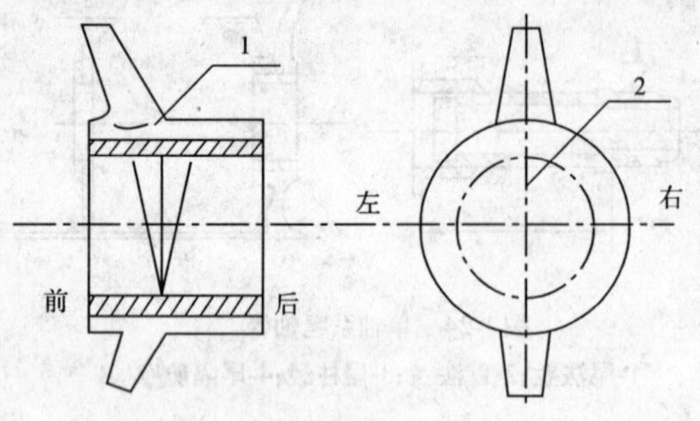

图 1-26　使用样棒测量孔的方法
1-尾柱毂；2-样棒

由于艉柱和人字架壳孔及尾隔舱壁孔会有一定的圆度和圆柱度，为此应以其平均内径作为加工艉轴管配合外径的尺寸。如果圆度或圆柱度过大，则应设法予以修正。

艉轴管外径与艉柱或人字架壳孔及尾隔舱壁孔的配合公差参如表 1-11 所示。

艉轴管外径与相对应孔的配合（mm）　　表 1-11

艉轴管外径	与艉柱壳孔及尾隔舱壁孔的配合	与人字架壳孔的配合
<120	+0.03 ~ +0.06	+0.01 ~ +0.04
120 ~ 180	+0.02 ~ +0.05	0 ~ +0.03
100 ~ 260	+0.010 ~ +0.04	0.01 ~ +0.02
260 ~ 260	0 ~ +0.03	−0.025 ~ +0.01
360 ~ 500	−0.015 ~ +0.02	−0.035 ~ 0
>500	−0.025 ~ +0.01	−0.045 ~ −0.01

二、艉轴管衬套

1. 艉轴管衬套的材料

艉轴管衬套的材料，在海船上尤其是开式润滑的轴承常用锡锌青铜 ZQSn10-2 或 ZQSn5-5-5。橡胶轴承衬套材料也可采用锰黄铜 ZHMn58-2，对于闭式润滑也可用铸钢 ZG20、ZG25。内河船舶除应用以上材料外，也可采用铸铁 HT20-40、HT24-44 等。

2. 艉轴管衬套的加工

（1）艉轴管衬套在粗加工时，内外圆应各留 2 ~ 3mm 精加工余量（对于浇注白合金的衬套，其内圆可加工到图纸规定的浇白合金前尺寸），然后进行水压试验。水压试验压力为 4.9 $\times 10^4$Pa，并在 5min 内不应有渗漏。如有轻微渗漏可以修补，修补的办法有焊补，压入水玻璃溶液，也可对个别渗漏处镶入无头青铜螺钉堵塞。修补后应再进行水压试验，5min 内应不漏。对于浇注白合金的艉管衬套，在水压试验时，如发现个别地方有微小的渗漏，则可以不用修补，因为浇注的白合金本身起到补漏作用。浇注白合金的衬套内圆应加工出燕尾槽，使白合金与衬套结合可靠。

（2）艉管衬套在精加工时，其外径尺寸按照艉轴管及人字架镗孔的相应内径进行加工。

加工尺寸用样棒量取。其配合情况可参见表 1-12 所列数字可供参考使用。

艉管本体或人字架与衬套的配合(mm)　　表 1-12

衬套外径 D	配合长度 $L>2D$	配合长度 $L<2D$	衬套外径 D	配合长度 $L>2D$	配合长度 $L<2D$
<80	0.02 ~ +0.01	-0.005 ~ +0.02	260 ~ 360	0.06 ~ -0.03	-0.04 ~ -0.01
80 ~ 120	0.03 ~ 0	-0.01 ~ +0.01	360 ~ 500	-0.07 ~ -0.04	-0.05 ~ -0.02
120 ~ 180	-0.04 ~ -0.01	-0.02 ~ 0	500 ~ 700	-0.08 ~ -0.05	-0.06 ~ -0.03
180 ~ 260	-0.05 ~ -0.02	-0.03 ~ -0.005			

3. 艉轴管衬套的装配

艉管衬套可在分厂装入艉轴管本体内,也可在艉轴管本体装上船后再装入衬套,这要根据安装工艺来定。如艉轴管本体需要在船上安装后镗孔时,则衬套须上船安装。安装方法常使用螺杆拉入或用液压千斤顶压入。安装时,要注意艉轴轴承与艉轴管圆周方向的相对位置,安装好后需用止动螺钉止动。

长螺杆拉入大型船舶艉管白合金轴承衬套的压配过程如图 1-27 所示,主要步骤如下:

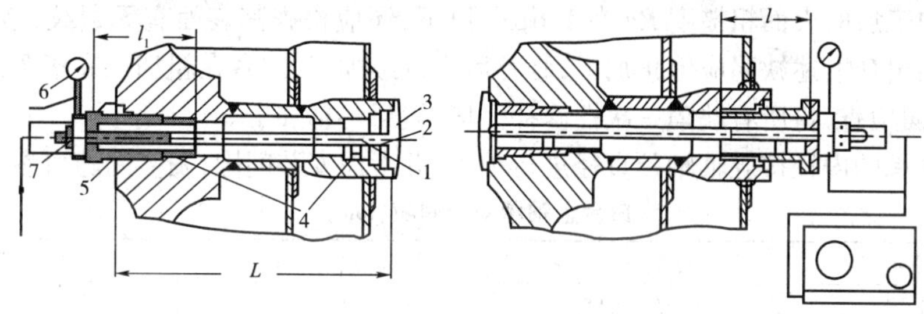

图 1-27　艉管白合金轴承衬套的压配

1-长螺杆;2-小轴;3-勾头;4-半圆垫木;5-艉白合金轴承衬套;6-39.2 × 10^6Pa 压力表;7-螺帽

(1)白合金艉轴承衬套压入艉轴管前,按工艺要求校对加工尺寸;

(2)测量时应使用同一种测量工具,并同时注意气候对白合金轴承的影响;

(3)压装时应注意轴承衬套的方向,注意“上”、“下”标记,按孔的十字线对正后压入;

(4)压装前艉轴管内孔应涂一层二硫化钼和清洁机油调制的润滑剂;

(5)轴承压入时测量记录压入压力,在 500 ~ 100mm 压入长度内每 100mm 测量记录一次,在 100 ~ 0mm 压入长度内每 50mm 测量记录一次;

(6)首端轴承压进压力一般可取(15 ~ 25) × 10^4N,尾端轴承压进压力约(35 ~ 60) × 10^4N(根据丹麦 B&W 造机厂的经验介绍,压入压力超过 10^6N 时,容易使白合金轴衬脱壳,而该厂规定压入压力标定上限是 6 × 10^5N,不论压入时是否用润滑油,都是这一数值);

(7)压入后测量检查白合金轴承的白合金质量,并测量内孔的变化情况;

(8)按图纸要求钻眼攻丝,配上止动螺钉,防止艉轴承衬套转动。

对艉轴管白合金轴承衬套压配前还需计算过盈量和压入力,通常按厚壁圆筒理论进行。

三、艉管轴承

在艉管衬套内镶有白合金、铁梨木、硬橡胶、桦木层压板等构成各种类型的艉管轴承。

1. 白合金艉管轴承

艉轴承设在艉管后部,不仅要承受螺旋桨重量,而且还要承受螺旋桨在水中回转时的不均匀

悬臂负荷，及桨碰到障碍物时的冲击负荷和附加振动等。艉轴承在船舶航行时很难检查，一旦故障将影响船舶营运。另外，现代造船对轴系校中后磨损走中要求较高，目前万吨以上大型尾机型船舶的艉轴管轴承广泛采用白合金轴承，一般选用德国进口铸铁白合金轴承。通过实践，其运行性能良好，耐磨性好，抗压、抗冲击强度高，散热快，不易发生摩擦发热而烧轴事故。它结构坚固，由45mm厚的铸铁外套与4mm厚轴衬白合金两者贴合组成，并且可直接由过盈配合与艉柱压紧一体，使得艉轴管结构简单，该轴承可在铸铁外套内安装测温感应器，便于日常航行时检查和维护，进而保证艉轴承工作的可靠性。一般船舶常用的白合金牌号为ChSnSb11-6。

白合金轴承常在闭式润滑中工作，用滑油润滑和冷却。它的使用寿命取决于运行条件及艉轴管两端油封装置的可靠性和艉轴管结构的安装正确性。它特别适用于航区水域泥沙较多的船舶。

白合金轴承内径加工前，应用小锤敲击表面，检验白合金与衬套的粘合质量。当敲击时发出沙哑声音，并用手指按住该处感到白合金有微小的振动则为粘合不牢。不允许有2～3处粘合不牢固现象存在，安装时尽量使不粘合处位于轴承上部。当轴颈大于400mm时，可采用离心浇注法。加工后的表面粗糙度 *Ra* 在1.6μm以下，还应检查其表面有无裂纹、砂眼等缺陷。加工过程中如出现上述缺陷应停止加工，修补后再继续加工，或者在粗加工完毕要进入精加工前，作一次全面检查，将所有缺陷一次性修补完毕，然后再精加工。

白合金轴承的内径按艉轴轴颈直径进行加工，并考虑安装间隙，安装间隙可参见表1-13。

白合金轴承安装间隙(mm)　　表1-13

轴颈直径 *d*	安装间隙	轴颈直径 *d*	安装间隙
<100	0.45～0.55	260～310	0.75～0.85
100～120	0.50～0.60	310～360	0.80～0.90
120～150	0.55～0.65	360～440	0.35～0.95
150～180	0.60～0.70	400～500	0.90～1.00
180～220	0.65～0.75	500～600	1.00～1.10
220～260	0.70～0.80		

轴系工作时白合金轴承承受剪切力及摩擦力，因此浇铸白合金的轴承衬套上通常有纵向和横向燕尾槽，使白合金浇入后牢固地与衬套结合成一体。白合金轴承应在沿轴线方向开油槽(一般为三个)，它的剖面形状如图1-28所示。滑油在衬套不受压力地方输入，同时注意油槽不要开到前部边缘，否则容易漏油。

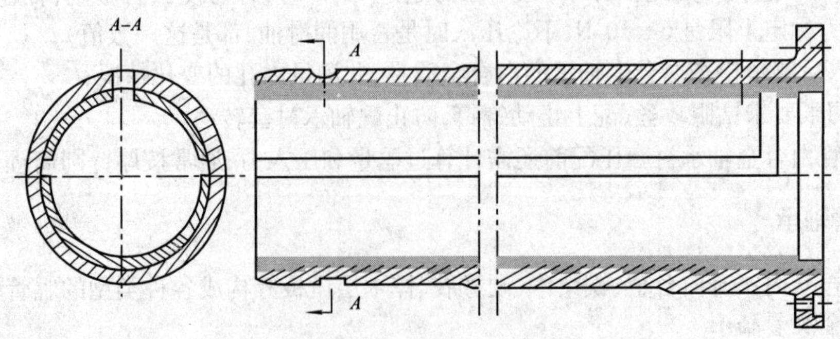

图1-28　白合金轴承纵向油槽形状

2. 铁梨木艉管轴承

铁梨木轴承的结构，一般是将一条条铁梨木板条沿衬套轴向紧密地镶嵌在衬套的内圆上，呈一桶形。为了防止铁梨木转动和便于安装，对轴承直径较大者，在衬套左右和上部位置共装三根止动条，直径较小者仅在左右位置装两根止动条。止动条的材料与衬套材料基本相同，其长度等于衬套全长，厚度为铁梨木板条厚度的60%，它用埋头螺钉从外向内固定在衬套上。

如图1-29所示为铁梨木轴承结构图。轴承下半部铁梨木的纤维方向应与艉轴中心线垂直，以提高它的耐磨性。轴承上半部铁梨木的纤维方向可与艉轴中心线平行。铁梨木板条的尺寸，一般为板长150～300mm，宽60～80mm。铁梨木轴承的冷却水槽的型式如图1-30a）及b）所示。V形槽的深度 $T=5\sim7$mm；U形槽的宽度 $A=6$mm；槽深 $b=6\sim10$mm。

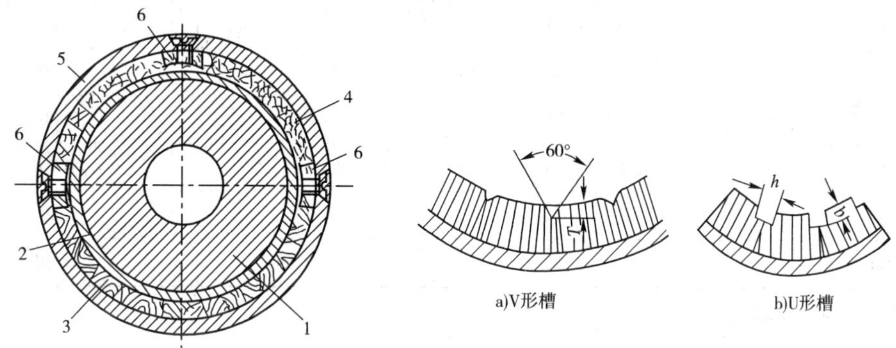

图1-29　铁梨木轴承结构图

1-艉轴；2-轴套；3-下部铁梨木；4-上部铁梨木；5-艉轴管；6-止动条（铜条）

图1-30　铁梨木轴承冷却水槽型式

铁梨木轴承镶嵌衬套工作完成后，进行加工之前应对其作如下检验：

（1）检验板条对接缝和板条与止动条对缝的紧密性，应插不进0.15mm塞尺，板条的纵向对接缝应在同一条直线上。

（2）检验板条与衬套内圆贴合的紧密性。在衬套两端可用0.15mm塞尺检验，绝大部分板条插不进塞尺，个别板条可允许插入小于板条厚度的深度。在衬套中部用小锤敲击检验，如发出清脆响声，则表示紧密，如发出沙哑声，则表示不紧密。在板条全长1/5的局部区域允许有不紧密情况。

（3）检验衬套两端板条组的轴向间隙。其轴向总间隙应在5～15mm内，板条长度取大值，以使铁梨木在水中泡胀时有伸长的余地。

（4）检验板条厚度应有足够的加工余量，加工余量按表1-14中数值选取。

铁梨木轴承加工余量的选择（mm）　　表1-14

轴 承 直 径	每面的加工余量	轴 承 直 径	每面的加工余量
200～300	3～4	400～500	5～6
300～400	4～5		

铁梨木轴承内孔在车床或镗床上加工，铁梨木轴承的安装间隙及极限间隙按表1-15中数值选取。

铁梨木艉管轴承的安装及极限间隙(mm)　　表 1-15

标准值	安装标准		更换标准
	安装间隙	板条最小厚度	极限间隙
<100	0.90~1.00		3.50
100~120	1.00~1.10		4.00
120~150	1.10~1.20	11.00	4.50
150~180	1.20~1.30	12.00	5.00
180~220	1.30~1.40	12.00	5.50
220~260	1.40~1.50	13.00	6.00
260~310	1.50~1.65	14.00	6.60
310~360	1.65~1.80	15.00	7.30
360~440	1.80~2.00	16.00	8.00
440~500	2.00~2.20	18.00	8.70
500~600	2.20~2.40	20.00	9.50
600~700	2.40~2.60	22.00	10.50

安装间隙也可按下式计算：

$$\delta = 0.003d + 1 \qquad \text{mm} \tag{1-4}$$

式中：d——轴颈直径。

考虑到铁梨木轴承的安装间隙较大，为了使艉轴安装于艉轴管或人字架轴承中，使其中心线与轴系理论中心线相重合，应使镗孔的圆心比理论中心线高安装间隙的一半，即 $\delta/2$（δ 为安装间隙），而镗成偏心，如图 1-31 所示。

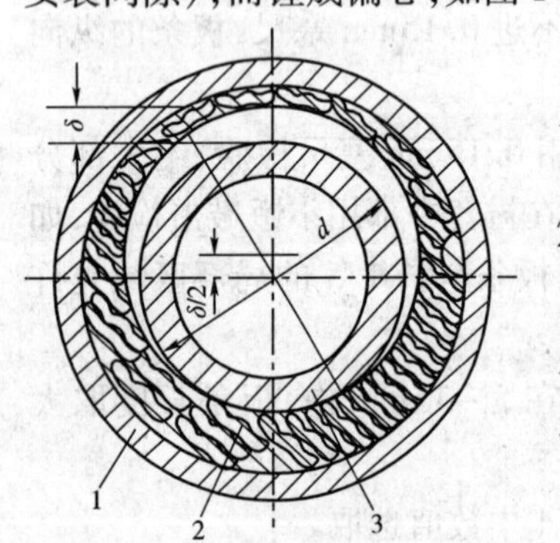

图 1-31　铁梨木轴承孔镗成偏心示意图
1-衬套；2-铁梨木；3-艉轴

由于铁梨木在干燥后会扭曲和裂开，为此在整个制作、加工和安装过程中，要始终使铁梨木处于湿润状态。制作板条的原材料应在水中浸泡，板条在镶入衬套前应先在水中浸泡 2~3 周，使其胀透，镶好后应在衬套内孔灌水保护，或用湿木屑塞满其内孔，在加工过程中，应每小时浇两次水，加工完后应灌水或用湿木屑灌满轴承孔，亦可在铁梨木表面上涂一层厚牛油保存。

3. 桦木层压板艉管轴承

桦木层压板用浸过人造树脂的白桦胶合板压制而成，具有较好的耐磨性，较高的硬度，能承受较大的冲击负荷，成本较低。因此，它可用作铁梨木的代用品。

木材是一种多孔性材料。在加压下细胞腔隙缩小，可使材质坚实，强度增加，但吸湿后仍能恢复原状。旋切成薄单板经过酚醛树脂处理，木材吸收了树脂，在加热条件下压缩，树脂缩合固化，使木材塑化，形成具有耐磨、耐热、绝缘性能较好，形成稳定的坚实体。它的某些物理机械性能甚至接近或高于某些金属、布质塑料和特种硬质木材，而成为机械、船舶、航空工业中采用的一种非金属材料。目前作为船舶轴承使用的桦木层压板的型号为：MCS-2，MCS-2-1 两种。MCS 是牌号的代号。M 代表木材，C 代表层积，S 代表塑料。MCS 后面的数字表示板材单板排列型式和经过不同的物质处理。

胶合板在自由状态下很易吸水而膨胀或挠曲，在压紧状态下其吸水和膨胀就小些。因此，胶合板镶条在安装之前，必须防止和水分、潮气接触，在自由状态下最多保存 2～3 昼夜。层状木质塑料艉轴轴承的结构型式如图 1-32 所示。板条式材料轴承的全部板材应采用横向纤维作为摩擦面。

胶合板镶条装入轴承后，板条背面与衬套内圆应紧密贴合，镶条之间及与止动条之间必须保持紧密，用 0.1mm 的塞尺不能插入，在全长上局部不紧密处不应超过 20% 长度。轴承中压紧的胶合板镶条，在水中工作时，沿轴承圆周方向膨胀，对止动条产生高达 19.6×10^6Pa 的压力，如止动条与镶条连接不够牢固，会产生螺钉的剪切力和止动条的变形。因此，镶条与止动条的连接装配应成图 1-32 所示的形状。为防止板条松动，衬套内装两根止动条，其材质应与衬套相同，止动条厚度为层压板厚度的 60%。宽度为 $0.8(d_2-d_1)$，其中 d_2 为衬套内径（mm），d_1 为螺旋桨轴轴颈（mm）。止动条背面应与衬套内圆紧密贴合，并用耐蚀螺钉固定。板条镶嵌时应使纵向接缝在一直线上，板条总长应使板条在轴向留有 3～6mm 浸水膨胀间隙。

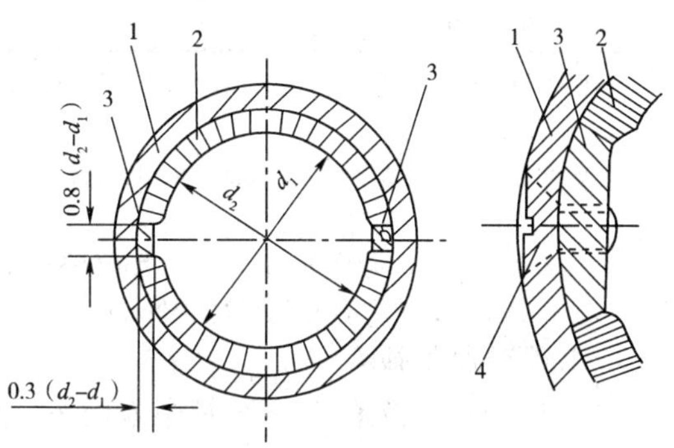

图 1-32　层状木质塑料艉轴轴承
1-艉管；2-镶条；3-青铜止动条；4-埋头螺钉

层压板轴承艉轴保护套应使用青铜套。为了不产生擦伤和刮伤层压板轴承，在装入艉轴之前，须用牛油涂在镶条表面。在进坞或上排后，其镶条应保持在湿润状态。桦木层压板轴承的安装间隙及更换间隙如表 1-16 所示。

层压板轴承的安装间隙及极限间隙（mm）　　表 1-16

轴　颈　d	安装标准		更换标准
	安装间隙	板条最小厚度	极限间隙
<80	0.50～0.70	9.00	3.00
80～100	0.70～0.80	9.00	3.50
100～120	0.80～0.90	10.00	4.00
120～150	0.90～1.00	10.00	4.50
150～180	1.00～1.10	11.00	5.00
180～220	1.10～1.20	12.00	5.50
220～260	1.20～1.30	13.00	6.00
260～310	1.30～1.45	14.00	6.60
310～360	1.45～1.60	15.00	7.30

续上表

轴　颈 d	安装标准		更换标准
	安装间隙	板条最小厚度	极限间隙
360～440	1.60～1.80	16.00	8.00
440～500	1.80～2.00	17.00	8.70
500～600	2.00～2.20	18.00	9.50
600～700	2.20～2.40	19.00	10.50

注:①层压板艉轴承安装间隙计算公式:安装间隙:$\Delta = 0.003d + 0.50$mm(d 为艉轴轴颈,mm),极限间隙,$\Delta_j = (4 \sim 5)\Delta$mm;

②对艄机型艉轴托架处轴承的极限间隙,应照表中规定值放大 20%,对尾机型艉轴承,其极限间隙应取表中规定值的 75%;

③板条加工最小厚度是非设计厚度,此值仅为船舶在修理加工艉轴承时的要求标准,其设计厚度应照此值放厚 50%左右,根据轴颈大小,板条设计厚度应在 15～30mm 之间。

4. 橡胶艉管轴承

橡胶轴承有板条式(类似铁梨木板条)橡胶轴承和整体式橡胶轴承两种形式。

(1)板条式橡胶轴承(以下简称"板式")。板式橡胶轴承的常见结构如图 1-33 所示,艉轴直径较大者一般都用板式,橡胶板条是用特制的模具浇注橡胶并加压制成。将制成的胶板在镶入衬套内圆前,应清除衬套内圆上的铁锈和污垢,并在衬套上标明"上"和"下"的记号。安装时严禁接触油类,由于橡胶在硫化过程中收缩不一,胶板厚度也不相同,所以应将较厚的胶板装于衬套下部,而较薄的装于上部,胶板的宽度应相同。

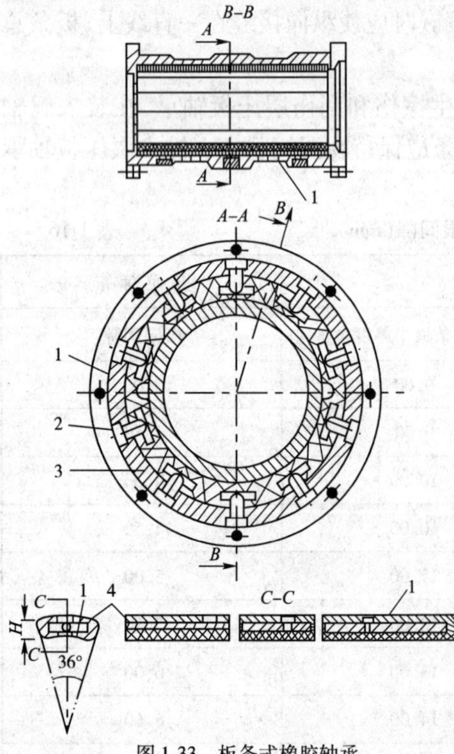

图 1-33　板条式橡胶轴承

1-橡胶衬条;2-埋头螺钉;3-衬套;4-金属衬板

板式橡胶轴承其胶板的安装方法:在衬套外圆沿轴向并引向两端面按图纸划出一条条安装胶板位置的中线和止动条中线,在其上钻好螺钉孔,并在衬套记有"下"的中线位置上先装上一块胶板,其中线应对准,在衬套外圆上用螺钉将该胶板固定。然后在其两侧分别将各胶板中线对准衬套上各中线装上胶板。衬套上部四块胶板也用同样方法安装。彼此之间应尽量贴紧,装上各胶板固定螺钉定位,但螺钉不完全拧紧,使胶板在圆周方向上可以作微小移动。再分别嵌入两根止动条。止动条应沿轴向过盈打入,以使各胶板彼此贴紧。安装时,可用肥皂水作润滑剂,装上并拧紧止动条螺钉,然后拧紧各胶板的全部螺钉。在螺钉孔和螺钉头四周应填以红丹白漆,以防海水渗入。在安装过程中,用砂轮或锉刀少量磨削胶板的两侧面,使它在长度方向上能相互贴紧。磨削时应注意胶板内的金属板不能露出外面。在拧紧胶板固定螺钉时,不应使螺钉端部顶到橡胶板,否则引起胶板工作表面的局部凸起。同时,不应将螺钉拧得过紧,以防胶板的局部变形。如果在衬套的轴向长度上安装两块或两块以上的胶板,则它们的厚度应相同,并装在同一直线上,衔接端面彼此应贴紧。

板式轴承的安装间隙与铁梨木轴承相同。安装间隙和磨损后需调节的间隙,可在胶板背面与衬套内圆之间垫薄的铜片来调整。

(2)整体式橡胶轴承。如图1-34所示,整体式橡胶轴承主要用于高速艇及内河小船上。将橡胶硫化粘合到衬套内,衬套内表面两端加工成不同螺旋方向的螺纹或燕尾槽,以增加粘结力。这种轴承与轴接触面小,故摩擦力较小,橡皮的两个圆弧面和螺旋桨轴之间形成楔形液体层,形成较好的冷却和润滑条件,冷却槽纵向布置,砂粒杂物容易冲走,因而减少了磨损。

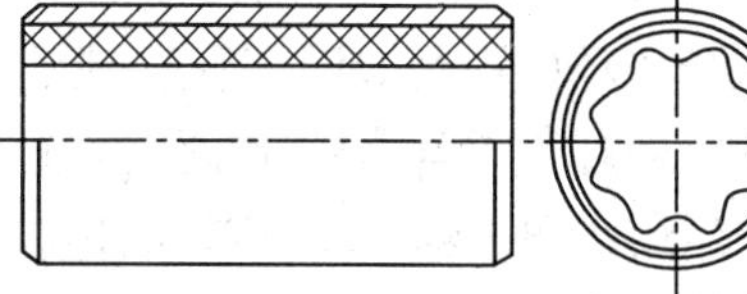
图1-34　整体式橡胶轴承

使用整体式橡胶轴承应进行外观检查和测量,橡皮轴承表面应光洁,无分层、无裂纹、无气泡和无脱壳现象。冷却水槽平直,根部应具有小圆角,内圆橡胶表面应与外圆同心,其偏差不大于0.05mm。轴承壳体和艉轴管内圆配合值可参考表1-17。

壳体和艉管本体内圆配合值(mm)　　表1-17

壳体外径	<65	65~100	100~140	140~180	180~260
配合值	+0.005~+0.02	0~+0.015	-0.01~+0.005	-0.02~0	-0.03~-0.01

用高速砂轮磨削轴承内圆时,由于艉轴已安装在轴承上,艉轴的重量使橡胶弹性变形而下陷,增大了安装间隙,所以磨削轴承内圆时应比要求的内径尺寸适当减小些。整体式橡胶轴承的安装间隙可参考表1-18。

轴承安装间隙和极限间隙(mm)　　表1-18

尾轴直径	安装间隙	极限间隙	尾轴直径	安装间隙	极限间隙
30~50	0.10~0.16	2.2	120~160	0.26~0.40	3.3
50~80	0.13~0.20	2.5	160~220	0.35~0.50	4.0
80~120	0.18~0.30	2.8			

橡胶轴承初装低速运转时会发出“轧轧轧”的响声,是因为轴颈与轴承在刚开始运转时配合不顺畅而造成,经运转一段时间后会自行消失。橡胶轴承在运行时,必须输入足够的水量,如果缺水达数分钟,便会使摩擦力显著增大,同时使橡胶及艉轴会发热。严重时,可能使橡胶熔化在轴上把轴咬死,故在主机启动前,艉轴管内应先供水。橡胶轴承在安装时切忌与油类接触,否则橡胶容易溶解。在供水系统中,不应有滑油混入,而且艉轴管首端填料函的填料滑油不宜加得过多。橡胶中的硫分会腐蚀艉轴或艉轴防蚀衬套,故在船舶停航时应经常转动艉轴。

第七节　艉轴管密封装置的装配

艉轴管密封装置按使用情况分开式和闭式润滑两种。开式润滑艉轴管只需在其首端安装

密封装置,即艉管密封填料函,用于海水润滑的铁梨木或桦木层压板艉管轴承及海淡水润滑的艉管橡胶轴承;闭式润滑艉轴管首尾端均要安装密封装置,以防止滑油漏出和舷外水流入艉轴管内。常用的有:金属环式密封装置(作为尾密封和带有分油环艉管密封填料函作为首密封配套使用)、橡皮环式密封装置(Simplex)和橡皮筒式端面密封装置三种。

一、密封填料函的装配

密封填料函的典型结构如图 1-35 所示。它主要有填料函压盖、压盖衬套、软填料(油毛毡)、分水环(或分油环)、管接(或油杯)和旋塞等组成。用扳手均匀拧紧各螺母,使填料压盖通过压盖衬套压紧填料,使之与艉轴贴合,以达到密封的目的。滑油经油杯和分油环进入填料函。当用水润滑轴承时,应将油杯改为冷却水管接,用分水环(配水环)来代替分油环,使压力水沿轴承截面的整个周长均匀地分配,防止形成涡流。

如果艉轴首端为固定法兰,则填料压盖,压盖衬套与分油环等为了便于拆装,应由两半组成,其结合面应位于通过中心线的平面上。两接合面刨平后,还应在平板上略为研刮,并用螺钉或锡焊将两半块结合成一体,然后进行内外圆和端面的加工。

填料压盖的材料一般采用铸钢 ZG25、铸铁 HT20-40、HT25-47,压盖衬套和分油环采用黄铜或青铜,软填料采用特制的掺有油脂的麻绳、棉绳或油毡等。

为了保证压盖衬套和分油环在工作时不与艉轴产生摩擦,初装时下部间隙如公式(1-5)所示:

$$\delta_{下} = \delta_1 - \delta_2 + (0.20 \sim 0.50) \quad \text{mm} \tag{1-5}$$

式中:δ_1——艉轴承允许极限间隙;

δ_2——艉轴承安装间隙。

装配情况如图 1-36 所示。当艉轴在艉轴承磨损到极限状况时,也不会与压盖衬套或分油环接触,其上部间隙可以适当小些。因此,应将压盖的衬套和分油环的内圆车成偏心,安装时将偏心部分装于下部,也可用刮刀刮出下部间隙 δ,在左右位置的间隙也应基本相同。一般情况下,填料压盖的内外圆不同轴度应小于 0.1 mm(偏心除外),圆度及圆柱度小于 0.05mm,端面与中心线垂直度每米偏差不超过 0.25mm。

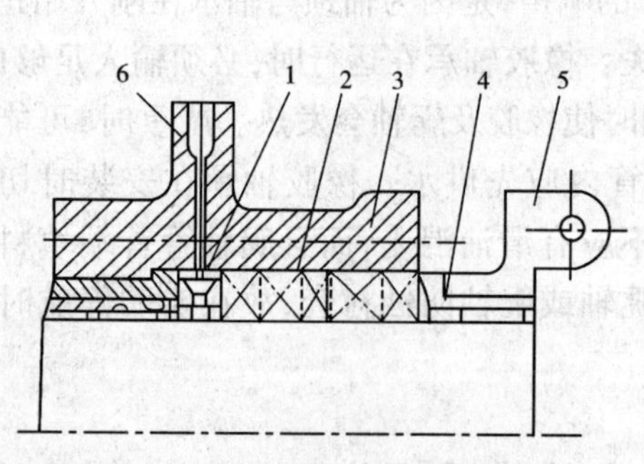

图 1-35　艉轴管首端密封填料函

1-分水环(分油环);2-填料;3-艉轴管;4-压盖衬套;5-填料压盖;6-进油旋塞

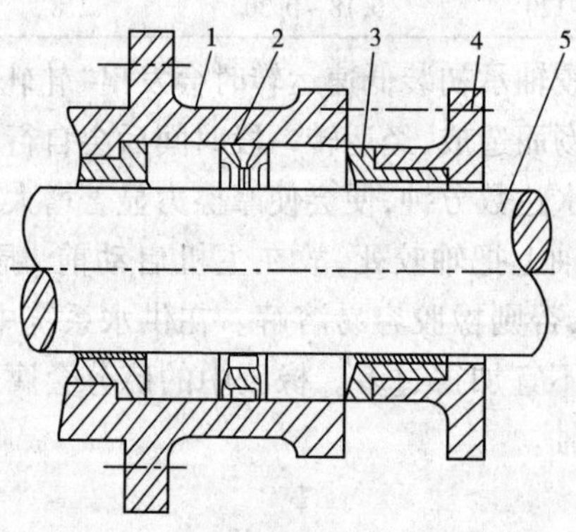

图 1-36　压盖衬套、分油环与艉轴的装配情况

1-艉轴管;2-分油环;3-压盖衬套;4-压盖;5-艉轴

二、橡皮环式密封装置的装配与检验

密封装置利用几个带有唇部的橡胶密封环紧套在艉轴或艉轴防蚀衬套上，靠其唇部紧密贴合来保证密封。由于它具有良好的密封性能，使用寿命长，摩擦损失少，结构也比较简单，装配、修理和安装较方便等优点，现已广泛应用于大型民用船舶的艉轴管密封装置中。

1. 辛泼莱克司改进型首部密封装置

辛泼莱克司改进型首部密封装置如图 1-37 所示，其密封原理是依靠弹性固紧密封元件 7 的唇口与旋转部件表面接触达到阻油的目的。其主要特点是其腰部较长，元件的弹性与跟随性较好，加之唇口的接触宽度小（约 0.5～1mm），唇部及弹簧的径向力合适，且在其后面有中间环 8 和密封压盖 6 护托，防止其受压变形或翻过，故密封效果良好。螺孔 3 可由油管加入滑油。在油腔的底部往往开设一个放油孔，必要时可在腔室内使滑油进行循环，以保证具有良好的工作状态。剖分式锁紧环 4 的作用是为了改变和固定耐磨衬套 9 的轴向位置。

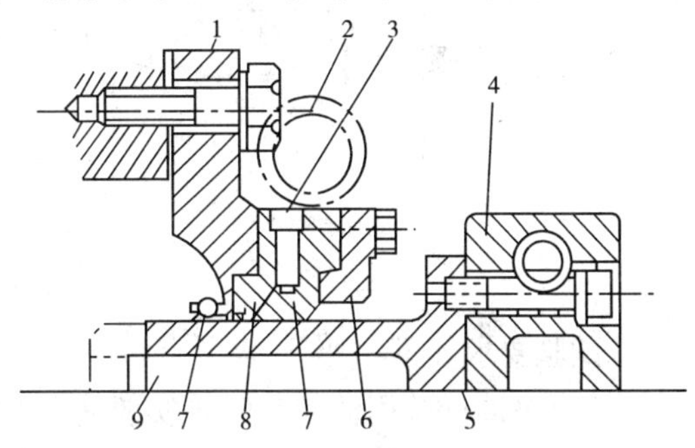

图 1-37　改进型首部密封装置

1-前壳体；2-吊环；3-螺孔；4-剖分式锁紧环；5-橡胶圈；6-密封压盖；7-密封圈；8-中间环；9-耐磨衬套

2. 辛泼莱克司改进型尾部密封装置

目前我国制造的 174 000DWT 大型油船使用的辛泼莱克司改进型尾部密封装置如图 1-38 所示。其密封元件由四个唇部装有箍紧弹簧的橡胶密封圈 7、8、9、10 组成，其中两道向前翻两道向后翻，其头部分别被夹持在后壳体 6、中间托环 5、支持环 4 及后压板 3 中。这种密封装置可以在车间预装，并用后压盖 2 先将其固定与防腐衬套 1 上，然后再将衬套装置送至实船进行安装。这种装置对艉轴的跟随性较好，滑油的漏损少，使用寿命较长，拆卸整理较方便，故受到用船部门的普遍欢迎，在大型船舶广泛应用。

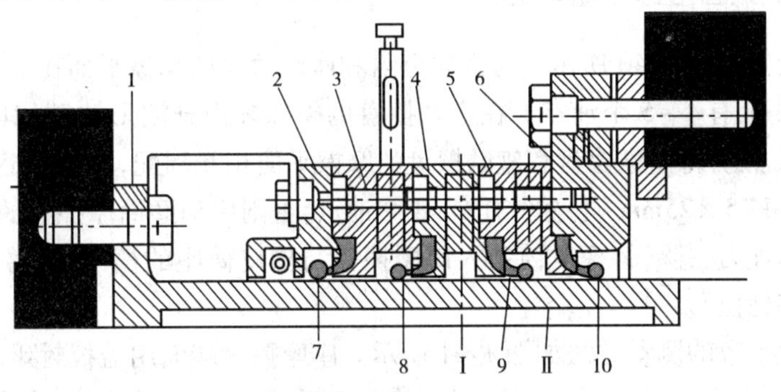

图 1-38　辛泼莱克司改进型尾部密封装置

1-防腐衬套；2-后压盖；3-后压板；4-支持环；5-中间托环；6-后壳体；7、8、9、10-密封环；I-密封油腔；II-冷却油腔

3. 橡皮环式密封装置的试验

橡皮环式密封装置我国引进专利进行生产，各船厂一般不生产，均为外购装配，到货后需检查各部件的外表质量及运输中有否损伤。检查合格后在车间进行密封性试验。密封性试验装置密封性试验如图 1-39 所示。

首部密封试验时,先在 A 处接油泵试压,在 B 处观察有否漏油,试验后将 A 处封堵,在 B 处接油泵试压,观察 F 处有否漏油。尾端密封试验时,先在 C 处接油泵,在 D 处观察有否漏油,试验后将 C 处封堵,把 E 处接油泵试压,观察 D 处有否漏油。

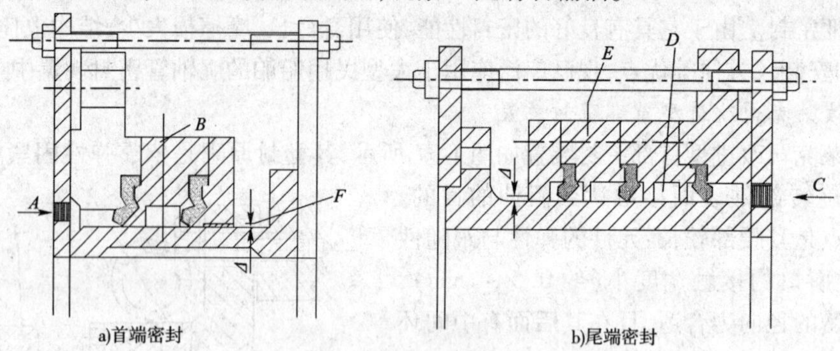

图 1-39　艉管密封装置

试验要求如下:

(1)泵油试验用油应与艉管实船使用的润滑油牌号一致。

(2)试验压力的船舶吃水有关,防止油漏出一侧的试验压力约为载重水线至轴系中心线间深度水压力的 2 倍,防止海水漏入处的密封试验压力可为载重水线至轴系中心线间深度水压力的 1.5 倍,试压应保持 5min 无渗漏现象。

(3)密封试验时,需将壳体与防蚀衬套用千分表找正,保证两者同心,然后在 Δ 处周向等分 4 点测出 4 个间隙值,并作好记录,同时测量出衬套端面与密封装置后压盖的距离。作为船上安装时的依据,以便确保橡皮环不脱落。

(4)密封试验时,应保持试验用油及设备的清洁。试验结束后各入口应仔细封好,严防落入其他杂物。

三、橡皮筒式端面密封装置的装配

这种密封装置如图 1-40 所示。将筒摩擦盘和座摩擦盘的摩擦平面在平板上进行刮磨,要求每 $25 \times 25mm^2$ 上有 4 ~ 5 个油点。在座摩擦盘的摩擦环面开波形油槽(其顶点距外圆应大于 20 ~ 30mm)。然后将筒摩擦盘和座摩擦盘的摩擦平面相互刮配,在座摩擦盘上涂色油检验接触情况,要求每 $25 \times 25mm^2$ 上至少有 6 ~ 8 个油点,否则应刮磨筒摩擦盘的摩擦平面。橡皮筒两端的毛刺用锉刀去除,将橡皮筒装入筒摩擦盘与橡皮筒座的槽子内(橡皮筒端面与槽的底面接触才算装到位)。

橡皮筒弹性系数的测量方法如图 1-41 所示。座摩擦盘端面用盖板封死,然后将整套密封装置放在平台上,上面用千斤顶往下顶,装置内灌满滑油,并与油箱相连,油箱安装高度应比艉轴轴心线至满载水线的高度略高 1 ~ 2m。或用滑油泵泵入相应压力的滑油,使油压稳定在规定的数值上。此时用千斤顶逐渐压缩橡皮筒,直至不漏油为止。然后用千斤顶往下顶少量压缩橡皮筒,并往上回缩同样距离,这时橡皮筒应能借自身的弹力恢复到原位,而且仍不漏油为合格。测量此时筒摩擦盘和橡皮筒座两内端面的距离 A(图 1-41),作为上船安装的依据。上船安装时应比分厂试验时测得的距离小 0.50 ~ 1.0mm。

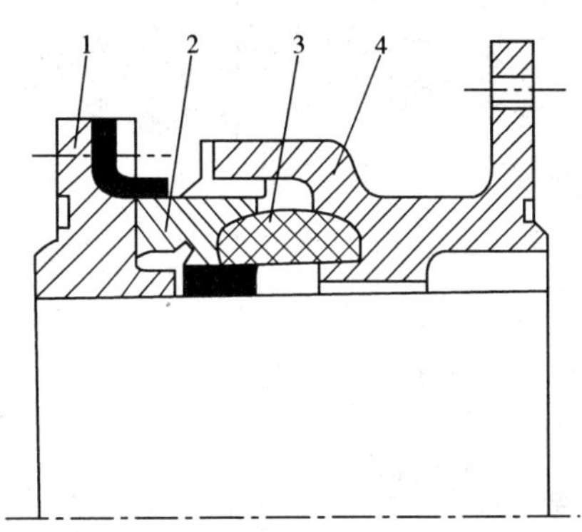

图 1-40　橡皮筒式端面密封装置的装配

1-座摩擦盘；2-筒摩擦盘；3-橡皮筒；4-橡皮筒座

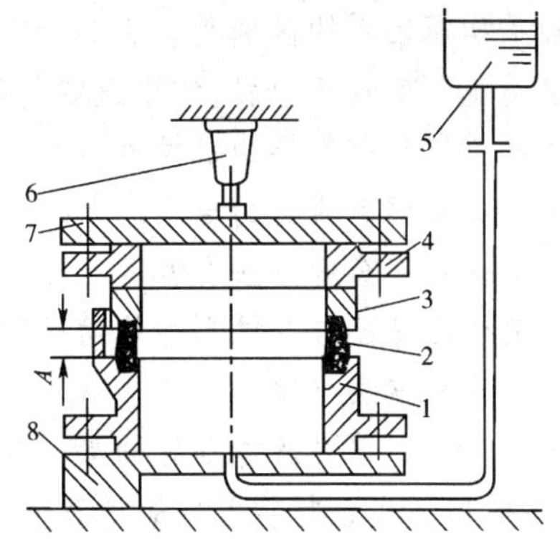

图 1-41　橡皮筒弹性系数的测量

1-橡皮筒座；2-橡皮筒；3-筒摩擦盘；4-座摩擦盘；5-油箱；6-千斤顶；7-盖板；8-底座

第八节　隔舱壁填料函的装配

传动轴从主机到螺旋桨，在通过一些舱壁时应在舱壁上开孔，这样有水密要求的舱壁在开孔处必须装设隔舱填料以保证水密舱室的水密性。对隔舱填料函的要求是在传动轴通过隔舱填料函时，无论轴系是否传动，应能承受一定的水压而不发生泄漏，当轴旋转工作时，摩擦因数小，温度一般不超过 55 ~ 56℃；并且结构简单、质量轻，外形尺寸小，拆装方便。如图 1-42 所示为一种典型结构式的隔舱壁填料函，它用螺栓紧固在隔舱壁开孔处的焊垫上。填料函中填料通常采用具有圆形或方形截面并用油浸过的麻绳或毛毡制成。

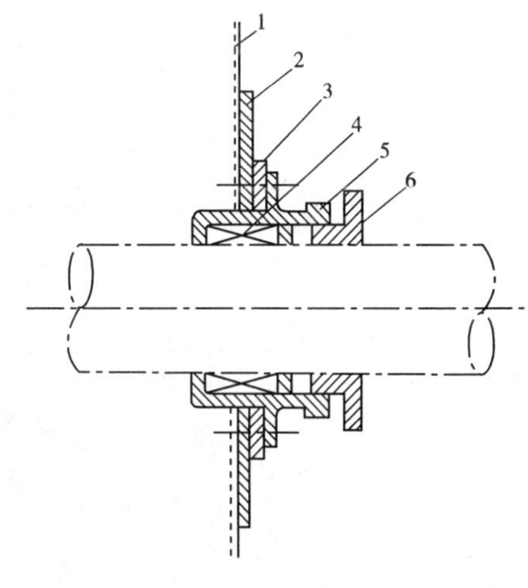

图 1-42　隔舱壁填料函

1-水密隔舱壁；2-焊垫；3-衬垫；4-填料；5-壳体；6-压盖

装配和安装过程：衬垫 3 与水密隔舱壁上的焊垫 2 及壳体 5 在焊合面处应进行研配，焊垫应按轴系拉线所确定的位置定位，焊垫的端面应与轴系中心线垂直，其不垂直度不应大于 0.5mm/m。如果超过此值，可用带斜度的中间垫片来调整。压盖 6 与壳体内孔进行装配，不得出现卡滞现象，压盖内孔与中间轴之间的间隙应符合技术条件，避免安装时出现返工。

SIKAO YU LIANXI

1. 简述轴系的作用与组成。

2. 长轴系和短轴系的区别是什么?
3. 简述隔舱壁填料函组成、作用及安装要求。
4. 轴系材料应具有怎样的机械性能?
5. 简述对艉轴铜套质量的要求。
6. 艉轴上安装铜套的方法有哪些?
7. 简述圆柱形螺栓与圆锥形螺栓的区别。
8. 螺栓的装配方法有哪些?
9. 简述艉轴管的组成及艉轴管轴承的类型。
10. 简述橡皮环式密封装置的原理及密性试验要求。

第二章　船舶轴系的安装

● **学习目标**

知识目标

1. 掌握轴系理论中心线确定及轴系孔的加工方法；
2. 理解和掌握艉轴管装置的安装；
3. 掌握轴系校中的含义和方法。

能力目标

1. 会确定轴系理论中心线；
2. 会镗削轴系孔；
3. 能安装艉轴管装置；
4. 能校中轴系。

第一节　轴系理论中心线的测定

一、轴系理论中心线测定条件

通过主机曲轴中心，同时又通过艉轴管的中心直线称为轴系理论中心线，它是主机轴系安装的基准，其艏艉二基准点的空间坐标位置可从轴系布置图中得到，轴系理论中心线是在船舶设计时所确定的轴心线。在轴系安装时，人字架轴壳孔和艉柱轴壳孔等的校中和镗削加工，以及确定轴系上各部件的相对位置，都以轴系理论中心线为基准。在测定轴系理论线之前，对船体建造进展程序、安放状态、天气状况等提出以下要求。

(1)在主机及轴系工作区域内主甲板上下的各建筑结构应安装完毕；影响船体总强度的主要焊接装配工作应结束。

(2)机舱及临近部位的双层底、油水柜等密封试验等全部结束，并稳定24h。

(3)轴系零部件如人字架、主机座、轴承座等都已装配焊接完毕。

(4)船体垫墩、侧支承合理、牢固可靠。

(5)船体基线符合规定要求，并且有船体基线变化测量数据。

(6)建议在阴天或晚上进行测定工作，以避免日晒而引起船体的变形。

(7)保持船内的安静，停止敲击和振动等工作。

由于舵系理论中心线和轴系理论中心线的相互位置有一定的要求，因此两者的理论中心线应同时确定，而且所用的方法基本相同，所以舵系理论中心线的确定也在本节内叙述。

二、轴系理论中心线测定方法

根据轴系布置图所标注的轴系及舵系理论中心线的坐标来确定基准点的位置。确定轴系

理论线的方法主要有拉线法和光学法两种。拉线法主要用于小型船舶的短轴系中，而光学仪器法主要用于长度超过15m的轴系。民用大型船舶主要采用光学仪器法。无论哪种方法都取两个基准点来确定轴系理论中心线的位置。

1. 轴系基准点的确定

(1)基准点高度位置的确定。用钢直尺在指定的船体肋位上，从中龙骨或双层底上的船中线和舵斗上的标注线向上量取规定的高度数值，由于不是直接从基线开始量取，所以量取的数值应该分别等于 h_1 减去中龙骨高或基线至双层底上平面的高，h_2 减去舵斗上标注线至基线的高度距离。h_1、h_2 分别是首、尾基准点至基线的距离。

图纸上轴系基准点高度指船体基线至首尾基准点高度。而船台上船体基线则用竖立在船台的基线标志来表示，所以通常以引入船体内的水平仪玻璃管内的水线作为基准点高度来测定，如图2-1所示。此法比钢直尺量取准确性高。基准点的高度位置用连通管水平仪从船台的标高尺上将规定的首、尾基准点高度引入船内，以水平玻璃管内的水线作为基准点的高度标准。在水平船台上，若两基准点等高，则轴系理论中心线为一水平直线，若首基准点高于尾基准点，则轴系理论中心线为一倾斜直线。

(2)基准点左右(水平)位置的确定。基准点的左右位置，单轴系在船台上可用吊铅锤对准船体中线来确定。也可用钢尺从二舷左右分中予以确定。双轴系则根据轴系布置图中规定首尾基准点距船中线的距离，用吊铅锤的方法确定轴系基准点的左右位置。并在双层底上对基准点打上记号。基准点的纵向位置按轴系布置图上所指定的肋位确定。船首的基准点为首基准点，另一基准点则为尾基准点。一般常将首基准点设在机舱前隔舱壁的肋位上。而尾基准点定在零号肋位上。船下水后用吊铅锤的办法对中时，必须使船的横倾与纵倾符合规定，否则误差较大。

2. 舵系基准点的确定

单舵的上、下基准点在舵机房甲板的船中线上和下舵承端面(或船台上)的船中线上，按舵系布置图的规定，用钢直尺量取距规定肋位若干距离即得。也可以只量取一上基准点，通过上基准点用吊铅锤的办法求得下基准点。在水平船台上、下基准点在铅锤尖上直接量取。在斜船台上，须将铅锤尖在船台的锤尖点 A 沿轴系中心线的投影线(单轴系即为船中线)向前移一定距离 L 至 B 点上，如图2-2所示，下基准点在 B 点和上基准点的连线上。L 可由船台斜角 θ 和铅锤线长 H 求得：$L = H\sin\theta$

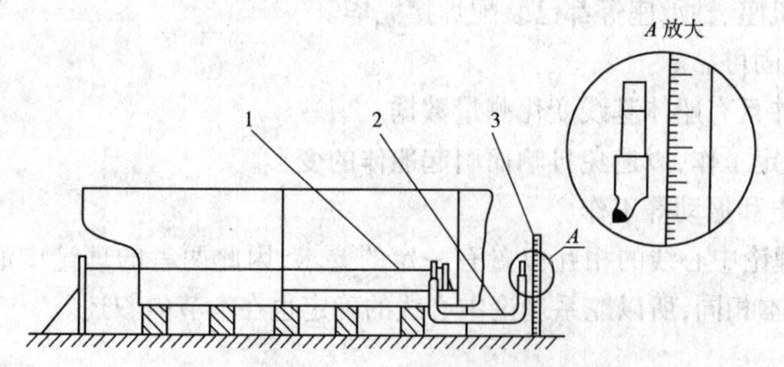

图2-1　用连通管水平仪定基准点的高度位置

1-钢丝线；2-连通管水平仪；3-标尺

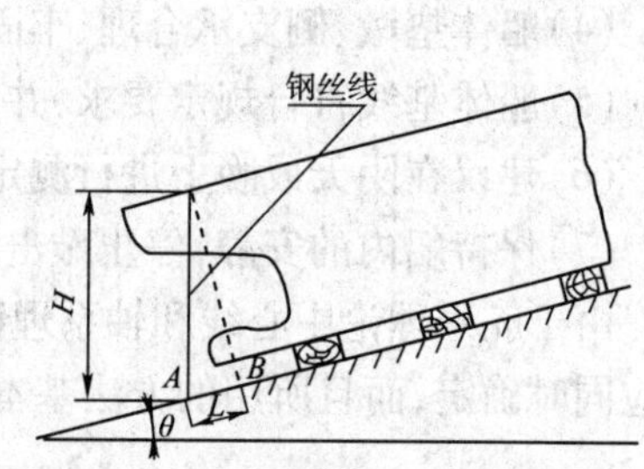

图2-2　在斜船台上确定舵系基准点

如果是双舵或三个舵，则左右边舵的左右位置用直尺从船中线上的规定肋位处（或距某号肋位若干距离处）向左右量取规定距离。

三、拉线法确定轴系理论中心线

拉线前，应设置拉线架并在拉线所要通过的舱壁等处预先开出小孔，以便钢丝线穿过小孔使其位置按轴系中心线设计位置（高低，左右）大致确定下来。孔径不宜开得过小，一般为成品圆的1/3～1/2即可。拉线架可用角铁或槽钢焊接而成，其上装有拉线工具如图2-3所示，钢丝夹在夹头上，夹具能使夹头上下左右移动。

具体操作方法：拉轴系中心线时，在舵系中心线之后和主机前0.5～1.0m处，或在规定的前、后肋位的前和后0.5～1.0m处竖两个拉线架，并拉一根直径为0.5～1.0mm的钢丝，依首、尾基准点调整钢丝的位置，使钢丝通过首尾基准点，这时钢丝线就代表轴系理论中心线。

拉舵系中心线时，在舵机房的上甲板和下舵承孔的下端面上各设一拉线架（无舵斗时设在船台上），拉一根直径0.5～1.0mm的钢丝，调整钢丝的位置，使所拉的钢丝通过上、下基准点，此钢丝代表舵系理论中心线。

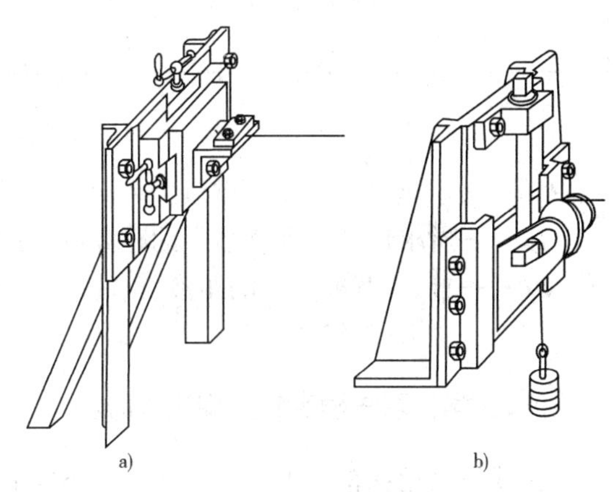

图2-3 拉线工具

由于钢丝要通过舵机房的上、下甲板，在没有中间舵杆轴承时钢丝还要通过船体尾部的船壳板，故拉舵线之前，必须先在相应位置预先开孔，孔的位置按舵线的设计位置（前后，左右）大致确定，孔的直径亦为成品孔直径的1/3～1/2即可。拉舵线前将上舵承座大致放到位，拉线时钢丝从其中穿过。先拉轴系中心线，后拉舵系中心线（反之亦可）。但要注意检查两钢丝线的相互位置是否正确，若不符合要求则应进行调整。

在拉轴系中心线时，为使钢丝线保持直线状态，应给予钢丝尽可能大的拉紧力，一般取拉紧力为钢丝拉断力的70%～80%。通常拉紧钢丝的办法有两种：一是钢丝的一端挂一重物，其重量等于规定的拉紧力数值，另一办法用松紧螺旋扣收紧，如图2-4所示。钢丝承受拉紧力的大小由弹簧拉力计表示出来。在无拉力计的情况下，只能用手触及钢丝的绷紧程度大致判断。有关钢丝的参数参考表2-1。因钢丝的自重会产生挠度。因此，以钢丝线代表轴系理论中心线来确定各隔舱壁、人字架轴壳孔等处的理论中心点时会有误差存在，必须予以修正。

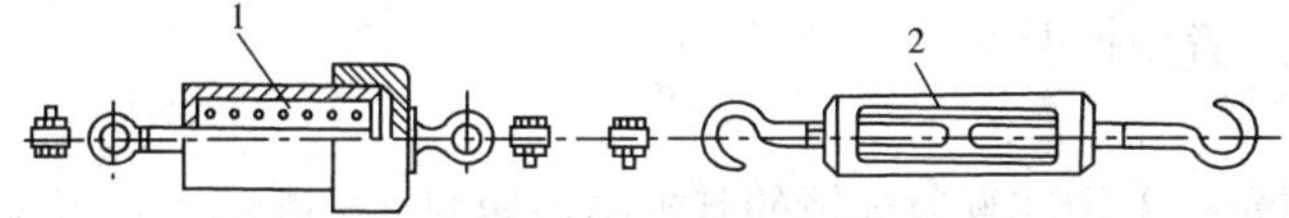

图2-4 松紧螺旋扣

1-拉力计；2-花篮螺丝

计算需要确定理论中心点处的钢丝挠度，然后由钢丝定出的中心点垂直升高所求得的相应挠度数值，即为该处理论中心点的位置。钢丝线在首、尾基准点不同位置处的挠度y由公式求出（图2-5）：

钢丝直径与拉力的关系 表 2-1

钢丝直径 d (mm)	断面积 (mm^2)	均布负荷 q (N/m)	极限应力 (Pa)	拉限负荷 (N)	推荐拉力 T (N)
0.50	0.1963	0.0156	1667.2×10^6	327.6	196.0 ~ 294.2
0.60	0.2827	0.0222	1667.2×10^6	470.7	294.2 ~ 392.3
0.70	0.3848	0.0302	1569.1×10^6	598.2	392.3 ~ 490.4
0.80	0.5026	0.0375	1569.1×10^6	784.6	539.4 ~ 637.5
0.90	0.6361	0.046	1520.1×10^6	970.9	686.5 ~ 784.6
1.00	0.7854	0.0617	1520.1×10^6	1196.5	833.6 ~ 931.7

$$y=\frac{qx(L-x)}{0.99\times 2T}\quad \text{mm} \tag{2-1}$$

式中：q——钢丝单位长度的重量(N/m)；

x——所求挠度处到基准点的距离(m)；

L——首、尾基准点间的距离(m)；

T——拉力(9.8N)。

四、光学仪器法确定轴系理论中心线

拉线法无论在精度上或生产率上都不能满足现代化造船的要求，目前普遍采用光学仪器法来确定轴系理论中心线。利用光学仪器确定轴系理论中心线时将仪器按两个基准光靶(光靶的十字线中心在基准点位置上)调好位置，使仪器的主光轴同时通过两基准光靶上的十字线中心，此时仪器主光轴代表轴系理论中心线。

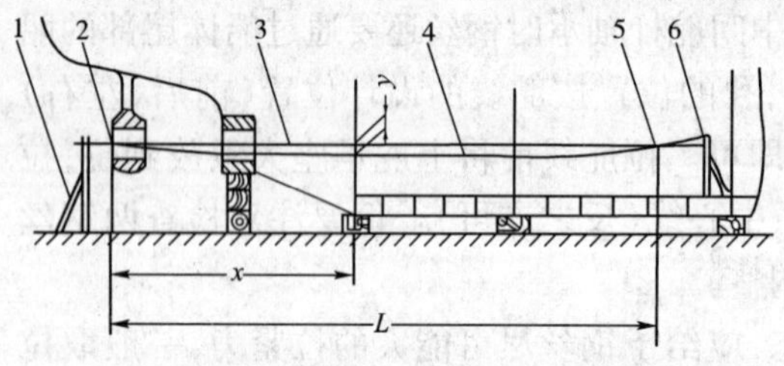

图 2-5 用拉线法确定轴系中心线

1、6-拉线架；2-尾基准点；3-轴系理论中心线；4-钢丝线；5-首基准点

光学仪器是由平行光管、望远镜和双平面镜等集合而成。平行光管内位移光板之刻度值每格为 0.5 ~ 1mm。一般人的视力可看清 1/4 格，即 0.10mm ~ 0.20mm。显然不够精确，为了把位移值看得更精确，必须在望远镜前面安装双平面镜，安装以后可以看准至 0.015 ~ 0.020mm。

根据所使用的光学仪器不同，确定轴系理论中心线的方法有望光法和投射法，前者用准直望远镜或经纬仪等，后者用投射仪。

1. 望光法

(1)望光仪。望光法采用准直望远镜的基本结构如图 2-6 所示。它主要由物镜组 1，目镜组 5，调焦透镜 3 和十字线分划板 6 等组成，2 是物镜对光螺旋，4 是目镜对光螺旋，7 是从目镜中看到的经过放大后的十字线，OO'是望远镜的光轴。

(2)光靶。常用的光靶结构如图 2-7 所示。整个光靶支撑在各隔舱壁和人字架等处预先开出的孔内，光靶体 2 上的微调螺钉 1 用以调整靶心架 3 上下、左右的位置，使靶心 4 上的有机玻璃十字线中心与基准点相重合，即光靶十字线的位置代表基准点的位置。

（3）基准光靶的设置及仪器位置调整。如图 2-8 所示，在人字架轴壳孔或尾柱轴壳孔的后端及机舱后（或前）隔舱壁上设两个基准光靶 3、5，将光靶十字线中心调至基准点位置上。在尾光靶之后设仪器架 2（将望远镜 1 装在其上），仪器架应直接设在船台上台上，与船体及其四周的脚手架不要相连，以减少干扰。

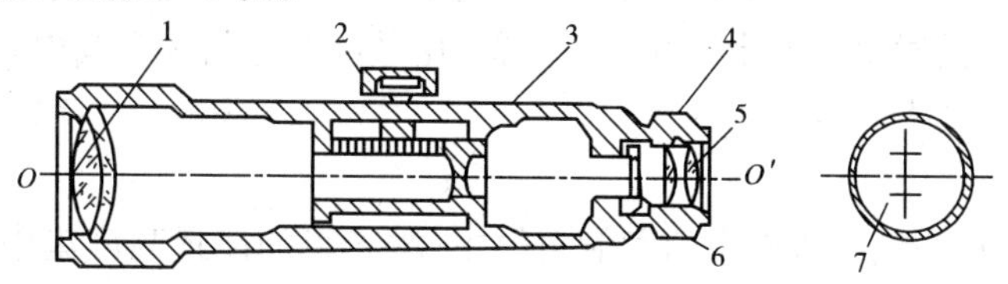

图 2-6　准直望远镜

1-物镜组；2-物镜对光螺旋；3-调焦透镜；4-目镜对光螺旋；5-目镜组；6-十字线划分板；7-目镜十字线

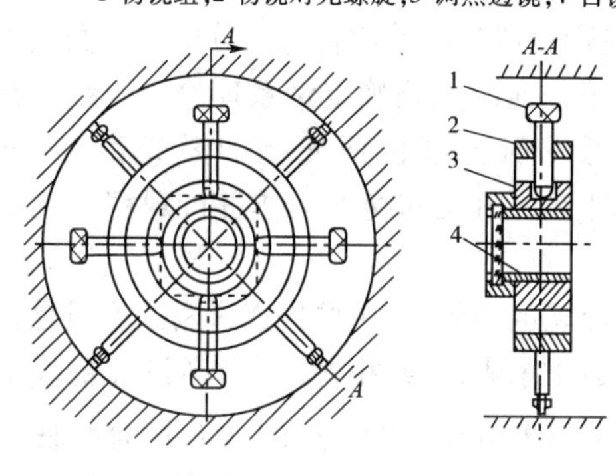

图 2-7　光靶结构示意图

1-微调螺钉；2-光靶；3-调整靶心架；4-靶心

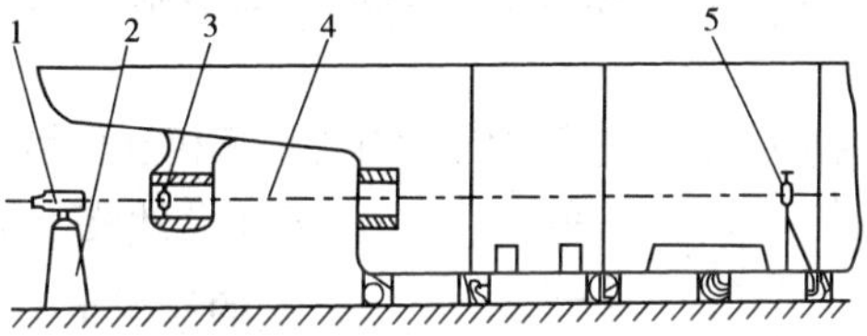

图 2-8　安装望远镜及基准光靶

1-望远镜；2-仪器架；3、5-基准光靶；4-仪器主光轴

开始调整位置时先调焦距，使尾光靶十字线能清晰地看见，旋转调位螺钉调整仪器位置，使仪器内的十字线中心与尾基准光靶上的十字线中心重合。取下尾基准光靶的靶心，再依首基准光靶调整仪器位置，使仪器上的十字线中心与首基准光靶的十字线中心重合。然后再装上尾靶心，用尾基准光靶的十字线中心来校正仪器位置。如此反复进行，直至仪器的十字线中心与首、尾基准光靶的十字线中心都重合，即仪器主光轴 4 通过轴系的首尾基准点，此时仪器的主光轴即可代表轴系理论中心线。

2. 投射法

投射仪的结构和基本原理如图 2-9 所示。在投射仪的本体 1 中有聚光镜 7（收集散失的光能），带有透镜 3（为消除像差）的活动对光套 2（调节焦距用），刻有十字线的有机玻璃板 4 和双面凸透镜 5（对光线起会聚作用），利用光源 8 可将有机玻璃 6 上的十字线投射到安装在所

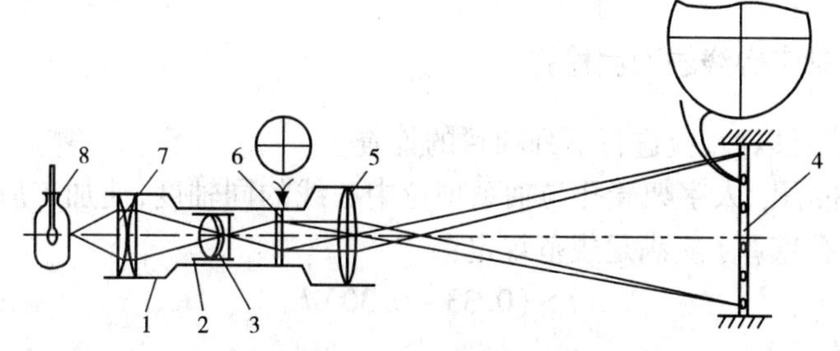

图 2-9　光学投射仪原理图

1-本体；2-对光套；3-透镜；4-有机玻璃板；5-双面凸透镜；6-有机玻璃；7-聚光镜；8-光源

需位置上的对光靶上。

普通投射仪在轴系找正中的应用,基本上与望光法相同。首、尾基准光靶的设置一个在后机舱壁上,另一在尾柱壳孔后端面处。调整投射仪位置的方法也与望光法类同。投射仪的调整,由在基准光靶处的观察者根据投射在光靶上的十字线中心与基准光靶十字线中心的不重合情况进行指挥。当投射出来的十字线中心与首、尾基准光靶的十字线中心相重合,投射仪的主光轴即代表轴系理论中心线。

3. 激光法

激光具有高度的方向性,激光束的发射角很小、激光束的能量高度集中,单色性异常高—即波长范围很窄,一般小于 1nm,以及准直距离长,因此把激光应用于准直技术上能得到较高的准直精度。

激光准直仪一般由激光发生器,测量望远镜,波带片或光电接收靶等部分组成。激光准直仪的原理与常用的准直望远镜相似,以光电目标代替普通的光靶确定轴系理论中心线。在激光准直仪中,常采用氦—氖(He-Ne)激光器,它可发射出红色而光亮的激光束,波长为 632.8nm。此种光束在日光直照下能清晰看见。这对于在白天和晚上工作进行观察和调整极为方便。

轴系中线和舵系中线确定后,其相互位置应符合规定的要求,主要检查这两条中线是否相交(设计要求是相交的情况下)或相距的距离(设计要求不相交的情况下)。允许偏差 $\delta \leqslant 0.001\sqrt[3]{L}$(mm),$L$ 为船长(m)(指单桨单舵形式,如图 2-10 所示);检查舵系中线与基线的垂直度通常不用基线,而是检查舵系中线与轴系中线所成的角度,偏差应不大于 1mm/m(即角度偏差 <4′);检查舵系中线和轴系中线交点至尾柱轴毂后端面的距离,因尾柱轴毂后端面需加工,此距离尺寸应等于设计尺寸减去端面加工余量。

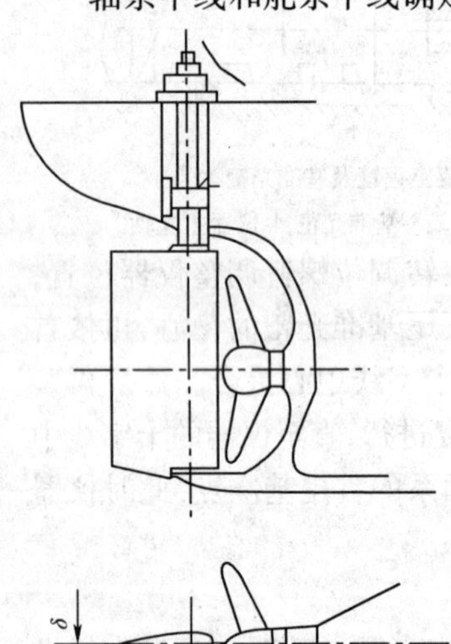

图 2-10 舵系中线与轴系中线的偏移

检查舵系中线与轴系中线的相互位置可用拉线法拉出两条中线进行,若轴系中线用光学仪器确定、舵系中线用拉线法确定的情况下,在轴系理论中线确定后,可依尾隔舱加强垫板和尾柱轴毂后端面上的检验圆线,或人字架轴毂前、后端面上之检验圆线拉出一钢丝短线代表轴系中线,与拉好的舵系中线进行检查。如检查结果出现超差,一般调整舵系中线使其符合要求。

五、建立轴系理论中心线后项目检验

轴系理论中心建立以后,应进行下列项目的检查。

(1)检查尾柱轴壳孔、人字架壳孔与轴系理论中心线的同轴度,使加工后轴壳的最小厚度不小于规定数值,壳孔壁厚 t 应满足规范规定:

$$t > (0.33 \sim 0.30)d \tag{2-2}$$

式中:t——壳孔壁厚(mm);

d——艉轴直径(mm)。

对于装有导流罩的船舶，须检查导流罩最小内径处轴线的同轴度，偏差不得大于导流罩内径与螺旋桨直径之间隙的1/4。

(2)按轴系理论中心线检查主机基座面板、各中间轴承基座面板、推力轴承基座面板的左右位置和高低尺寸，并检查各基座面板左右是否水平。

(3)检查基座的左右位置，可用角尺或丁字尺进行，先在基座面板上划出左右分中线，后测量轴系理论中心线和面板中线的左右偏差，一般偏差值不应超过5mm。测量时，需在基座面板前后、(首尾)两个位置进行。

(4)检查轴线与舵线的相互位置是否符合设计要求。

以上工艺检查项目如图2-11所示。

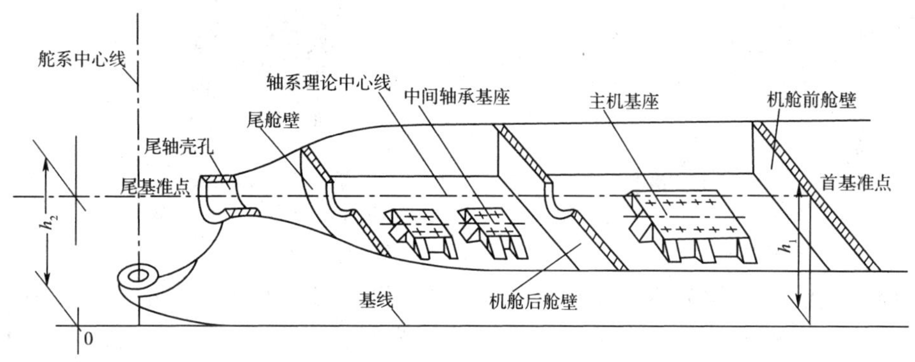

图2-11　轴线拉好后应检查的施工项目

第二节　轴系孔的镗制

大、中型船舶的人字架轴壳、尾柱轴壳以及尾隔舱加强垫板等，将其焊装在船体后用镗排来镗孔。这些孔的加工以轴系理论中心线为基准在孔端面上所划出的加工圆线和检验圆线来进行。

一、确定加工圆线和检验圆线

加工圆线和检验圆线是两个同心圆，加工圆线是镗孔时确定的加工线，以便达到所规定的尺寸要求：比加工圆直径稍大(约大20～30mm)的是检验圆线，检验圆线作为镗孔和船舶大修检验轴系理论中心线依据。根据用拉线法或光学仪器法确定的轴系理论中心线，加工圆线和检验圆线的划法如下：

(1)用光学仪器确定轴系理论中心线时，先后在轴壳孔端及尾隔舱加强垫板的孔内装入光靶，将光靶十字线中心调得与仪器十字线中心重合。取下十字线靶心，换上带中心孔的钢靶心，如图2-12所示，以光靶的中心孔为圆心，用圆规划出加工圆线和检验圆线。由于艉轴支承在艉轴轴承上，艉轴承的轴心线应比艉轴轴心线高出轴承间隙的一半。因此，如果采取将轴壳孔镗得与艉轴同轴(所用的艉轴承的内外圆是偏心的)，则尾隔舱加强垫板和尾柱轴壳用的钢靶的中心孔在靶心的圆心上，如图2-12a)所示；如将轴壳孔镗成与艉轴承同轴(所用的艉轴承内外圆是同轴的)，则尾隔舱加强垫板和尾柱轴壳用的钢靶心其中心孔的位置距圆心$\Delta/2$

(mm),如图2-12b)所示,Δ 为艉轴与轴承的间隙mm)。安装这种钢靶心时,须使中心孔位置在靶心圆心的正上方。为此,在靶心上划有一条通过圆心和中心孔的直径线。装靶心时,在光靶正面吊一铅垂线,使钢靶心上的直径线与铅垂线平行,并使中心孔在圆心之上,如图2-13所示。以此时的中心孔为圆心划出加工圆线和检验圆线。

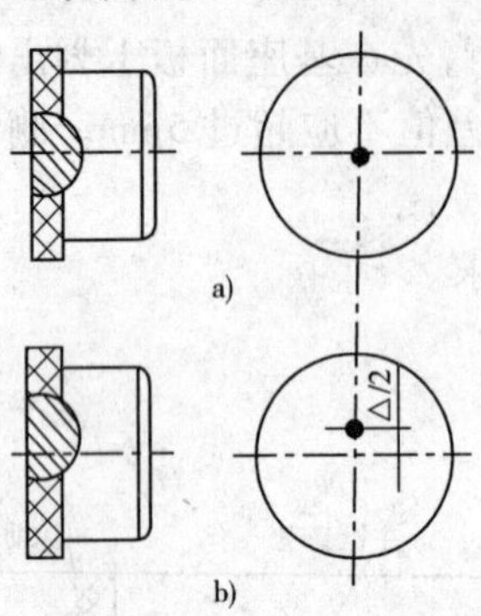

图2-12 钢靶心

a)轴壳孔与艉轴同轴;b)轴壳孔与艉轴承同轴

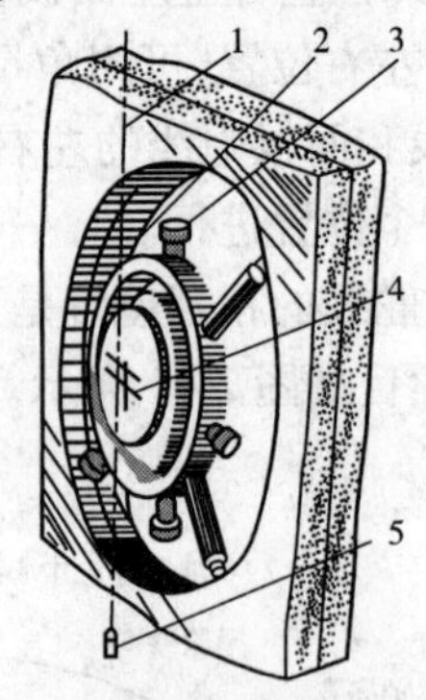

图2-13 钢靶心安装

1-钢丝线;2-支撑螺钉;3-调节螺钉;4-钢靶;5-铅锤

(2)用拉线法确定的轴系理论中心线,在拉着钢丝时先在各镗孔的端面上划出十字线,而加工圆线和检验圆线通常是在拆除钢丝后按十字线求出理论中心点(圆心)划出,其具体方法是:在钢丝拉着时所划十字线的一根线上任意取一点,打上洋冲眼,用独脚卡规量该点(洋冲眼)至钢丝的最小距离,以此时卡钳的长度为准,在其余三根十字线线段上求出与钢丝等距离的三点并打上洋冲眼。然后,拆除钢丝,在孔端嵌入木条(木条当中钉有一小块白铁皮),以十字线上四个洋冲眼为圆心,取适当的半径(稍大于这四个点组成的圆的半径)用划针在白铁皮上划出四个圆弧,只要划针的半径大小取得合适,容易确定四个圆弧包围的小块面积的中心点。用划针检查中心点与十字线上四个洋冲眼的距离,如距离相等,此中心点即为理论中心点。在中心点上打洋冲眼,以此点为圆心用圆规划出加工圆线和检验圆线,理论中心点还可以直接根据十字线来确定,即在钢丝拉着时,各镗孔端面上所画十字线应使钢丝的相位一致,例如都在十字线的左上角,如图2-14所示,然后拆除钢丝,在孔端嵌入木条,再将十字线相交,其交点即为理论中心点;确定的中心点是将整根轴系理论中心线向同一方向正右下方移动一个很小的距离(小于钢丝直径),这种方法对轴系理论中心线造成的偏差不予考虑。

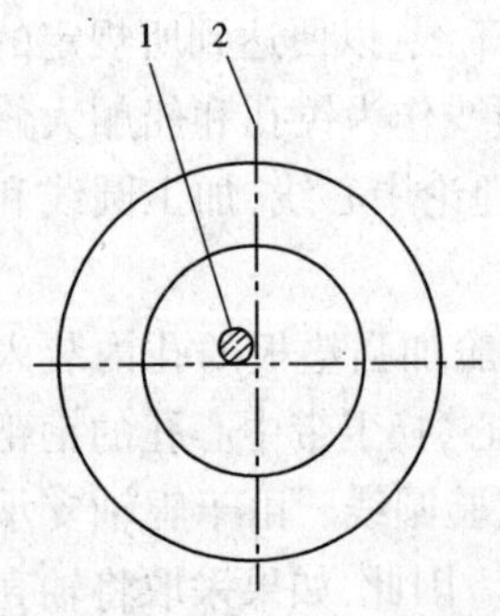

图2-14 按钢丝划端面十字线定中心点

1-钢丝;2-十字线

在镗孔前以及在划加工圆线时,应检查轴壳孔能否按图纸镗出规定尺寸的孔,同时使轴壳的最小厚度不小于规定的数值。这些尺寸的检查可用钢直尺来测量或在轴壳孔内装上光靶,将光靶十字线中心调得与仪器十字线中心重合,再用钢直尺通过光靶十字线中心检查镗孔尺寸以及量出十字线中心至轴壳外圆的最小尺寸,然后减去镗孔半径即可知轴壳最小厚度。若轴壳最小厚度无具体规定,则以艉轴直径的30%作为最小允许厚度。

二、技术要求

1. 常规要求

（1）镗削后孔的轴心线与检验圆线中心的偏差应小于 0.10mm。

（2）轴系的人字架轴壳孔，尾柱轴壳孔和尾隔舱孔应同轴，同轴度不大于 0.10mm。舵系的上、中、下舵承孔应同轴，同轴度不大于 0.20mm。

（3）孔端面加工后应与孔轴心线垂直，其垂直度不得超过 0.15mm/m。

（4）孔的圆度与圆柱度不得大于表 2-2 的要求。

（5）加工表面粗糙度的要求，配合面 *Ra* 为 3.2μm；非配合面 *Ra* 为 12.5μm。

圆度、圆柱度允许值（mm）　　表 2-2

孔的直径	≤80	>80～120	>120～180	>180～260	>260～360	>360～500	>500～700
圆度、圆柱度允许值	0.04	0.05	0.06	0.07	0.08	0.09	0.10

2. 特殊要求

按测定轴系理论中心线时所划的加工圆线对尾柱毂孔，尾舱壁处尾管座孔加工到所需尺寸，使艉轴承安装中心线与理论中心线一致。艉轴管内孔及艉轴承的加工技术要求：

（1）镗排中心与测量的理论中心线偏差值校正至 0.10mm 之内。

（2）尾柱各台阶孔同轴度小于 0.025mm，圆度小于 0.03mm，圆柱度每档不大于 0.01/100，粗糙度达 *Ra*1.6mμ 以下。

（3）尾柱与尾座孔应一次镗出，同心度在 0.10mm 之内。

（4）尾柱端面及尾座端面不垂直度小于 0.08mm/m。

（5）尾柱镗削后应作以下测量，并记入表 2-3 中，以便艉轴承衬套外圆加工和保证安装精度。

尾柱毂孔各档尺寸记录（mm）　　表 2-3

时间	气温	位　置	ϕ_1		ϕ_2			ϕ_3		
			1	2	3	4	5	6	7	8
		A								
		B								
		C								
		D								
		$\frac{A+B+C+D}{4}$								

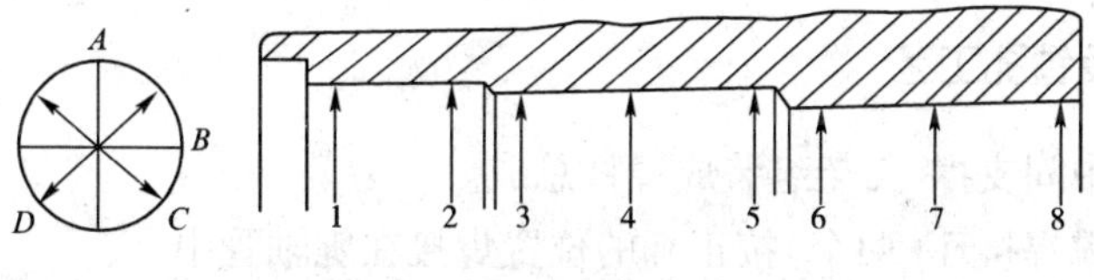

(6)艉轴承衬套外径与尾柱内孔过盈量为0.01~0.03mm。

(7)艉轴承外径同内孔中心有偏心,此值为$\delta/2$(δ为艉轴与艉轴承间隙)。

(8)为确保艉轴承与尾柱过盈量精度不受气温影响,加工艉轴承衬套外径和压装完毕应在一天内完成,而且环境温度要基本相同,并在轴承衬套前后端面上标明"上","下"标记,便于压装。

三、镗排装置

1.设计制造镗排要求

(1)结构简单,便于装拆和运送;

(2)能保证一定的加工精度及粗糙度;

(3)制造成本低,便于维护及保养。通用性强。

2.通用镗排装置

通用镗杆支撑布置如图2-15所示。图中前、后轴承支架焊接在尾柱轴壳及尾隔舱壁上,中间轴承5固定在尾柱轴壳及艉轴管上,原动机通过皮带轮将动力传给传动机构2。经齿轮减速后,使镗杆转动,刀架7安装在镗杆上并随镗杆一起转动,刀架的进给运动通过进给箱使镗杆内的长丝杠自转得到。根据图纸要求加工出相应的尺寸。

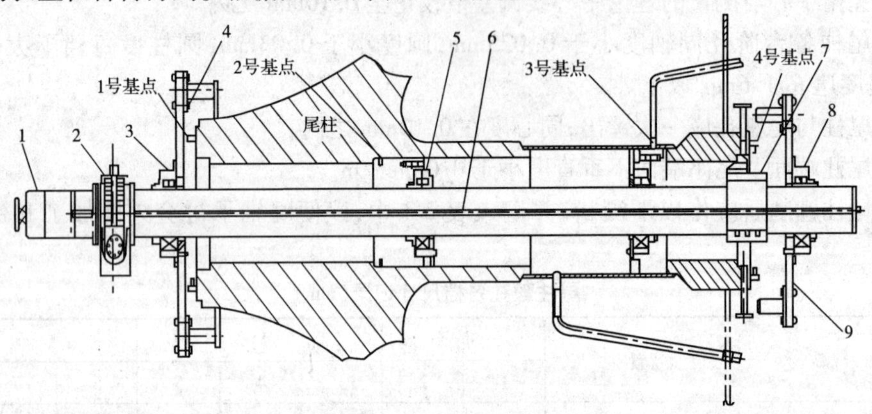

图2-15　镗杆支撑布置图

1-进给箱;2-传动机构;3-后支撑轴承;4-后支架;5-中间支撑轴承;6-丝杠;7-刀架;8-前支撑轴承;9-前支架

镗排装置的减速传动机构如图2-16所示。由电机通过皮带轮带动小齿轮,小齿轮传动大齿轮,再由蜗杆带动蜗轮,可达到很高的减速比,实现减速目的。

为保证孔的加工精度和表面粗糙度,提高镗排系统刚性是很重要的。镗排系统刚性包括支架、轴承架的刚性,支承轴承的连接刚性,轴承间距,镗杆与轴承的间隙等。为了提高系统刚性,对上述各部分应分别采取措施。

四、镗排安装及镗孔工艺

(1)将镗杆与中间支撑、刀架组装成镗杆总成。

(2)将中间支撑焊接环(两个)按正确的位置焊接在艉轴管中。

(3)将镗杆总成穿入艉管中并用一对镗杆托架托起,调整两托架并用卷尺测量镗杆与四

个基准点的距离，使镗杆艏艉两端均大致位于四个基准点中心。

(4)安装镗杆架子板及圆钢支脚，并将艉端圆钢支脚焊于焊接座上，艏端的圆钢支脚焊接于舱壁上。

(5)利用两个中间支撑使镗杆牢固固定，两端轴承支架保持松脱状态，利用中间支撑专用扳手调整镗杆在艉管中的位置，通过内径千分尺测量，使镗杆两端位于上下左右基准点中心。

(6)保持中间支撑的状态，调整两端支撑，使镗杆两端位于四个基准点中心，安装工艺要求各道基准点找正数据差值 <0.01mm。

(7)安装减速箱及驱动机构。

(8)在艉刀座上安装刀具并开始对艉轴承座进行粗加工至完毕。

(9)在艏刀座上安装刀具并开始对艏轴承座进行粗加工至完毕。

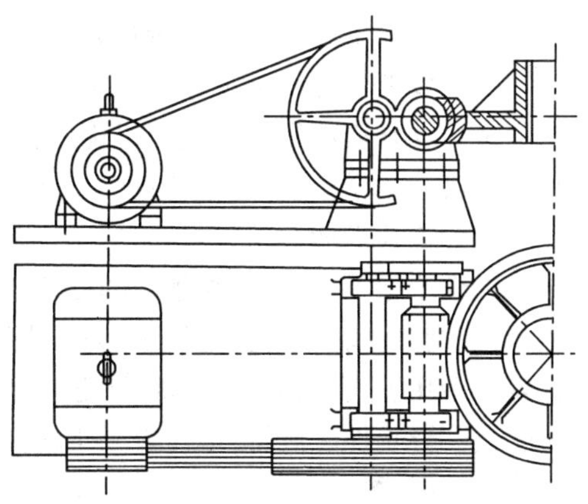

图 2-16　镗杆减速传动机构

(10)重复步骤 5、6，重新校正镗杆位置，注意检查所有固定螺栓的牢固性。

(11)溜刀前后分别对镗杆进行复正，换用适当的刀具完成所有的内孔加工（注意台阶长度尺寸），安装工艺要求各道基准点找正数据差值 <0.01mm。

(12)调整镗杆中心向下平移 0.04mm（允许范围 0.35 ~ 0.45mm）后加工至完毕（调整方法参照步骤 5、6）。

(13)根据轴毂孔的加工要求，镗孔应分为粗镗和精镗，按加工孔径大小推荐切削用量，参考表 2-4。粗加工后再进行精加工。

镗轴毂孔切削用量　　表 2-4

切削参数 / 加工方法	切削深度 t (mm)	进给量 s (mm/r)	镗杆速度 v (r/min)
粗镗	1 ~ 5	0.50 ~ 1.0	8 ~ 15
精镗	0.20 ~ 0.50	0.20 ~ 0.30	15 ~ 30

(14)拆卸镗孔工装（注意保护），测量加工尺寸并记录。

(15)对加工面进行保养保护，工装存放安全地点并保养。

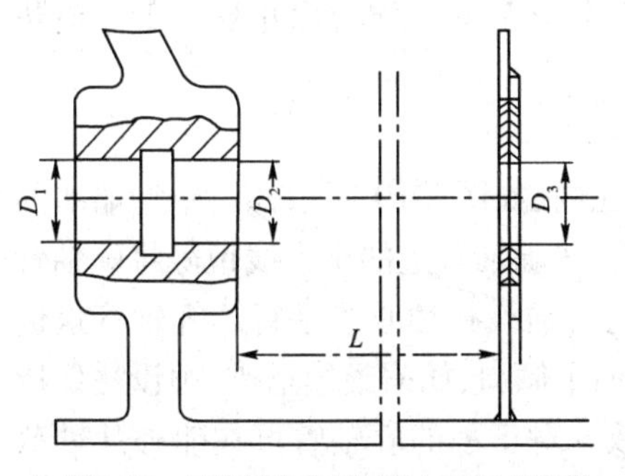

图 2-17　尾柱轴毂和尾隔舱加工后的测量

孔加工完毕后经检验合格，才能加工端面。全部加工面加工完毕，经检验合格后，量取尾柱轴毂两配合面内径和尾隔舱加强垫板孔内径，以及尾柱轴毂前后端面的距离和其前端面至加强垫板端面的距离，如图 2-17 所示。并做出样棒作为加工艉轴管相应直径和长度的依据。

五、镗孔质量影响因素

1. 镗杆装置刚性对加工精度的影响

如果镗杆刚性不足在切削力作用下镗杆易产生弹

性变形，由于镗杆弹性变形切削加工的孔出现锥度，镗杆变形大的地方切削的孔的尺寸越小，这种现象在机械加工中称为让刀。为此在设计和选用镗杆直径时应增加刚性。另外，轴承、轴承架刚性也应加强。

2. 加工设备振动对加工精度的影响

加工设备的振动会降低加工精度。原动机自身振动会影响到镗杆，此时可以把原动机改为皮带传动来隔离振源。变速机构齿轮制造精度不高也会出现振动，因此需提高变速齿轮的制造精度。

3. 加工技术的影响

切削余量不均匀时，切削力的变化会造成镗杆振动。因此可以先用较大的切削余量粗加工，待切削余量较小时再精加工，为了克服让刀造成的切削不均匀，可以采用双刀切削，两把刀安装成180°夹角时可抵消一部分切削力，减少镗杆的弹性变形。另外切削深度、走刀量、切削速度也会影响加工质量，可按表2-4选择。

第三节 艉轴管装置安装

一、艉轴管安装

1. 安装前准备

艉轴管的外径和配合凸肩的间距是按实际尺寸（样棒）配制的，艉轴管上船安装前，应检查配合直径和两配合端面间隔长度尺寸，如图2-18所示。

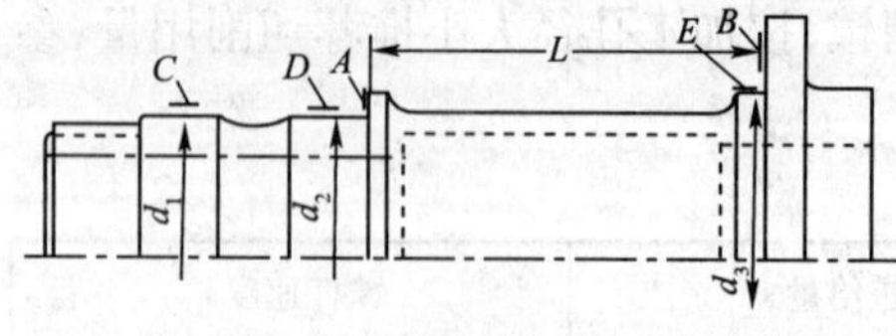

图2-18 艉轴管结构示意图

艉轴管轴承可以在分厂装入艉轴管内，也可艉轴管上船安装后进行安装。为了安装方便和减少船台安装工作量，目前大多数在分厂装配好，这时需要检查艉轴管上的安装记号是否与艉轴管轴承的上下位置一致。

用棉纱及柴油将尾柱轴毂孔及艉轴管内外清洁干净。将涂有红丹白漆的帆布垫片或铅垫片套到艉轴管外圆 d_3 上。然后在艉轴管的配合外圆涂上黄油白漆，随即将艉轴管送入尾柱轴壳孔内。垫片厚度应根据 A、B 面间的实际尺寸 L 与样棒尺寸确定，使安装后 A、B 面和毂孔前端面，加强垫片同时压紧（最好上面的接触压力大于 B 面，使艉轴管传来的力主要由尾柱承受）。一般帆布垫片的厚度不应小于3mm，铅垫片厚度不小于5mm。配合面止处一般不设垫片，但有垫紫铜圈或O形橡胶圈的。

2. 艉轴管安装

可用起重葫芦把艉轴管送入尾隔舱壁孔和尾柱轴毂孔内，如图2-19所示，大、中型船舶的艉轴管重而长，采用滑车或小车送进较为合适。送进之前，按艉轴管上的十字线记号将艉轴管摆正，用滑车或小车送进时须将滑车或小车的导轨调整到与轴毂孔轴心线平行。艉轴管送进到一定长度后，由于进入部分失去支承，势必造成其尾端向下倾斜，妨碍继续送进，须设法保持或恢复艉轴管轴心线位置，使其与轴毂孔轴心线基本一致。对于小的艉轴管可在船外从轴毂孔中插入一杠棒，将其尾部抬起。也可特制一根一端带法兰的钢管，安装艉轴管前将钢管尾端和艉轴管尾端把紧。当艉轴管送进至还未发生倾斜时,钢管已伸出船外,这时可在船外吊起或托住钢管,使整个送进过程中不发生倾斜。大、中型船舶也可在尾尖舱内用起重葫芦吊起伸入部分,不让其向下倾斜,并继续送进。

当艉轴管送到直径配合面开始接触时,需要加力才能压入。施力的方法可以锤击艉轴管首端端面(须用水枕垫着,不能直接敲在端面上)或用液压千斤顶顶住,如图 2-20 所示。前一种方法一般只用于小船艉轴管上。施压前须把艉轴管上的安装记号与尾隔舱加强垫板上的安装记号对准。

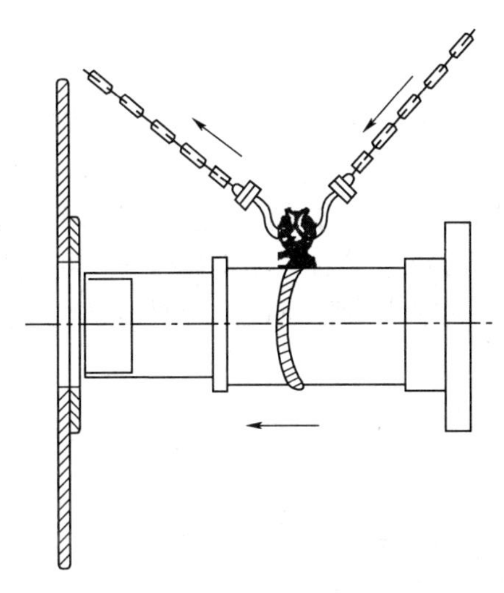
图 2-19　用起重葫芦安装艉轴管

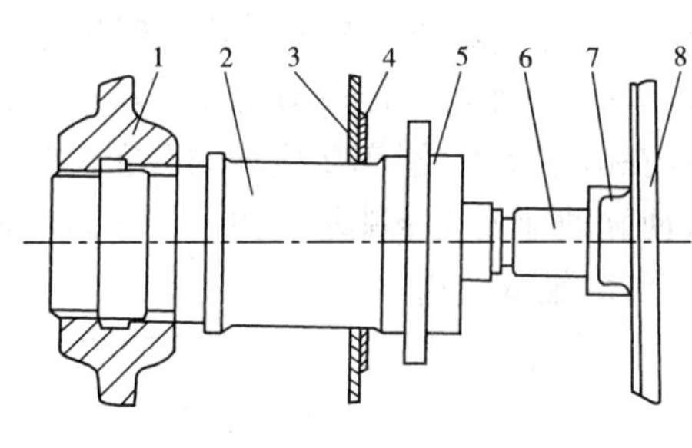

图 2-20　用液压千斤顶顶压艉轴管
1-轴毂;2-艉轴管;3-尾隔舱壁;4-加强垫板;5-垫块;6-液压千斤顶;7-槽钢;8-肋骨

当艉轴管螺纹伸出轴毂孔后端面 3 ~ 4 牙后,应立即将艉轴管螺母旋上,上螺母前应检查螺纹是否碰伤,如有损伤可用细锉刀加以修整。在艉轴管压紧的过程中不断旋紧螺母,压紧结束后再上紧。一般用大锤敲击或用撞锤撞击套在螺母上的专用扳手的办法,直至敲撞时扳手不旋进而弹回,并发出清脆的声音为止。然后用塞尺检查艉轴管螺母与轴毂孔端面贴合是否紧密,要求四周插不进 0.05mm 塞尺。

艉轴管螺母安装到位后,在尾柱轴毂后端面的相应位置钻孔、攻丝、安装艉轴管螺母止动块。在艉轴管法兰端拧上紧固螺母并上紧。如双头螺栓在装艉轴管前未装或未装齐,则此时须沿艉轴管法兰的螺孔钻孔,攻丝、装双头螺栓,再拧上紧固螺母。拧紧固螺母时应按对角线逐步予以扳紧,使艉轴管法兰均匀地和加强垫片压紧。

3. 安装附件及艉尖舱水密试验

艉轴管安装后,即可安装润滑油管、冷却水管和阀等附属装置。然后对尾尖舱灌水作水密试验,以检验艉轴管与轴毂孔前端面和尾隔舱加强垫板间有无泄漏。如有泄漏则可用水泥或环氧树脂胶粘剂来修补。修补后须作水密试验,至合格为止。

二、艉轴安装

首端为固定法兰的艉轴必须从船内进行安装。由于船内(轴隧)空间狭窄,给安装工作带来许多不便。对于首端为可拆联轴节的艉轴则从船外向船内进行安装。

1. 安装前准备

艉轴安装前应按技术要求检查是否合格,若用键连的艉轴,应检查艉轴与螺旋桨锥孔刮配和传动键刮配质量是否合格。对于艉轴与螺旋桨采用液压套合或环氧树脂胶合的安装,应检查加工质量,以符合技术要求。

用棉纱将艉轴管轴承擦干净,再用压缩空气吹除,以清除铁屑及杂物。然后在艉轴工作轴颈部分和艉轴管轴承内圆面上涂上润滑油(对于铁梨木和层压板轴承则可涂黄油)。对于首端为固定式法兰的艉轴,应将填料函压盖、分水环(分油环)等整体零件先套在艉轴相应位置上。

2. 艉轴安装

艉轴安装与艉轴管的安装方法基本相同,分别用起重葫芦、滑车(图 2-21),小车(图 2-22)或用可移支架(图 2-23)把艉轴送入艉轴管轴承内。

图 2-21 上导轨 1 挂在吊索和滑轮组 3 上,其位置应和艉轴在同一垂直面内,用松紧螺旋扣 4 挂在滑车 2 上,滑车 2 应均匀分布,避免细长的艉轴发生弯曲。用钢丝绳子 7 将各滑车向前拉,使艉轴穿入人字架轴毂内。短导轨的两端焊在人字架及艉轴壳上,待艉轴穿过人字架后用滑车将艉轴继续送入。

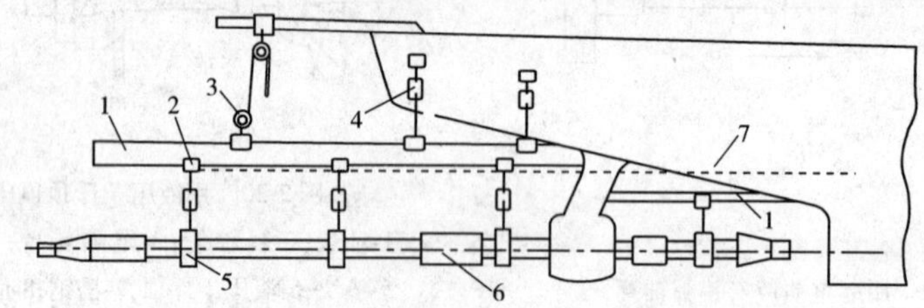

图 2-21 用滑车从船外向船内安装艉轴

1-导规;2-滑车;3-滑轮组;4-松紧螺旋扣;5-紧固环;6-艉轴;7-钢丝绳

图 2-22 中导轨 1 敷设在墩木上,调整墩木位置使导轨和轴线平行。小车 4 本身可以调整高低,并通过小车座的调节螺钉可以少量调整小车上支承的左右位置。把艉轴放到小车的支承上,调整支承座的高低和左右位置,使艉轴轴心线和人字架轴壳孔轴心线重合,将绞车 3 上的钢丝绳和艉轴尾端连接好,艉轴连同小车一起沿着导轨向前移动。在送进过程中应注意调整艉轴的位置,以免艉轴螺纹和艉轴管轴承相碰。

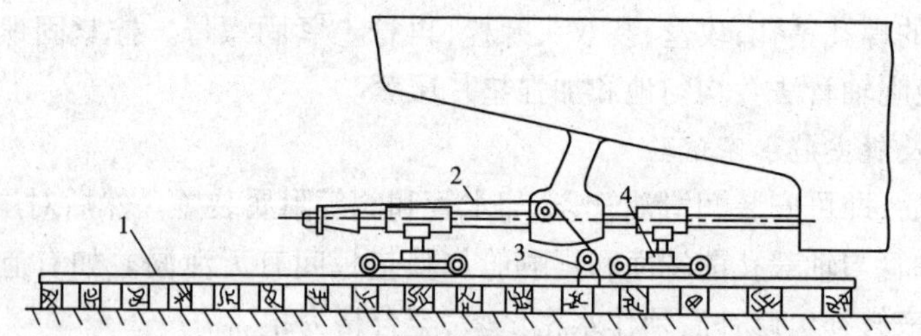

图 2-22 用小车从船外向船内安装艉轴

1-导轨;2-钢丝绳;3-绞车;4-小车

在小艇上安装艉轴时,如图 2-23 所示,可采用移动式支架 1(其上装有木制滚轮 2),它可以在横向及高度方向自由调节。由于采用了滚轮,所以安装时可用手推入。工作时应经常观

察艉轴轴心线的位置是否有偏斜，如发现有偏斜时应停止工作，待调节校正后再进行安装。

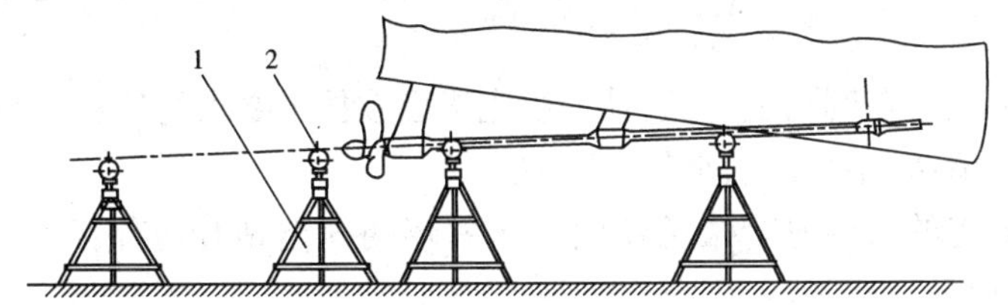

图 2-23　小艇艉轴的安装

1-支架;2-滚轮

艉轴安装到位后，应用长塞尺测量艉轴与艉轴管轴承的左右及下部间隙，要求下部接触处 0.05mm 塞尺插不进，左右两端的间隙在直径间隙的 40% ~60% 之间。测量前应在艉轴的尾端挂一个和螺旋桨重量相当的重物。

三、艉轴管密封装置安装

1. 填料函密封装置安装

艉轴管填料函一般用于艉轴管首部。安装前首先清理填料函内孔及该处的艉轴颈、填料压盖、分油环（或配水环）等。将填料压盖推入并拉出填料函内孔数次，检查移动是否灵活，不得有卡滞现象。用内卡测量填料函内孔和艉轴上下左右四处间隙量是否符合技术要求。

将分油环（或配水环）以及压盖先后推入填料函内，分别测量它们的内孔与艉轴上下左右间隙。密封填料函各处间隙见表 2-5。

密封填料函各部分间隙（mm）　　表 2-5

轴　颈　d	分油环，配水环，填料压盖与填料函本体之间隙 A	分油环，配水环，填料压盖与轴之装配间隙 B	极限间隙	
			A_j	B_j
<100	0.10 ~0.15	2.00 ~2.50	0.80	5.00
100 ~180	0.15 ~0.25	2.50 ~3.00	0.90	6.00
180 ~260	0.20 ~0.35	3.00 ~3.50	1.00	7.00
260 ~360	0.25 ~0.40	3.20 ~3.70	1.10	8.50
360 ~500	0.30 ~0.45	3.50 ~4.20	1.20	10.00
500 ~600	0.35 ~0.50	4.00 ~4.80	1.25	12.00

要求左右间隙大致相等，并等于安装间隙的一半，而下部间隙应保证艉轴管轴承磨损到极限间隙时，艉轴也不会与分油环、压盖零件直接摩擦。

将压盖推入填料函孔一段，测量压盖法兰面与艉轴管端面间距离，要求上下左右四个位置尺寸基本一致。上述检查结束后，即可安装填料，每圈填料的下料长度应按艉轴直径换算成周长，使每根填料正好绕艉轴一周，并推入填料函内，为了提高密封效果，安装时应注意将各圈填料搭口错开。最后通过螺帽将压盖均匀压紧。

2. 橡皮环式密封装置的安装

（1）艉管前后密封装置安装时的技术要求：

①前后密封装置安装时，螺旋桨轴需保持或接近轴系找正后的状态，例如合理校中安装的

螺旋桨，轴在首部往往要加一向下压的负载，在安装首、尾密封时该负载应加上，螺旋桨及首部联轴节应装上。

②将首密封装置套在艉轴上，待艉轴安装完毕后按技术要求的位置安装首艉尾密封。

③安装时确保清洁，不可落入杂物。

④首部密封装置的防蚀衬套法兰端面与压紧环的固定贴合应保证0.03mm塞尺不能插入，固紧用的螺钉应对称旋紧。

⑤用塞尺检测壳体与防蚀衬套的同轴度，在图1-39的Δ处周向等分4点测出4个间隙值，缝隙要均匀。

⑥上述工作结束后，测量艉密封装置处螺旋桨轴度原始下沉量，并做好记录。

(2)艉管密封装置船上安装后的密封性试验要求：

①密封性试验应在艉管润滑油管系全部安装结束并清洗完毕后进行。

②试验用油与实船使用润滑油牌号相同。

③如图1-39所示，试验时先往1、2间注入润滑油，检查环2处是否漏油，对于艉部密封装置还要向环2、3间注油，检查环3是否漏油。试验合格后，利用艉管高位置润滑油箱的自然重力使润滑油流入艉管中并保持24h，检查艉部密封环3和首部密封环2处有否漏油现象。试验后各空腔中的油保留在其间，作为工作用润滑油。

④充油时必须注意排出管路中的空气。

⑤试验后用布包好做好防尘工作，待下水拆去包布。

3. 橡皮筒式端面密封装置的安装

该密封如图2-24所示，将在分厂装配并试验合格的橡皮筒座8，橡皮筒7以及筒摩擦盘6作为一体套装在艉轴1上，用连接螺栓9将橡皮筒座固定于艉轴管10或艉轴管衬套上。再将压板5，橡皮圈4及座摩擦盘3套到艉轴上，待螺旋桨安装于艉轴之后，将座摩擦盘与螺旋桨2固定。

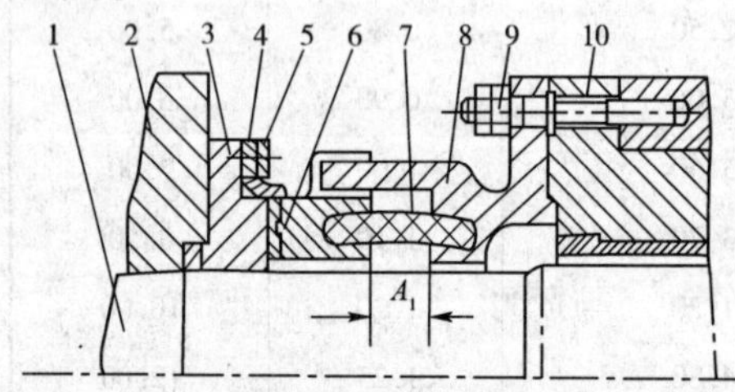

图2-24　橡皮筒式端面密封装置

1-艉轴；2-螺旋桨；3-座摩擦盘；4-橡皮圈；5-压板；6-筒摩擦盘；7-橡皮筒；8-橡皮筒座；9-连接螺栓；10-艉轴管

调整橡皮筒的压缩量，确定艉轴纵向位置。在艉轴前端用起重葫芦把艉轴向前拉，测量橡皮筒座和筒摩擦盘两端面之间的距离 A_1。当 $A_1 = A - (0.3 \sim 0.7)$ mm 或 $A_1 = A - (0.5 \sim 1.0)$ mm，这时的艉轴位置即为要求的轴向位置。式中 A 是在车间试验开始不漏时此两端面的距离。前面公式的数据适用于在车间装配后做的动态模拟试验，而后面公式的数据适用于在车间装配后做的静态模拟试验。考虑运转后需要调整橡皮筒的压缩量，届时艉轴的轴向位置将向前移，故安装时须将艉轴再往前拉一段距离 L（L 等于艉轴轴向位置调整垫片的总厚度），检查此时整个装置零件有无相碰等现象。最后把艉轴再移到要求的轴向位置上。如艉轴管首端密封装置是橡皮筒式结构，则应用两半式夹箍将艉轴夹牢，夹箍再和焊接在船体肋骨上的角钢或槽钢紧固，把艉轴的位置暂时固定下来。做样棒确定此时艉轴法兰至艉隔舱壁的距离，如图2-25所示。

安装艉轴橡皮筒端面密封装置的同时，应进行首端橡皮筒端面密封装置的安装。调节

好尾端密封筒的压缩量之后，再调节首端密封筒的压缩量。如图 2-26 所示，将螺丝圈 4 旋入可调节座摩擦盘 3 内，使可调节座摩擦盘 3 与筒摩擦盘 2 的摩擦面贴紧，将夹紧套筒 7 对准螺丝圈上的止动螺钉 5，用紧固螺钉 8 将夹紧套筒固定在艉轴上。旋转可调节座摩擦盘，调节橡皮筒的压缩量，使端面间距 A'_1 达到要求的尺寸：$A'_1 = A' - (0.3 \sim 0.7)$ mm 或 $A'_1 = A' - (0.5 \sim 1.0)$ mm，随即用套筒上的紧定螺钉 6 止动。A' 为车间试验不漏时此两端面的距离。如车间装配时，做动态压缩试验，则用前一公式的数据；如做静态压缩试验，则用后一公式的数据。

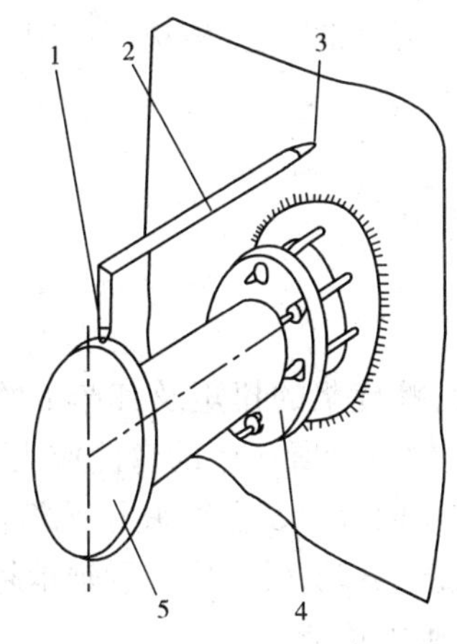

图 2-25 用样棒测定艉轴法兰至尾隔舱壁距离
1-法兰上测量点（洋冲眼）；2-样棒；3-尾隔舱壁上调量点（洋冲眼）；4-填料函压盖；5-艉轴法兰

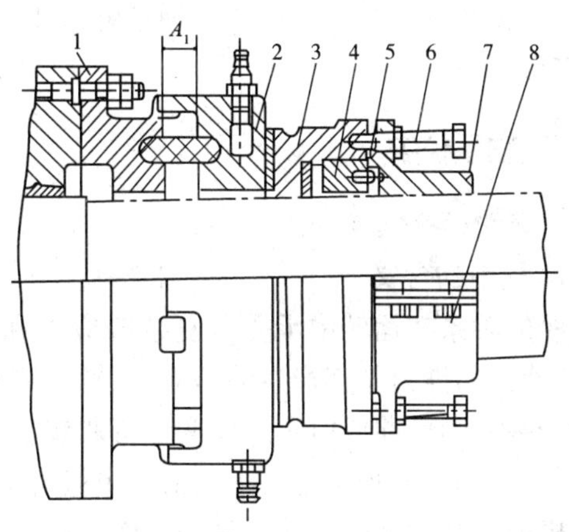

图 2-26 艉轴管轴承首端橡皮筒端面密封装置
1-橡皮筒座；2-筒摩擦盘；3-可调节座摩擦盘；4-螺丝圈；5-止动螺钉；6-紧定螺钉；7-夹紧套筒；8-紧固螺钉

首端橡皮筒的压缩量可取得比尾端小些，这是因为艉轴在首端的振动和跳动量都比尾端小，首端无舷外水进入的问题，而且发现漏油还可以及时予以调整。

4. 泵油试验

首尾端艉轴管密封装置安装完毕后，随即可进行润滑、冷却管路及阀等附件的安装，并与油泵、油箱接通，然后就可以进行油压试验。

将艉轴管灌满润滑油，在油箱内亦注入一定数量的润滑油。回油管出口高度应在船的满载水线以上，在泵油时自油从回油管流出起继续泵油 3 分钟。与此同时，慢慢转动艉轴，检查首、尾密封装置有无漏出。一般不应漏油，但每分钟滴油不超过 2～3 滴时允许使用。试车时首端允许有滑油渗出，并稍有滴落，如回油管出口高度在水线以下，泵油压力的压头应为艉轴轴心线至船舶重载水线间距的 1.5 倍，一般不得大于 9.8×10^4 Pa。

第四节 轴系的校中

一、中间轴的安装

中间轴（轴系）的安装，就是全部中间轴正确地安装在主机或减速器输出轴和艉轴之间，使整个轴系的弯曲度不超过允许范围，以保证轴系的正常工作。根据轴系安装方法的不同，中

间轴可以用多种方法进行安装,常见的安装方法:当艉轴已安装好,中间轴以艉轴为基准逐段进行安装,而主机根据其相邻的中间轴进行安装,若主机与艉轴都安装完毕,则中间轴根据主机和艉轴的实际位置来安装,如果第一根中间轴以理论中线校中安装好,则主机以第一根中间轴为基准进行安装,艉轴根据第一根中间轴轴心线来安装,最后再安装其余中间轴。

中间轴的安装包括两个部分:调整和确定每一根中间轴及其轴承的位置,这部分工作称为校中;根据已校中合格中间轴及其轴承的位置,配置中间轴承垫块,钻、铰(镗)螺栓孔,并用紧固螺栓和定位螺栓将中间轴承紧固在基座上,以及将中间轴连接,中间轴与主机和艉轴连接固定下来,这部分工作称为固定。轴系安装质量的好坏和工作的可靠性,主要取决于中间轴校中的质量。

二、轴系校中

1. 校中的含义及分类

1)校中的含义

船舶轴系在运转中承受着复杂的应力和负荷,主要包括:螺旋桨的扭矩及其产生的扭应力、螺旋桨的推力及其产生的压应力、螺旋桨及轴系部件重量的负荷所产生的弯曲应力、由于轴系安装时的弯曲或由于船体变形弯曲在轴内所产生的附加弯曲应力及在轴承上所产生的附加负荷等。此外,轴系还要承受由于主机工况变化产生的螺旋桨振动,轴系中个别轴承超载以及主机或船体发生事故使轴系振动而由此产生的附加应力及附加负荷。

实践证明,为确保轴系长期安全正常地运转,除在轴系设计时应保证具有足够的强度及刚度外,在轴系安装时,应保证它具有合理的位置及状态,使轴系各轴段内的应力及各轴承上的负荷均处在合理的范围之内。

所谓轴系校中是指按一定的要求和方法,将轴系敷设成某种状态下的轴系,其全部轴承上的负荷及各轴段内的应力处在允许范围之内的数值,从而可保证轴系持续正常地运转。

2)校中的分类

在船舶及舰艇的建造和修理中,轴系校中的方法是多种多样的。就其校中的原理而论,可划分为如下三类:

(1)按直线性校中原理校中:

①按法兰上严格规定的偏中值校中;

②按法兰上计算的允许偏中值校中;

③按光学仪器校中;

④用样轴校中。

(2)按轴承上允许负荷用测力计校中。

(3)按轴承上合理负荷校中:

①按轴承合理位置校中;

②按法兰上合理偏中值校中。

2. 影响轴系校中质量的因素

船舶轴系校中质量受各种因素的影响,这些因素主要有:传动轴制造的精度,轴系安装时的弯曲状态、船体变形、轴端法兰因自重下垂;以及轴系的结构设计质量等。

1)传动轴加工误差的影响

传动轴是组成轴系的主要部件,制造时应按规定的精度要求进行加工,若加工误差过大,传动轴对轴系校中的质量会造成不良的影响。

图 2-27 所示为轴加工不正确的三种情况。图 2-27a)所示为法兰端面与轴中心线存在较大的不垂直度,图 2-27b)所示为两轴在配对未达到同轴要求,图 2-27c)所示为轴有弯曲或两个轴颈在加工后不同轴。

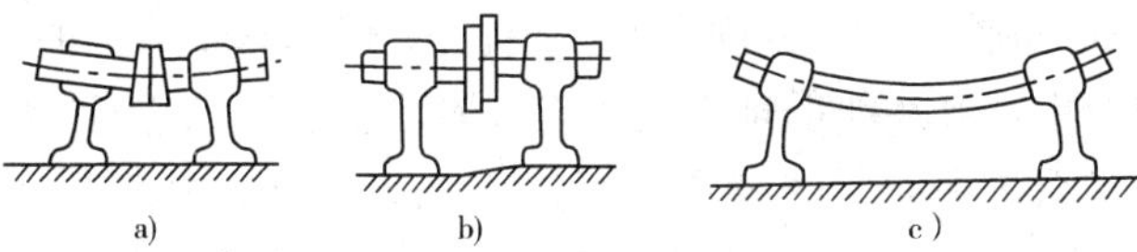

图 2-27 传动轴不正确的加工

由于轴加工的不正确,传动轴连接成的轴系在旋转中就会产生轴线与轴承中线的相对位置不断地变化,且此变化在轴系每一转中循环发生一次,从而使轴承上的负荷在轴的一转中由小到大再由大到小地发生周期变化,以致造成轴在旋转中对轴承不断地冲击,使轴系产生振动。

2)轴系安装弯曲的影响

当轴系存在安装弯曲时,在各支承轴承上就会产生附加负荷,此附加负荷的大小及方向由轴系的弯曲度及方向所决定。按校中要求,轴系安装弯曲在各轴承上所产生的附加负荷及在轴内所产生的弯曲应力,均不得超过允许范围。否则,这种安装弯曲是不允许存在的。

3)船体变形的影响

船舶航行初期焊接应力的重新分布、太阳或水温造成船体各部温度不均,船舶由船台下水后船体支承力的变化,船体装载的变化等会引起船体总体纵向变形。这样会使校中数据不准确,从而影响轴系的校中质量。这种弯曲在轴承上所产生的附加负荷及在轴内产生的弯曲应力亦不大,故对轴系校中质量不会造成较大的不良影响。而在轴系安装区域的船体双层底的局部变形,会对轴系造成不利的影响。双层底局部变形会使轴系的个别轴承产生显著的偏移,致使轴系发生大的局部曲折,从而在其轴承上引起不能允许的附加负荷和在轴内引起不能允许的弯曲应力,故应力求避免局部变形的发生。

4)轴法兰端下垂的影响

轴系校中以已定好位的轴法兰为基准,按法兰上的允许偏中值进行逐段的校中,而这种方法由于两临时支承位置不正确,直接影响轴法兰下垂值的大小,使其实际位移与曲折超出允许范围。当轴系连接时,连接法兰上产生拉力和弯矩,增大了轴承上的附加负荷,影响了轴系校中的质量。基于这种情况,在按连接法兰校中时,须将所测得的两连接法兰上的偏移 δ 及曲折值 ϕ 按法兰的下垂量及偏转度进行修正。

5)轴系结构设计的影响

轴系结构设计对校中的影响指轴承跨距是否合理,轴承跨距越小,轴承的“负荷影响数”就越高。轴承上的负荷则会产生较大的变化,进而产生发热、磨损加剧等现象。从有利于轴系校中的观点出发,轴系设计时应尽可能采取较大的轴承跨距。当然,轴承跨距也不能过大,它还受到轴系挠度、振动、轴承比压等因素的限制,为此在设计轴系结构时,应综合考虑包括校中

要求在内的有关因素，合理地确定轴承跨距。

三、轴系合理校中

1. 轴系合理校中及校中计算

1）船舶轴系合理校中的实质

所谓轴系合理校中，其实质是在规定的轴承负荷、应力、转角等限制条件下，通过校中计算确定各轴承的合理位置，将轴系安装成规定的曲线状态，以达到轴承上的负荷合理分配。

这种校中方法的校中计算在船舶轴系技术设计阶段已进行，成为轴系设计工作的一环，实现了轴系结构设计与轴系校中的紧密结合（设计、工艺一体化），能较好地改善轴系各个轴承负荷分布，尤其可以改善艉轴管轴承和减速器大齿轮轴承的负荷状况，提高轴系的运转质量。

2）合理校中的计算方法及内容

（1）计算方法 。进行轴系合理校中计算时，将轴系视为放置在多个刚性铰链支座上的连续梁，可用求解平面杆系的工程力学理论，求出各支座上的反力及各指定截面上的弯矩、剪力、挠度和转角等参数。应用三弯矩法、有限元法和迁移矩阵法，并按照最优化理论求取上述各项参数的合理值。由于轴系中各轴段的直径不同，故在进行校中计算时，应计及各轴段截面变化的影响，以保证计算精度。

（2）计算内容及步骤：

①进行轴系各结构要素的处理，建立轴系计算的物理模型；

②计算按直线校中时轴系各支座处的弯矩、反力、挠度及截面转角；

③计算轴承负荷与位移关系的轴承负荷影响数；

④根据给定的约束条件，确定轴承的最佳位移或合理位移量；

⑤根据轴承位移及轴承负荷影响数求出轴承上的实际负荷；

⑥根据轴承最佳或合理位移量，计算轴系有关连接法兰上允许的偏移、曲折值；

⑦计算当采用顶举法检验轴承负荷时的轴承负荷顶举系数。

2. 轴系法兰偏移与曲折的测量

船舶轴系的各轴段用法兰联轴节连接，这些轴在加工时规定其法兰的外圆与轴颈应同轴，法兰端面与轴心线应垂直，相邻两根轴用法兰连接时，如果两轴连接法兰达到同轴，则此相邻的两根轴亦同轴；反之，若两连接法兰不同轴，即存在偏中，则此相邻的两根轴亦不同轴。

两连接法兰的偏中，通常用偏移及曲折表示。所谓偏移（常用符号 δ 表示）指两法兰的轴心线不重合，但平行，如图 2-28 所示。所谓曲折（常用符号 ϕ 表示）指两法兰的轴心线交叉成一定角度，如图 b）所示。图 c）则示出相邻两法兰既存在偏移，又存在曲折的情况。

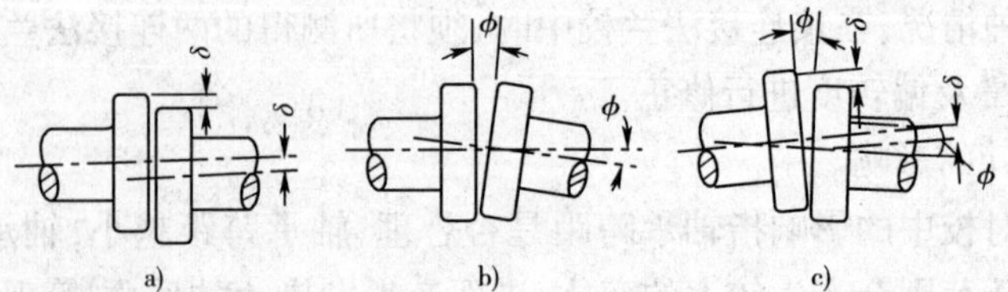

图 2-28　两轴连接法兰的偏移及曲折

显然，在进行轴系校中时，只要逐段地调节相邻两轴的位置，使轴系中每对连接法兰上的

偏移及曲折均为零(即 $\delta = 0, \phi = 0$),这时如忽略法兰因轴端自重下垂的影响,则可认为校中后的轴系具有直线性。

然而,在实际校中时完全达到各对法兰上的偏移和曲折均为零是较为困难的,甚至是不可能的,故在按直线性校中时也允许法兰上存在很小的偏中值,以保证轴系校中后基本上仍具有直线性。这样很小的允许偏中值在有关规范或标准中有严格的规定。

连接法兰上的偏中值用直尺和塞尺进行测量,并进行简单的计算而得。为便于测量,在两连接法兰端之间应有 0.5 ~1mm 的间隙。

(1)偏移 δ 的测量及计算 。将直尺依次在法兰外圆的上、下、左、右四个部位上紧贴,同时塞尺在每一个部位上测量直尺与另一法兰外圆表面之间的间隙值,并分别用 $z_上$、$z_下$、$z_左$、$z_右$ 表示,如图 2-29 所示。显然,两法兰在垂直平面的偏移值为

$$\delta_垂 = \frac{z_上 + z_下}{2} \tag{2-3}$$

两法兰在水平平面的偏移值为

$$\delta_水 = \frac{z_左 + z_右}{2} \tag{2-4}$$

式中:$\delta_垂$——垂直平面的偏移(mm);

$\delta_水$——水平平面的偏移(mm)。

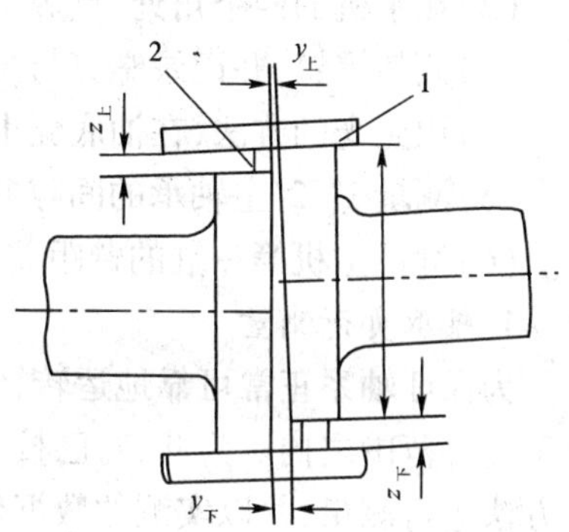

图 2-29 用直尺和塞尺测量法兰的偏移 δ 和曲折 ϕ

1-直尺;2-塞尺

式中在计算偏移时,采用上、下或左、右两部位上测量值的平均值,则可消除两法兰直径加工误差的影响。

(2)曲折 ϕ 的测量及计算。用塞尺依次在法兰端面的上、下,左、右四个部位上测量两法兰端面之间的间隙值,并分别用 $y_上$、$y_下$、$y_左$、$y_右$ 表示。显然,在垂直平面的曲折值为

$$\phi_垂 = \frac{y_上 - y_下}{D} \tag{2-5}$$

在水平平面的曲折值为

$$\phi_水 = \frac{y_左 - y_右}{D} \tag{2-6}$$

式中:$\phi_垂$——垂直平面的曲折值(mm/m);

$\phi_水$——水平平面的曲折值(mm/m);

D——法兰直径(m)。

当出现曲折时,把轴承抬高(或放低)多少才能调整曲折值,可以通过下列公式计算,如图 2-30 所示。

$$h = \frac{L(y_1 - y_2)}{D} \tag{2-7}$$

式中:h——应抬高值(mm);

L——从法兰至轴承中心距离(mm)。

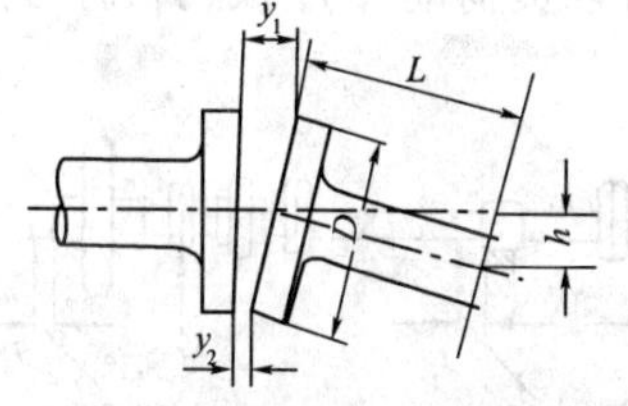

图 2-30 轴承抬高(或放低)量计算

3. 主机扭曲度和下垂度测量

在船台上调整主机的扭曲和下垂度,然后在基座上做基准

点以备船下水后监测用(因船下水后测量很困难)。由于主机长期处于运行状态时,会出现主机机座热变形而导致轴承负荷的转移和部分轴承负荷过大。如果在主机安装时,把主机调整成适当的下挠度,在热态或船舶处于满载状态时适当平衡主机机座的变形,就可以减轻热态时主机第一道轴承的负荷,改善轴承的磨损状况。主机扭曲度和下垂度测量的基本方法如下:

(1)焊接主机侧向和轴向止推块;

(2)在主机的四个角处,点焊上四个基准螺钉;

(3)调整螺钉,并记录螺钉与主机间的间隙并记录;

(4)用照光的方法,在油底壳上平面测量排气侧凸轮轴侧的下挠度;

(5)测量1#、2#主轴承的间隙并记录;

(6)测量主机第一缸的臂距差并记录。

4. 轴承负荷测量

为保证轴系正常可靠地运转,轴系校中应确保轴系各个轴承上的负荷及轴上的弯曲应力处于允许范围之内。为此,对已校中轴系轴承上的实际负荷以及轴上的弯曲应力应采取有效的方法进行测量,并以实测的数据作为验收轴系校中质量的依据。轴承负荷测量的方法有弹簧式测力计测负荷法、电子测力计测负荷法及液压千斤顶顶举法。目前船厂普遍采用液压千斤顶顶举法测量轴承负荷。

1)液压千斤顶顶举法测负荷

顶举法测量轴承实际负荷的工作原理如图2-31所示。首先在中间轴承基座旁焊一个基座,放置液压千斤顶。在中间轴和液压千斤顶之间放置负荷传感器,负荷大小可以由传感器传至百分表,并通过百分表显示出来。这样在找中过程中,只要通过液压泵压力来调节液压千斤顶的升程,以调节各中间轴承处的负荷大小,直至各轴承平衡为止。

采用液压千斤顶顶举法测量轴系中某一轴承负荷,就是在该轴承附近安放一个液压千斤顶,用它将轴逐步顶起,直到被测轴承与轴颈安全脱空。在顶起轴的过程中;用百分表记录轴的升高量,同时记下千斤顶相对应的负荷值,绘出顶举曲线。

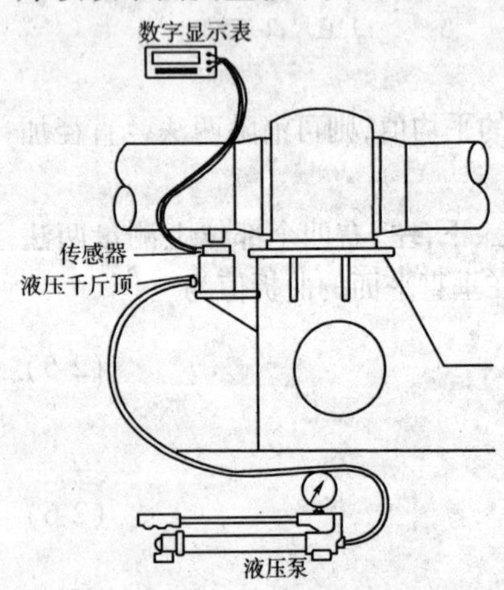

图2-31 用油压千斤顶顶举测轴承负荷

(1)顶举支点选择及千斤顶的安置。顶举法测负荷时,千斤顶顶举支点应选择尽可能靠近被测轴承的部位。如图2-32为某船短轴系采用顶举法测量轴承负荷时千斤顶(J_1、J_2、J_3、J_4)顶举支点的位置。顶举前,在选定的顶举支点处安置好千斤顶,轴与千斤顶顶头之间安放滑鞍和垫块,在顶举支点对称的位置装好百分表,如图2-33所示。

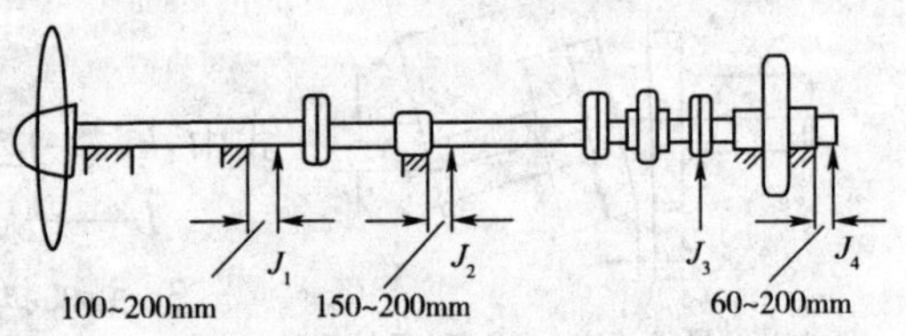

图2-32 顶举时千斤顶的位置

(2)顶举测力过程。顶举之前,将百分表调好零点,这时千斤顶刚刚与轴接触,然后开始泵

油,用千斤顶将轴徐徐地顶起,并不断地记录轴的位移量和相应的千斤顶油压,通常是在轴承脱空后再顶起一段距离,但轴颈顶起的高度不得超过轴承间隙。然后,就慢慢地泄油,使轴徐徐下降,同样也要不断地记录轴的下降位移量和相对应的千斤顶油压,直到千斤顶完全不受力,轴回复到原位。

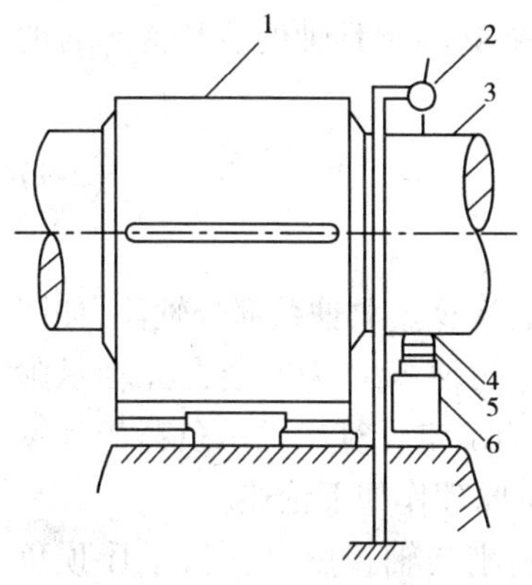

图 2-33　千斤顶及百分表的安置
1-中间轴承;2-百分表;3-中间轴;4-滑鞍;5-垫块;6-液压千斤顶

顶举过程应注意的事项:

①顶举测量时每个轴承单独进行,不能几个轴承同时进行顶举;

②放置千斤顶的底座必须有较好的刚性,百分表架应单独装在不受轴及千斤顶影响的位置上;

③千斤顶顶举支点、百分表杆的触点必须在同一轴颈截面上的最低点和最高点;

④应保证轴在顶举过程中不受任何阻碍,其轴上应不受其他外力作用;

⑤记录时应在百分表指针稳定后进行读数;

⑥为绘制出准确的顶举曲线,在记录读数时,曲线斜率大的部分较比斜率小的部分多记录几次,即前者若每间隔 980N 记读数一次,后者可每间隔 1960N 记读数一次。

2)轴承实际负荷的计算

(1)顶举曲线的绘制及千斤顶负荷的确定:

①顶举曲线绘制。根据顶举中所记录的轴位移量及千斤顶负荷,做出如图 2-34 所示的顶举曲线。纵坐标为轴的位移量,横坐标为千斤顶负荷,可根据油压按下式计算得

$$R = \frac{\pi}{4} \cdot d \cdot p \qquad 9.8\text{N} \tag{2-8}$$

式中:d——千斤顶油缸柱塞的直径(cm);

p——油缸的油压(9.8×10^4Pa)。

②顶举曲线的分析。图 2-34 所示的顶举曲线分析如下:Oab 为泵油将轴往上顶升时得到的上升曲线;cdO 千斤顶负荷为泄油使油往下降时得到的下降曲线。这两条曲线不重合的原因是由于千斤顶、百分表及轴存在内阻,故在顶举过程中要消耗一定的功所产生的下降曲线的滞后现象。

上升曲线或下降曲线都由一段曲线和一段直线所组成。曲线段 Oa 表示从顶起开始到被测轴承脱空的阶段,dO 则表示轴下降时从与轴承开始接触到千斤顶完全不受力的阶段。在这两个阶段中,因轴不断上升或下降,使轴颈与轴承的实际接触点不断地移动而造成千斤顶与轴承支点间的跨距不断地变化,从而造成轴承负荷影响数为变量的结果。

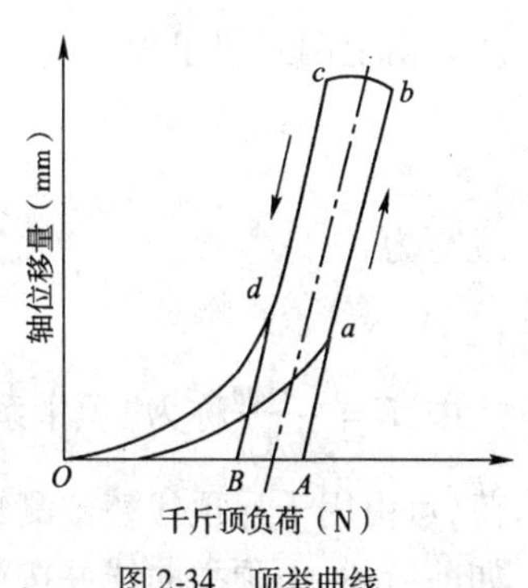

图 2-34　顶举曲线

直线段 ab 及 cd 是被测轴承脱空情况下继续顶升或下降的阶段,因为这时轴上升或下降不受被测轴承支点的影响,轴承负荷影响数为一常数,故顶升线段 ab 及下降线段 cd 为直线。

这两段直线真实地反映出千斤顶处轴的位移与负荷间的线性关系。因此,只要延长此直线段与横坐标相交,其交点 A 和 B 即为轴顶升量(位移)为零时千斤顶代替被测轴承时的负荷。

千斤顶负荷的确定:由于滞后的影响造成顶举过程中所测出的上升曲线和下降曲线不重合,因此在确定千斤顶负荷时,应取其平均值。故千斤顶代替被测轴承且轴的位移为零时的负荷

$$R_{OJ}=(A+B)/2 \tag{2-9}$$

式中,A、B 见图 2-34,各由延长直线段 ab 及 cd 求得。

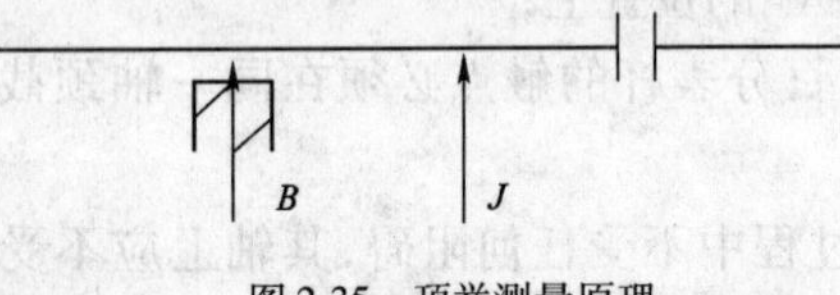

图 2-35 顶举测量原理

(2)轴承实际负荷的计算。取轴系部分轴段,如图 2-35 所示,B 为被测负荷的轴承,J 为安装在此轴承附近的液压千斤顶支承。为确定计算出轴承负荷的计算公式,现结合顶举法测量原理作如下论述。

首先,使千斤顶 J 刚刚与轴接触,此时,千斤顶负荷 $R_J=0$,然后使 B 轴承下降,在此过程中,B 轴承的负荷 R_B 将逐渐减小,且减小量可用下式求得

$$R_B=R_{OB}+A_{BB}\cdot\delta_B \tag{2-10}$$

同时,千斤顶负荷 R_J 将逐渐增大,且增大量可用下式求得

$$R_J=R_{OJ}+A_{JB}\cdot\delta_B \tag{2-11}$$

式中:R_{OB}——被测轴承无位移时的实际负荷(9.8N);

δ_B——被测轴承的位移量(mm);

A_{BB}——轴系增加千斤顶支承后,B 轴承自身的负荷影响数(9.8N/mm);

A_{JB}——B 轴承对千斤顶 J 支承的负荷影响数(9.8N/mm)。

当 B 轴承下降到脱空时,即 $R_B=0$ 时,由公式 $R_B=R_{OB}+A_{BB}\cdot\delta_B$ 可得

$$R_{OB}=-A_{BB}\cdot\delta_B \tag{2-12}$$

这时,在 B 轴承脱空并由 J 支承代替它支承轴系时,千斤顶上的负荷 R_J 为 R_{OJ},由公式 $R_J=R_{OJ}+A_{JB}\cdot\delta_B$ 可得

$$R_{OJ}=-A_{JB}\cdot\delta_B \tag{2-13}$$

由上两式可求得

$$R_{OB}=-\frac{A_{BB}}{A_{JB}}\cdot R_{OJ} \tag{2-14}$$

或写为

$$R_{OB}=K\cdot R_{OJ} \tag{2-15}$$

式中,$K=-\frac{A_{BB}}{A_{JB}}$称为"顶举系数"。可见,采用液压千斤顶测量轴承负荷时,被测轴承的实际负荷,可由用千斤顶代替被测轴承,且由轴承无位移时的千斤顶负荷 R_{OJ} 乘以顶举系数求得。R_{OJ} 如前所述,由顶举曲线并按公式 $R_{OJ}=(A+B)/2$ 来求得。

5. 某散货船轴系校中工艺规程

1)工艺实施前的条件

(1)轴系区域及机舱区域的加工及装焊过程全部结束,船上的振动作业应停止,船上无重大设备的迁移以及压载的变更。油舱柜无影响船舶吃水的大量加油。

(2)艉轴安装结束并交验结束。

(3)固定好艉轴位置。轴毂后端面距 FR13 舱壁的实际距离交船东船检,轴系布置图中艉轴前端法兰平面距 13[#]舱壁 1000mm(该尺寸为理论线)。实际距离根据轴毂后端面距FR13 舱壁的实际距离调整,为了方便轴系的校中,可将艉轴往后移动 3mm(即 997mm)固定好艉轴。将艉轴的实际轴线按轴系计算书压至理轮轴线下 0.45mm 处,然后固定好交船东船检。

(4)船舶下水后,在舾装码头停靠好,螺旋桨呈 75% 浸没状态。

(5)校中应避免在强烈的阳光直接照射下进行,以免引起船体与推进器之间有较大的温差。

(6)主机及附件安装完整,所有主机结构件螺栓全部上紧,主机系统的接管以及舾装件如扶梯、管系等脱离。

2)校中前准备工作

(1)根据轴系布置图及主机安装图要求将主机曲轴中心线与艉轴中心线在同一纵剖面内,使曲轴中心线大约低艉轴理论中心线约 0.2 ~ 0.5mm,暂时不浇注环氧垫块。

(2)刮拂中间轴承座上平面的固定垫块,用平板检验接触点应均匀分布,每 $25 \times 25\text{mm}^2$ 不少于 2 ~ 4 个接触点,固定垫块上平面外倾斜度 1:100。

(3)将曲轴和中间轴采用图 2-36 所示的临时支撑位置固定。

(4)安装主机的端部支撑和侧向支撑

3)轴系校中

(1)放开艉轴上下两个定位螺栓,使轴在左右方向紧固,在上下可自由移动,然后在艉轴的前端近法兰处加一个垂直向下的 3000kg 的外力,如图 2-36 所示,可利用带压力表的千斤顶顶升至规定压力后并锁紧或者液压千斤顶顶到位后用螺栓固定。

(2)通过调整中间轴的临时支撑,使中间轴后法兰与艉轴联轴节法兰面的曲折值(GAP)和偏移(SAG)如图 2-36A 部放大所示,即 GAP = 0.14 ± 0.1 mm,SAG = 0.36 ± 0.1 mm,船东船检交验。

(3)调整主机使主机推力轴法兰与中间轴前法兰的曲折值(GAP)和偏移值(SAG)如图2-36B 部放大所示,即 GAP = 0.14 ± 0.1, SAG = 1.04 ± 0.1 mm,船东船检交验。

(4)考虑到主机所浇注的环氧树脂垫片的干固过程中约有 1/1000 的收缩量,所以在调整主机座时,应有意识将主机座稍稍顶高约 $\delta/1000$(mm)(δ 为环氧垫片厚度,理论厚度为47mm)。

(5)现场拂配中间轴承座的活动垫块,使其能够保证中间轴前后法兰平面的 GAP 和SAG 不变化,又能保证接触点不小少 $25 \times 25\text{mm}^2$ 内 2 ~ 4 个接触点,并对角铰孔,用螺栓紧固。

(6)联接前后两个法兰,拆除中间轴上的临时支撑。

(7)调整主机机座的水平挠度：

①调整前状态。机舱内无影响测量的振动作业，机座周围无导致影响的热源作业及其他作业。主机机座库采用前后四角垂直顶升螺栓(每角两只)顶托(其余顶升螺栓可呈松接触状态)，无垂直压紧螺栓，前后左右水平项升螺栓受力应均匀。

②调整方法。测量位置为主机机座上法兰面(凸轮轴侧和排气侧)。各测量点均为轴承支座中心，并以前后两点为基准。测量前应清洁测量点区域的污垢，并选取平整表面。

测量方法为在底座四角设四个拉线架，调整架的高度使其等高，在底座两侧拉两条平行于轴心线的左、右钢丝线，测量上平面和钢丝线间的即离，以校正上平面左右两侧的不平度；在底座对角处拉两条相交的钢丝线，测上平面的扭曲在400N水平拉力作用下，测量ϕ0.5mm琴钢丝相对于机座下垂量，并根据琴钢丝垂度S计算机座下垂量测量记录，并按照主机制造厂推荐数据进行数据分析。另外，可请主机厂用“扫描光学直角仪”来测量平面的不平度。

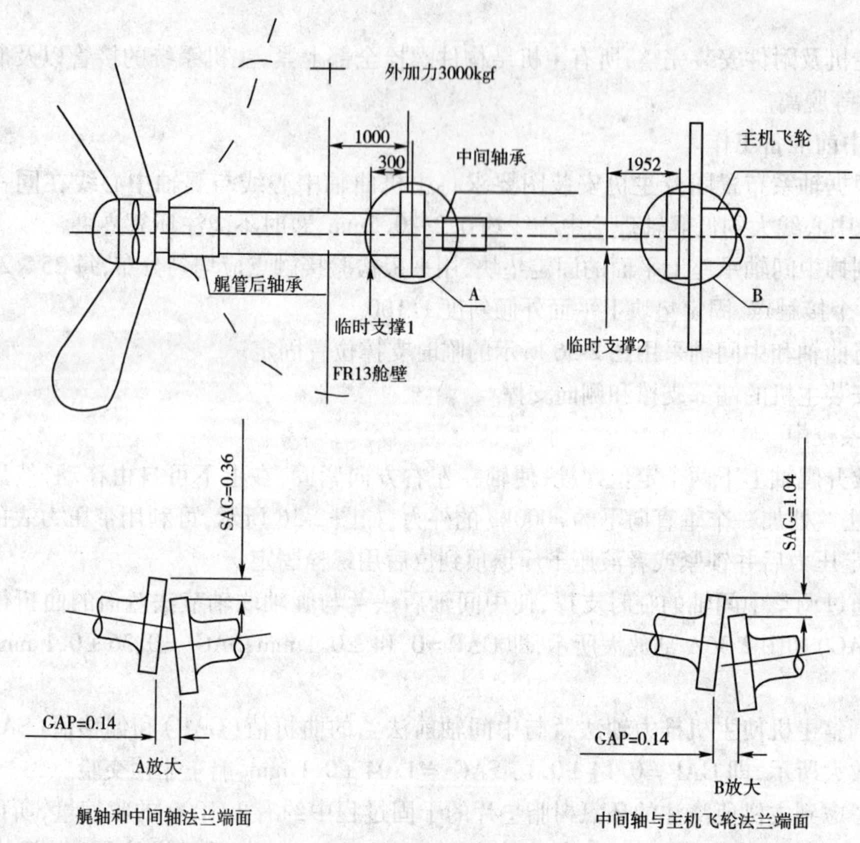

图2-36　临时支撑位置图

(8)调整主机机座扭曲度：

①调整前状态为主机在浇注环氧前处于未联接轴系的状态。

②调整方法为将两水平仪(精度高于0.1mm/m)置于凸轮轴侧，最前和最后一个气缸单元的机座上结合面(加工面)，同时记录水平仪的读数，使读数基本一致，要求扭曲度误差≤

0.1mm/m。

③调整曲轴曲柄差(验收标准按主机制造厂推荐数据)。

(9)紧配螺栓安装:

①紧配螺栓必须先行提交验收。

②清洁螺栓、螺孔,螺栓放入液氮冷冻箱。

③应用冷冻安装工艺将合格的紧配螺栓(连接前需喷涂二硫化钼)分别联接柴油机和中间轴的法兰、中间轴与螺旋桨轴法兰。

④48 小时后,用扳手拧紧螺帽,力矩为 511.16kg · m,如果维修空间足够,拧紧步骤也可按照下面程序进行:联接螺栓用梅花冲击扳手上紧,用大锤敲击,直至螺母不能进一步上紧。当敲击扳手时,扳手“回弹”,说明已达到上紧程度;敲击扳手时,当清楚地听到声音从闷声变化到生硬的金属声时,也说明达到了上紧程度。为保证均匀的上紧,建议所有螺栓都上紧两次,螺母支承面与法兰平面应紧密接触,接触面 75% 周长上应插不进 0.05mm 塞尺。

⑤装上开口销。

⑥拆除螺旋桨轴法兰处的附加力和艉轴及中间轴上的临时支承 1 和 2。

⑦初步确定中间轴承垫片厚度,利用 4 只 M30 顶升螺栓使中间轴承处于正确的位置,将中间轴承紧固。

4)测量轴承负荷(联接轴系螺栓后)

(1)轴承负荷测量的条件:

①测量时应停止振动作业。

②按照轴系校中计算书所示的位置,安装千斤顶(距中间轴后法兰 1254mm),检查千斤顶座架是否牢固,松开中间轴承上轴瓦。

(2)轴承负荷测量的方法:

①在千斤顶所对应的轴顶上,放置一个百分表,并检查百分表的支架是否牢固。

②起动油泵从而顶升中间轴,要求油压每升高 2.0MPa,记录对应的百分表读数(即轴上升量),直到压力上升不大但轴颈抬高较快时为止。

③慢慢地泄放油压,每降 2.0MPa 记录对应的百分表读数(即轴下降量),直至油压完全释放。

④根据记录的数据,在坐标轴纸上绘制出压力与位移的曲线如图 2-37 所示,计算轴承负荷,计算公式如下

$$R = C \cdot A(P_n + P_d)/2 \qquad (2\text{-}16)$$

式中:R——轴承的实际负荷;

C——顶举系数,按千斤顶支撑位置不同,顶举系数亦有所不同;

A——千斤顶的活塞面积。

(3)中间轴承负荷测量:

①松开中间轴承上轴瓦,按照(2)中的方法测量中间轴承负荷。

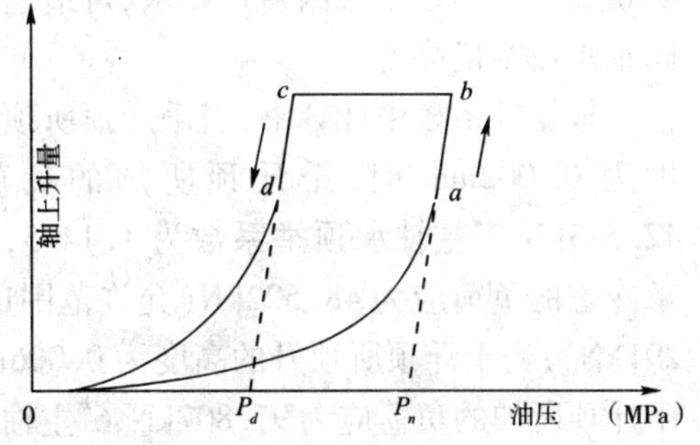

图 2-37　压力与位移曲线

②按照式(2-16)计算轴承负荷,并按照中间轴承计算结果与《轴系校中计算书》计算值误差在 ±20% 以内校中合格为依据验收。

③根据轴系校中计算书,当千斤顶所顶升的高度为0.026mm时,千斤顶所加的负荷应为47.788kN,顶举系数为0.9876,中间轴承冷态的负荷应为47.194kN(允许范围为37.755 ~ 56.633kN)。

(4)主机推力轴承(8#轴承)负荷测量:

①测量前应先检查轴承间隙。

②如图2-38所示,将拉伸器置于主机飞轮下面,在一个钢梁上通过合适的钢条顶起二齿。百分表安放位置如图所示,并在链轮箱内加设一只百分表以作监测。

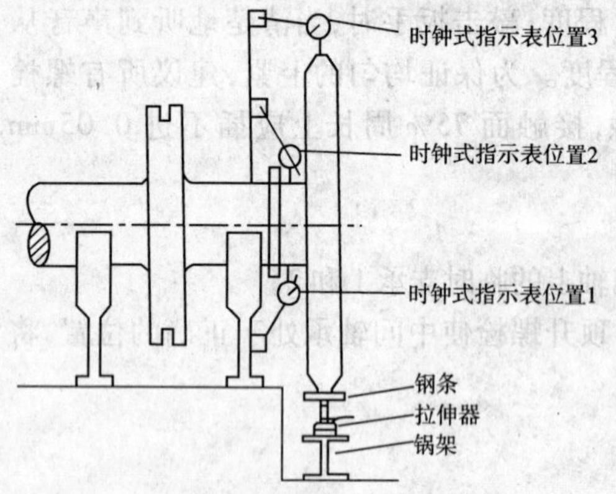

图2-38 主机推力轴承负荷间隙示意图

③顶升测量时,每隔2.0MPa的压力测取一次读数。

④分析数据时,按照主机制造厂推荐,取0.026mm为顶升距离段。

⑤主机推力轴承负荷计算:

按照式(2-16)计算轴承负荷,并按照MAN主机制造厂推荐数据对主机推力轴承负荷进行验收。如果测量负荷不满足主机制造厂要求,可适当调节中间轴承或主机高度。

根据轴系校中计算书,千斤顶所加的负荷应为3.189kN时,千斤顶所顶升的高度应为0时,顶举系数为1.3778,主机推力轴承冷态的负荷应为4.393kN(允许范围0 ~ 291kN)。

(5)主机7#轴承负荷测量(图2-39):

①将拉伸器按图示位置置于主机厂提供的顶起钢梁上。并在6#、7#轴承上各加设只百分表以作监测。

②顶升测量时,每隔2.0MPa的压力测取一次读数。

③分析数据时,按照主机制造厂推荐,一般取0.03 ~ 0.10mm顶升距离段。

④轴承负荷计算:

按照式(2-16)计算轴承负荷,并按照主机制造厂推荐数据对主机轴承负荷进行验收。如果测量负荷不满足主机制造厂要求,可适当调节中间轴承或主机高度。

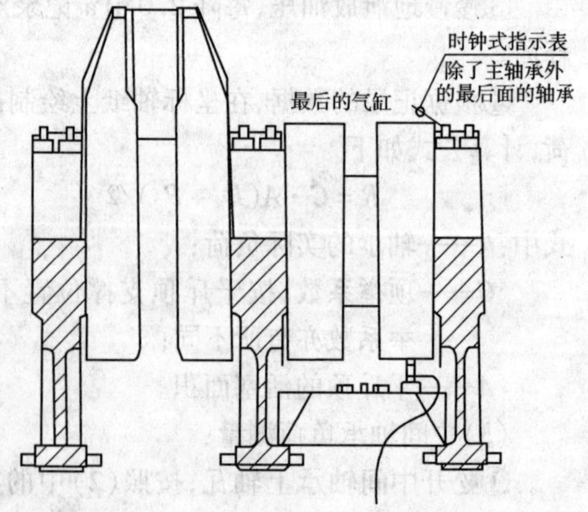

图2-39 主机最后一道主轴承负荷测量示意图

根据轴系校中计算书,当千斤顶所顶升的高度为0.002mm时,千斤顶所加的负荷应为42.543kN,7#主轴承顶举系数为1.1405,7#主轴承冷态的负荷应为48.522kN(允许范围14.55 ~ 291kN);当千斤顶所顶升的高度为0.006mm时,千斤顶所加的负荷应为97.807kN,6#主轴承顶举系数为0.9701,6#主轴承冷态的负荷应为

94.877kN(允许范围14.55 ~291kN)。

(6)检查曲轴曲柄差和主轴承间隙。

(7)按主机安装图的要求,装焊6只测量销,并测量主机同各测量销之间的间隙,并作好记录。

5)检验

(1)主机输出端和中间轴法兰螺栓孔镗孔,加工后螺栓孔符合图纸要求。

(2)主机紧配螺栓测量检验,符合图纸要求。

(3)轴系校中,法兰对中的偏移和曲折符合轴系校中计算书要求。

(4)检查主机机座水平度,符合主机厂要求。

(5)检查曲轴曲柄差,符合主机厂要求。

(6)应用冷冻法,联接轴系紧配螺栓。

(7)检查轴承负荷(中间轴承、主机推力轴承、主机最后两道主轴承),符合轴系校中计算书要求。

(8) 检查曲轴曲柄差和主轴承间隙,符合主机厂要求。

第五节　轴系的固定

一、轴系连接

中间轴之间,以及中间轴与艉轴、发动机轴用法兰联接螺栓连接成一体,视所采用的校中方法不同,有的在轴系校中之前进行(如采用测力计校正法),有的在轴系校中之后进行(如采用按连接法兰上的偏移、曲折校中法)。

用于连接轴系的法兰螺栓,预先在分厂内进行轴的配对时与法兰螺栓孔进行过修配,并打有印记。故用法兰螺栓将轴系连接好之后,能保证各轴之间的同轴度。法兰螺栓的装配方法有,拉入法、压入法和低温冷装法等三种。目前大多数船厂采用拉入法。虽然规定$\frac{H7}{k6}$级过盈配合,但实际上,轴与孔的公差一般取零对零,或过盈0.005mm,有的还有0.01mm的间隙,用20~30kg大锤打入。压入法和低温冷装法一般最低过盈量为零,通常过盈量为0.01~0.02mm。使用这两种方法时,压入法需要一套专门工艺装备和固定止推装置才能把螺栓顶进去,而低温冷装法仅需保温瓶及保温箱设备并采用液氮作介质。因此冷装法有效率高、减轻体力劳动和安装方便等优点。

在轴系校中及连接工作完成后,进行中间轴轴承在其基座上紧固的工作。

二、中间轴承的紧固

轴系中全部中间轴承在轴系校中后已在各自的基座上准确地进行定位。定位好的轴承还应用垫块和基座螺栓紧固在基座上,以保持定位好的位置在轴系连接中不致改变。

中间轴承不是直接紧固在其基座上。通常在轴承座下平面与基座面板之间保持20~75mm的间距,以保证在进行轴系校中时能方便地调节轴承的位置。轴承定位好之后,应根据

轴承座与基座之间的实际间隙配制垫块。所配好的垫块应与轴承座下平面、基座面板紧密贴合。检验贴合面程度,应插不进去0.05mm的塞尺。

用于紧固中间轴承的垫块有矩形垫块、双联圆形斜面垫块、螺纹可调式球面垫块、涂胶粘剂的胶结垫块等多种。

图2-40所示为用双联圆形斜面垫块紧固轴承。这种垫块的内孔直径比紧固螺栓直径d要大,当上块与下块作相对移动时,能根据轴承与基座之间的实际间隙改变垫块的厚度,同时,当上块与下块作相对转动时,还可适应轴承与基座之间不同斜度的要求。

图2-41所示为用涂胶粘剂的胶结垫块紧固轴承。垫块厚度应比轴承与基座之间的间距小0.8~1mm,以保证在配合垫块时,在垫块上下配合面上涂有0.4~0.5mm厚的粘合剂。采用涂胶粘剂的胶结垫块紧固中间轴承,可免去用于刮配垫块的大量工时,从而显著提高轴系安装工作的效率。

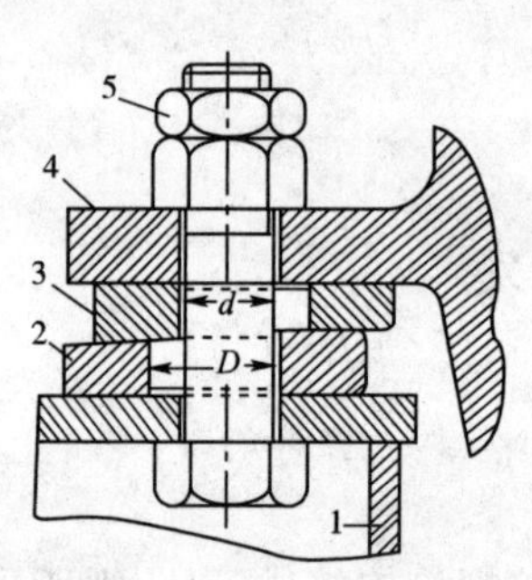

图2-40 用双联圆形斜面垫块紧固轴承
1-基座;2-垫块(下块);3-垫块(上块);4-轴承座;5-基座紧固螺栓

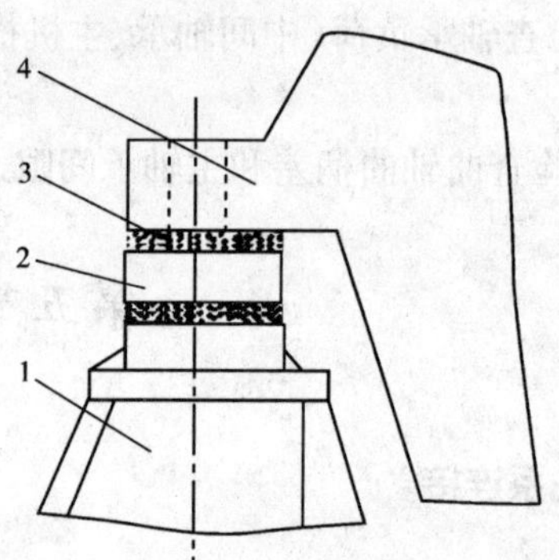

图2-41 用涂胶粘剂的胶结垫块紧固轴承
1-基座;2-垫块;3-粘合剂;4-轴承

基座上的螺栓孔通常是在轴承定好位和配制好垫块后,按轴承座上的螺栓孔钻出。如基座为紧配螺栓,基座孔及轴承座孔还应一并进行铰孔。采用涂胶粘剂的基座螺栓紧固轴承的工艺,可节省安装工时。

完成上述配制垫块和加工基座螺栓孔的工作后,即可用基座螺栓将轴承紧固在各自的基座上。

三、轴系安装质量检验

轴系安装质量检验包括轴系校中质量的检验及各部件装配质量的检验。

轴系校中的质量应按所采用校中方法的技术要求和标准进行检验。检验工作通常是在校中结束之后且轴承在基座上紧固之前进行,在船台上或坞内进行校中的轴系,除了在校中结束后进行检验之外,船下水后还要再进行一次检验。

轴承部件装配质量检验的项目包括:轴承下垫块配制质量,法兰连接螺栓及基座紧配螺栓的配合质量(抽查检验);轴颈与轴承的贴合质量及间隙大小;艉轴管装置的密封元件装配的正确性、密封性及润滑冷却系统工作的可靠性,以及轴系的刹车机构工作的可靠性等。

轴系与主机连接后,还要检验往复式主机曲轴的臂距差是否符合安装标准的要求。

SIKAO YU LIANXI

1. 什么是轴系理论中心线？如何测定轴系理论中心线？
2. 镗孔的技术要求有哪些？
3. 镗排的安装与镗孔的工艺流程有哪些？
4. 艉轴管如何安装？
5. 艉轴的安装方法有哪些？
6. 轴系校中的实质是什么？轴系校中有哪些方法？
7. 什么是轴系合理校中？掌握轴系合理校中的工艺流程。

第三章　螺旋桨的制造与安装

● **学习目标**

知识目标

1. 了解和掌握螺旋桨的加工方法；
2. 了解螺旋桨的静平衡试验方法；
3. 理解和掌握螺旋桨的预研配和安装方法。

能力目标

1. 会进行螺旋桨的加工；
2. 会螺旋桨的拂配与安装。

第一节　螺旋桨的加工与装配

一、螺旋桨的机械加工

1. 螺旋桨机械加工前的工作

(1)对螺旋桨做外部检验，不允许有降低强度和性能的裂纹、气孔、缩松、夹渣及浇不足等缺陷，对于不严重的缺陷可以根据标准要求进行修补。

(2)对于铸造螺旋桨，还应按标准或船舶检验局制订的试验项目作材料试验。对于焊接螺旋桨应检验焊缝质量，并进行探伤。

(3)铸钢螺旋桨及用钢板焊接的螺旋桨，为了减少其内应力，应做适当的热处理。一般进行退火、正火及高温回火处理。当用合金钢铸造螺旋桨时，可采用在扩散退火以后进行正火及高温回火的处理。

(4)铸钢螺旋桨和组合螺旋桨铸钢叶片应进行跌落试验。

(5)对于用钢板焊接而成的空心叶片，则应进行密封试验，试验水压应不低于 4.9×10^4Pa，若气压试验则压力应不低于 2.94×10^4Pa。

2. 螺旋桨机械加工

(1)螺旋桨锥孔加工。螺旋桨锥孔的锥度常用有1/10，1/12，1/15等几种。大型螺旋桨用1/15较多，中小型螺旋桨可用1/10或1/12。锥孔的粗糙度 Ra 要求为1.6~0.8μm。采用环氧树脂胶合时锥孔粗糙度 Ra 达到6.3μm即可。

螺旋桨锥孔经机加工后要与艉轴锥体进行研配。为了减少两者锥度的误差，应先制作一套锥度样板，即锥孔和锥体样板各一块。用样板来检验机加工后的锥度。螺旋桨锥孔样板的锥度可按图纸制作，锥孔样板与锥体样板应配对制作。如果艉轴已加工成成品时，锥孔样板的锥度可由测量艉轴锥体直径来决定。测量出艉轴锥体大端直径 D、小端直径 d 和两个测量位置之间的距离 L，根据这三个尺寸就可制作样板。

螺旋桨锥孔一般在车床或镗床上加工,大型螺旋桨锥孔常在大型立式车床或立式、卧式镗床上加工。在条件不具备时,大型螺旋桨锥孔,也可以用土办法来加工,它可分立式和卧式镗排两种。图3-1为镗排立式镗削法。立式镗削可减少镗杆自重引起其弯曲变形对加工精度的影响,而且与卧式镗排相比还可减少定位与调整的时间。镗削锥孔的镗排与镗削艉轴壳孔的镗排基本相似,所不同的镗削锥孔的镗杆,其丝杠可与镗杆中心线偏摆一个角度(如图3-1所示,以调整锥度)。螺旋桨桨壳两个端面可在镗杆上装上一副径向进给刀架来加工,它与加工艉轴壳端面相同。

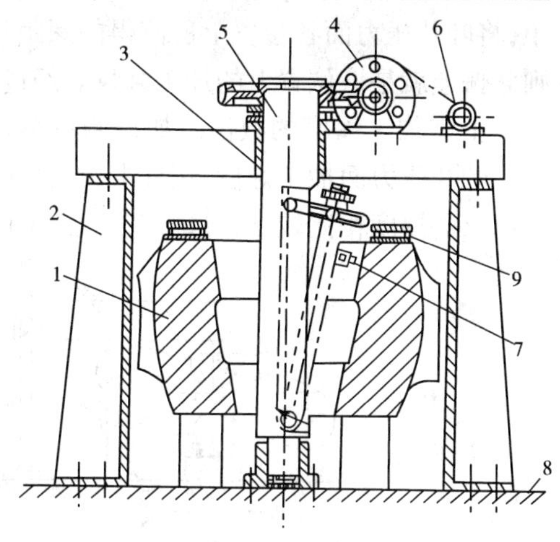

图3-1　螺旋桨锥孔镗排立式镗削法

1-螺旋桨;2-支架;3-轴承;4-镗排传动装置;5-镗杆;6-电动机;7-刀架;8-平台;9-水平仪

(2)螺旋桨叶片的划线和加工。螺旋桨在制造过程中,要经过多次划线检验,螺旋桨叶片在加工前的划线检验,其目的是确定毛坯件是否合格,同时在叶片上标出基准点与确定叶片各位置上的加工余量。通过划线可以具体定出叶片中线及其后倾角,叶片螺距及其压力面上加工余量,叶片外形轮廓和叶片在各截面处的实际厚度及吸力面上加工余量等。为了使划线方便并精确,螺旋桨大小端面及锥孔应先进行粗加工。

①叶片中线的近似确定法。螺旋桨在铸造造型时,为了使以后划线和加工方便,应在每个毛坯叶片的压力面上,在某同一半径处铸出各叶片中线记号,通常是铸出一个十字线,如图3-2所示。

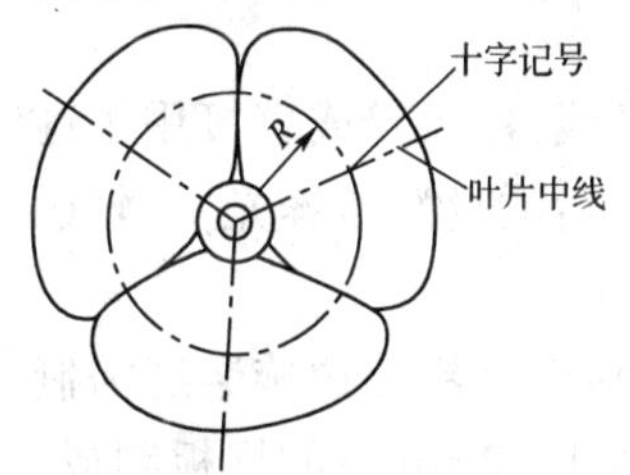

图3-2　叶片上的十字线和中线

如果螺旋桨铸造正确,可通过各叶片上十字线的交点就可找出螺旋桨的中心线。每个叶片上十字线的交点与螺旋桨中心线相连,就可在每个叶片压力面上划出叶片中线。如果叶片上预先没有铸出记号,则要通过一系列划线来确定其中线。划线时将螺旋桨大端朝下放在平台上的三个小千斤顶上,先按照桨壳孔定出螺旋桨中心 O,然后在螺旋桨的各叶片上划出半径为 R 的圆弧,如图3-3所示。

在该圆弧上找出各叶片中线上 A、B、C 三点,这三点应分别位于各叶片展开宽度的中间,即叶片在半径为 R 位置上的圆弧展开后,此点至该截面上的导边与随边的距离相等。同时还应使 A、B、C 点离平台的距离相等,即 $AD = BG = CF$,如果不等,可调节千斤顶来实现。在调整过程中,原来的螺旋桨中心线对已划出的半径为 R 的圆周相对地移动,因此这项工作需反复数次才能完成。满足要求后得出的 AO、BO、CO 分别为各叶片的中线。划螺旋桨圆弧的工具一般使用螺距仪。

②叶片后倾角的检验。后倾角通常用螺距仪检验,螺距仪测量后倾角如图3-4所示。沿叶片压力面中线用螺距仪测量叶片不同半径处高度,通常在 $0.3R$ 和 $0.95R$ 两处测量(R 为螺旋桨半径)。将该两点的高度差 h 记录下来,然后通过计算即可算出后倾角。

③叶片压力面和吸力面加工余量的确定。确定叶片压力面上的加工余量应先测量其螺

距，将叶片压力面各位置上所测得的螺距与图纸上所要求的螺距值相比较，如果两者有偏差，则此偏差就是该位置上的加工余量。经过在各位置上测量和比较后可在压力面的每个测量点上记上需加工深度的数值。如果测得螺距与图纸要求相差很大，则应校正叶片，然后再次测量。叶片压力面加工好后，用外卡钳测出叶片各截面上的实际厚度，将其与图纸上在该截面上所要求的厚度相比较，就可确定吸力面上的加工余量。

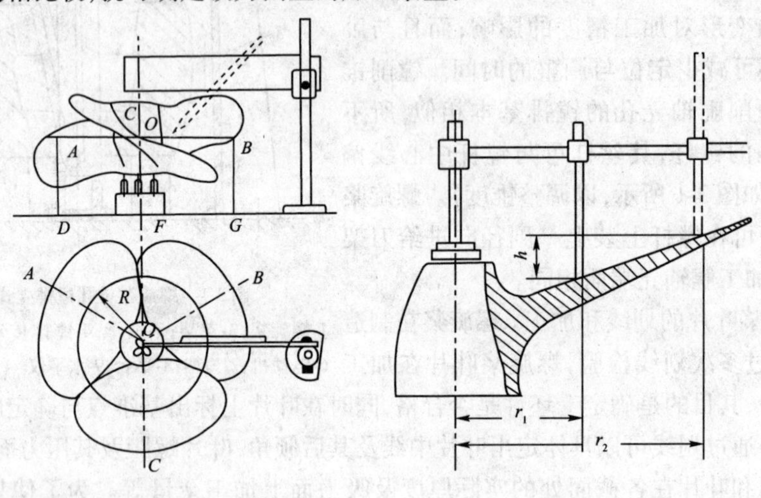

图 3-3　螺旋桨中心线的确定　　图 3-4　检验叶片后倾角

④叶片外形轮廓的确定。按图纸在各叶片的压力面上分别以 1.0R、0.9R、0.8R、…、0.2R 做出各半径线，一般用螺距仪作出。按图纸尺寸在叶片每个半径圆弧线上，从叶片中线向两边截取规定的长度得出各点，连接各点即可得出一条光顺的曲线，这就是叶片的外形轮廓线。线外的多余金属应铲去，缺少的部分应用电焊堆补。

⑤叶片外形轮廓加工。按划线时在叶片压力面上所划出的轮廓线，用风铲或直接用手锤及狭凿铲去多余部分，待叶片两面都加工好以后，再将叶面轮廓作最后的批凿与锉光，使轮廓边缘处按图纸要求呈一定的圆弧形。

由于叶片轮廓边缘形状对螺旋桨推进效率有较大的影响，因此对于高精度螺旋桨还需制作一套精确的样板来检验叶片在导边和随边的截面形状。样板是用 1～2mm 厚的钢板制成，制作时可按图纸在每个不同半径上，例如 0.95R、0.8R、0.7R、…、0.2R 等，分别制作导边和随边各一个样板，再将这些样板弯成按其相应的半径 R 处的圆弧形。图 3-5 为螺旋桨叶片在 0.7R半径位置上用样板测量导边和随边截面形状的情况。样板上用作检验截面的长度大致可取 15%L（L 为某半径上叶片截面的展开长度），最短应为 100mm，最长为 200mm。样板本身误差不应大于 0.15mm。检验时，在叶面不同半径上用相应的一副样板分别在该半径的导边和随边处沿其半径所划的弧线插入检查。叶片截面与样板之间的间隙应不大于 0.5mm。

⑥叶片压力面的粗加工。压力面粗加工的大致方法：沿叶片中线按划线时所标出的加工深度用狭凿凿出一条径向槽，然后分别沿各半径按划线时所标出各测量点的加工深度用狭凿凿出一条条圆弧槽，其后在相隔一定间距再凿出一条条径向槽，如图 3-6 所示。叶面上应加工的深度便由这些径向槽和圆弧槽确定，最后用扁凿凿去其余部分，便得到所要的螺旋面。

为了便于正确的批凿，在批凿前先在各半径上每相隔一定距离用狭凿凿出或用风钻钻出

几个基准点，其深度应是划线时所标出的加工深度。然后，顺着这些基准点凿出各圆弧槽及径向槽，最后加工出整个压力面，当余量小于2mm时，常用砂轮加工不再批凿。当余量小于5mm时，可直接用扁凿并由叶尖向叶根逐渐批凿。压力面经粗加工后应留有0.2～0.3mm的精加工余量。

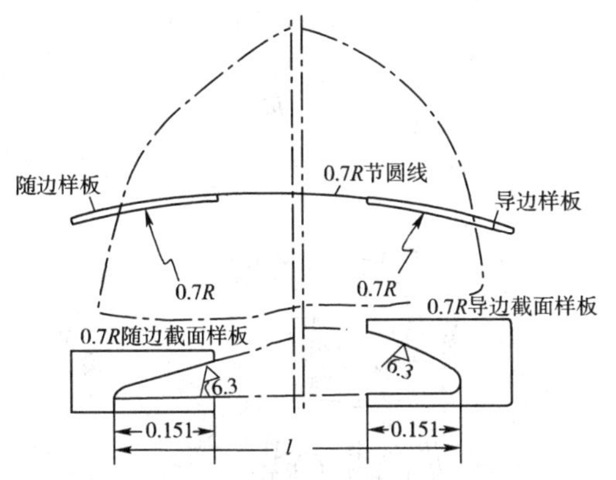

图3-5　叶片边缘形状检验

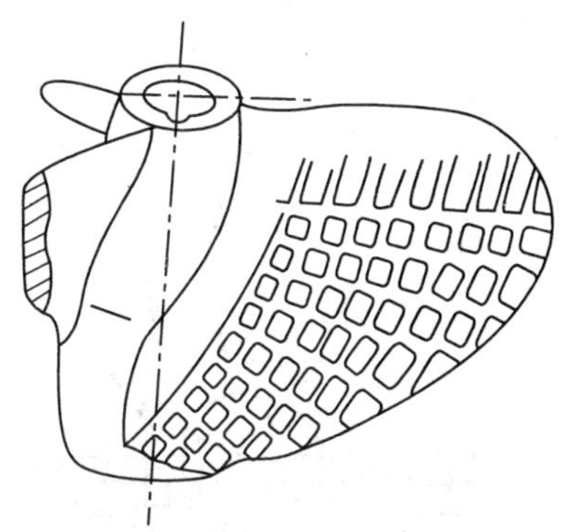

图3-6　压力面粗加工批凿情况

⑦叶片吸力面的粗加工。叶片吸力面粗加工是将叶片加工到图纸所要求的各截面厚度，但要求在压力面粗加工完后才能进行。它的加工方法与压力面加工基本相同。

叶片两面粗加工的劳动强度较大，因此对于中心型螺旋桨在铸造时应尽量控制叶片的变形，以保证螺旋桨的几何尺寸。这样可只留很小的加工余量，省去粗加工这道工序。即毛坯铸出后即可直接划线进行精加工，使工作量大为减少。对于铸铁或铸钢的螺旋桨，其叶片表面更应少加工，以保存耐蚀性较好的铸造表面。

⑧压力面和吸力面的精加工。精加工的目的是使叶面达到所要求的粗糙度和最后的几何形状，其方法通常是先用风动砂轮将叶片表面磨光，然后进行抛光。可用5目/cm^2铜丝布筛过的废砂轮磨粒，用胶粘剂粘结在毛毡轮上，将其装在风动工具上进行磨削，最后再用毛毡轮粘结细磨粒作精磨。如要进一步抛光，则可用更细的磨粒用胶粘剂粘结在毛毡轮上来磨削。这样就可获得光整的带有鱼鳞花纹的叶面。

二、螺旋桨的静平衡试验

螺旋桨由于铸造时材料质量不均匀或加工后几何尺寸不够精确等，在螺旋桨的几个叶片间常存在不平衡状态。螺旋桨各叶片轻重不一，在运转时会产生不平衡的离心力和不平衡力矩引起振动，以致整个轴系和船体发生振动，带来不必要的能量损失及缩短有关零件的使用寿命。因此，螺旋桨在全部加工工作完成后须做平衡试验。平衡试验有两种：静平衡试验，只消除不平衡力矩；动平衡试验，不仅能消除不平衡的力矩，而且还能消除不平衡的离心力。

大型螺旋桨一般转速较低，仅做静平衡试验；对于转速超过500r/min的高速螺旋桨须做动平衡试验。本节只叙述静平衡试验。

1. 试验装置

螺旋桨通常都是在滚动轴承上进行试验，常用的有两种方法：一种是在心轴两端各装上一

个滚动轴承，然后将它们分别搁在两个支架上，如图3-7所示。

另一种是将心轴的两端各放在两个滚动轴承上，而两个滚动轴承则安装在支架上，如图3-8所示。两个支架的安装应尽量使心轴处于水平位置上。当全部安置妥以后，用手转动螺旋桨，它应转动自如，不应有卡死和过紧现象。

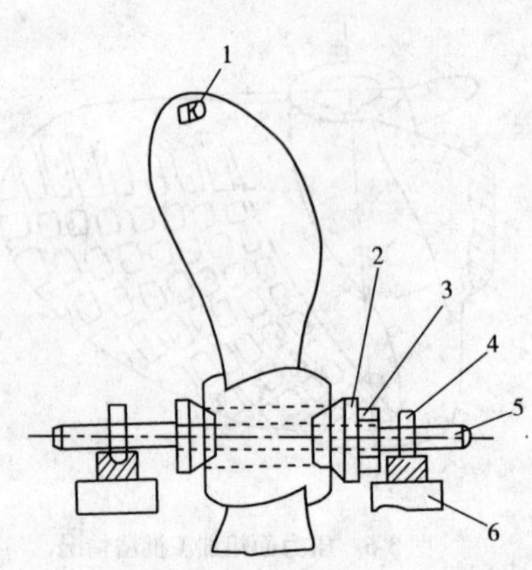

图3-7 平衡试验装置之一

1-挂重；2-锥体；3-螺母；4-滚动轴承；5-心轴；6-支架

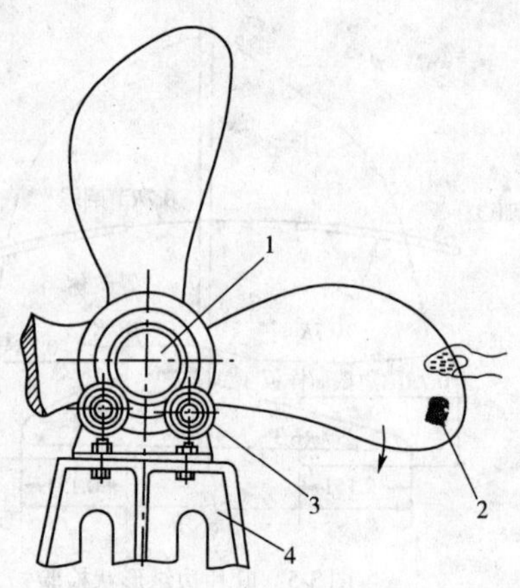

图3-8 平衡试验装置之二

1-心轴；2-挂重；3-滚动轴承；4-支架

2. 试验方法

将螺旋桨安装在静平衡装置上，叶片编号，用手缓慢转动螺旋桨数次，使其自行停止，察看每次停止在下面的叶片情况。如果停在下面的总是那个叶片，则说明该叶片比其他叶片重。对于四叶螺旋桨，处于最上面的叶片就较轻，应在此叶片上挂上重物，其位置应在叶梢附近约$(0.7\sim0.8)R$处。重复上述工作，再按叶片轻重情况增减挂重的重量。当这两个叶片平衡后，再观察另外两个叶片的情况，用同样方法调整轻重，直至调整到四个叶片转到任何位置都能自动停止为止。在挂上重物的位置上用粉笔划出范围，然后取下各叶片上的重物称其重量，若某叶片重物重量超出允许值P，则应消除不平衡。消除后再次做静平衡试验，直至达到标准为止。

三叶螺旋桨做静平衡试验的方法和要求与四叶的相同，但在静平衡结束后应作一些计算，以确定各叶片铲去金属的重量。当1号叶片上挂重W_1(9.8N)，距离转动轴为R_1；2号叶片上挂重W_2(9.8N)，距离转动轴为R_2。则力矩$M_1=W_1R_1$；$M_2=W_2R_2$，如图3-9所示。如果$M_1=M_2$，那么应在3号叶片上铲去的一层金属，它对转动轴所产生的力矩即为M_1或M_2，如果$M_1>M_2$，那么3号及2号叶片均需铲去一部分金属，3号叶片铲去的金属，它对转动轴产生的力矩为$M_1=W_1R_1$，而2号叶片铲去的金属，它对转动轴产生的力矩应为$M=M_1-M_2=W_1R_1-W_2R_2$。在计算应铲去金属的重量W时，要注意W是随半径R的变化而变化的，R大W可小，R小则W要大。为了简化起见，三个叶片的挂重位置及铲除金属的位置（即距转动轴的距离R）应相等，这样容易计算出铲取金属的重量。例如：在静平衡试验中，1号叶片挂重为30N，2号叶片挂重为10N，而挂重的位置距转动轴的距离均为R，则3号叶片在R处应铲去金属的重量为$P=30$N，2号叶片在R处应铲去金属的重量为$P=30-10=20$N。

将螺旋桨安装在静平衡装置上，分别在各叶片的叶梢部位，挂以允许的不平衡重量 P 的重物，并将该挂重的叶片转到水平位置，用手扶住使其不动，如图 3-10 所示。当松手后，若挂重的叶片能转到下面位置，且每个叶片挂重后都能如此，即为合格。如果某叶片挂重后，不能转到下面位置，即说明该叶片较轻，应修正后再作平衡试验，直至合格为止。

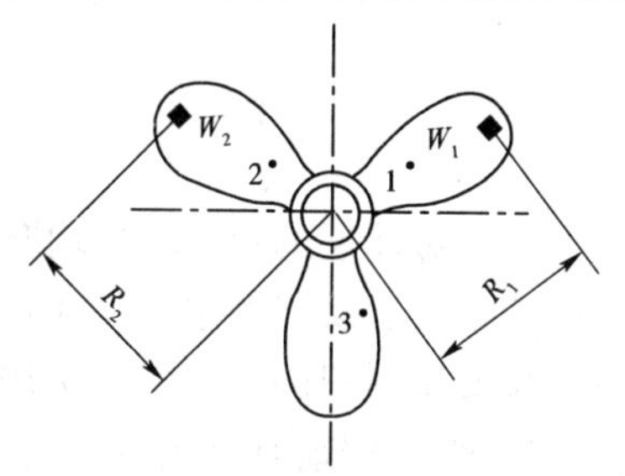

图 3-9　螺旋桨的静平衡计算

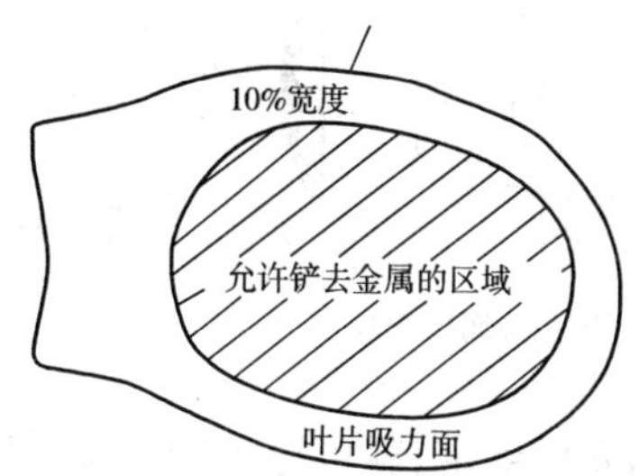

图 3-10　吸力面上铲削金属的部位

3. 不平衡重量允许值 P 的计算

螺旋桨不平衡重量允许值的计算公式如下：

$$P = K_1 \frac{G}{R} \qquad 9.8\text{N} \tag{3-1}$$

式中：G——螺旋桨重量（9.8×10^3N）；

R——螺旋桨半径（m）；

K_1——系数（表 3-1）。

系 数 K_1 值　　　表 3-1

级别	A	B	C
$D \leqslant 0.8$m	0.5	1.0	1.5
$D > 0.8$m	1.0	1.5	2.0

表中 D 为螺旋桨直径，A、B、C 为螺旋桨级别。对于 A 级中特殊要求的螺旋桨，允许用下面公式计算：

$$P \leqslant (18 \sim 20) \frac{G}{Rn^2} \tag{3-2}$$

式中：G——螺旋桨重量（9.8N）；

R——螺旋桨半径（m）；

n——螺旋桨每分钟转数（r/min）。

若公式计算值小于 0.05N 时，则用 0.05N 作为静平衡试验重量。

4. 消除叶片不平衡重量的方法

当螺旋桨经过静平衡试验后，如果不平衡重量超过允许值则应消除，常用的方法有两种：

（1）在较重的叶片背面（吸力面）铲削金属。由于叶片在边缘处较薄，故在靠近边缘 10% 宽度处不允许铲去金属，如图 3-11 所示，不允许在叶片压力面上铲削金属。

对于四叶螺旋桨，较重的叶片应铲去金属的重量可按下式近似求得：

$$W = \frac{PR'}{R_{pj}} \qquad 9.8\text{N} \tag{3-3}$$

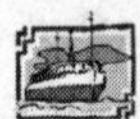

式中：P——相对称的较轻叶片上挂重重量(9.8N)；

R'——相对称的较轻叶片上挂重位置至转动轴的距离(mm)；

R_{pj}——较重叶片上铲去金属层位置的平均半径(mm)。

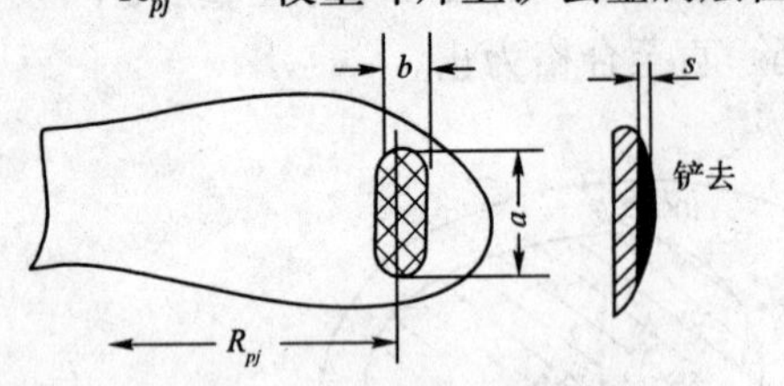

图3-11　铲削金属层的尺寸

铲去金属层的长、宽和平均厚度可按下式计算(图3-11)：

$$abs = \frac{W}{g} \tag{3-4}$$

式中：a、b、s——铲去金属层的长、宽、平均厚度(cm)；

W——应铲去金属层的重量(0.01N)；

g——螺旋桨材料的重度($9.8 \times 10^3 N/m^3$)。

如果 a 和 b 已确定，就可算出铲去金属层的平均厚度 s。铲削时可用风动凿批凿，然后用砂轮磨光，若 s 很小，则可直接用手工批凿。铲削下来的金属应集中起来称其重量，以便和计算数值相比较。

(2)在较轻叶片的吸力面上焊接金属板，其材料应与螺旋桨材料基本相同，尤其是在海船上，不允许采用与螺旋桨材料有显著电位差的材料。金属板的面积和厚度可按上述计算法确定，且尽量只焊一块。装焊时应遵守螺旋桨补焊技术要求，焊后应用砂轮将金属板磨平。

三、螺旋桨和艉轴拂配

螺旋桨锥孔经机械加工后，由于精度误差，不可能与艉轴锥体部分配合得很紧密，因此，还需要进行钳工刮配。一般在螺旋桨锥孔上部留有可供刮配的余量。

在锥孔与轴锥体的刮配中，通常只刮削锥孔而不刮削锥体，刮配后应保证结合面在全长上均匀贴合，贴合面积要求达到总接触面积的75%以上，且尽可能使锥孔大端接触良好，以避免锥体小端负荷集中。当用色油检查，要求 $25 \times 25mm^2$ 面积内接触点不少于3点。

如果锥孔与锥体用环氧胶粘剂安装或用液压套合法安装，则它们可以不刮配，但需满足其他一些技术要求。

螺旋桨锥孔与艉轴锥体的刮配方法一般有两种，即艉轴固定螺旋桨移动和螺旋桨固定艉轴移动两种。

1. 艉轴固定，移动螺旋桨进行刮配

中小型螺旋桨锥孔的刮配一般都采用这种方法，如图3-12所示。具体操作如下：

(1)艉轴在车床上或平台上检查其锥体键槽是否与轴中心线平行，不平行则应修正。

(2)将艉轴搁置在两支架上，并呈水平状态，锥体键槽向上，用压板垫及橡胶板将艉轴压紧固定在两支架上，使它不能转动和移动。在锥体键槽上暂不装键。

(3)在艉轴锥体上均匀地涂上一层薄薄的色油，用葫芦吊起螺旋桨，并使其键槽位置与艉轴锥体键槽位置对准，将螺旋桨锥孔对准艉轴锥体，用力迅速将螺旋桨推入。拧上艉轴后螺母或整流帽，并略打紧。然后，松开螺母(但不旋下)，在桨壳前端面上垫以硬木或铜棍，用大锤敲击使螺旋桨脱下。

(4)观察螺旋桨锥孔内沾油情况。如果贴合面积较小，则用风动砂轮在沾油部位进行磨削(包括沾油部位的一个小区域内)。如果贴合面积较大，则用刮刀将沾油较多的部分刮去。

(5)重复上述工作,但每次在拧紧艉轴后螺母时要逐渐打紧。经过刮削,使贴合面沾油点逐渐增多,直至贴合面积达到总接触面积的70%左右为止。然后,再将它装在艉轴锥体上。

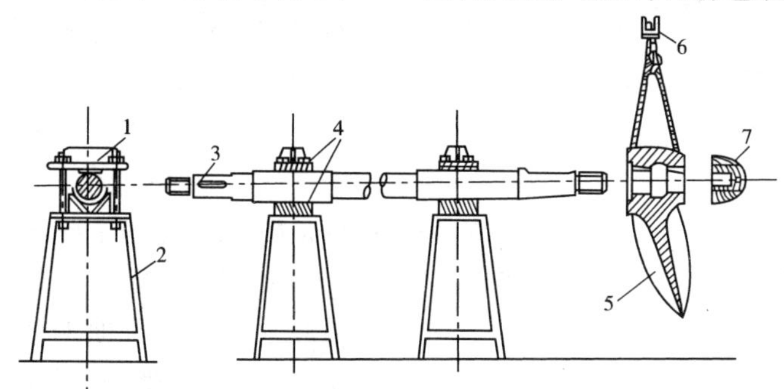

图3-12　固定时螺旋桨孔的刮配方法

1-压板;2-支架;3-艉轴;4-胶板;5-螺旋桨;6-葫芦;7-整流帽

(6)螺旋桨的键槽经机加工后,它的两侧面如果能保证与锥孔中心线平行且分中,那么装上键后一般不会影响锥孔与锥体原来的贴合情况,故只需将键或螺旋桨键槽的两侧面略经刮削即可。如果在装键后发现贴合情况比以前有较大变化,则可能螺旋桨键槽有问题,严重时需用假键来刮配。

(7)螺旋桨锥孔经数次刮削,直至装上键后锥孔与锥体的贴合面积和接触点都符合技术要求为止。

(8)在最后一次松开螺母检验前,应在螺母与桨壳后端面上各打上相对应位置的记号,以便以后运船安装时,螺母可按预定位置打紧。

2. 螺旋桨固定、移动艉轴进行刮配

大型螺旋桨锥孔的刮配采用这种方法。因为要移动大型螺旋桨比较麻烦,移动艉轴相对较方便,而大型艉轴刚性较好,移动时也不易变形。有两种不同刮削方式,立式和卧式。

(1)立式刮削法。该种方法的工作过程如下:

①首先检查艉轴锥体键槽与轴中心线的平行性。

②将螺旋桨平放在专门的地坑内,桨壳锥孔大端向上,如图3-13所示,用木墩将各叶片垫牢,并用水平尺将桨壳上端面调整到水平状态。

③将艉轴横放在两块木垫上,用木楔塞住防滚。在艉轴键槽内配制一假键,其长度为键槽长度的1/4,上部与锥孔键槽相配合部分的宽度比锥孔键槽宽度小0.10~0.15mm,其安装位置如图3-14所示。

④在艉轴法兰的两个对称的螺钉孔中各压入一个铜衬套,以免钢丝绳穿入吊起艉轴时拉伤螺孔。在此两螺孔内穿入钢丝绳,吊起艉轴。

⑤将艉轴直立于轴坑内,并用两个卡子固紧,

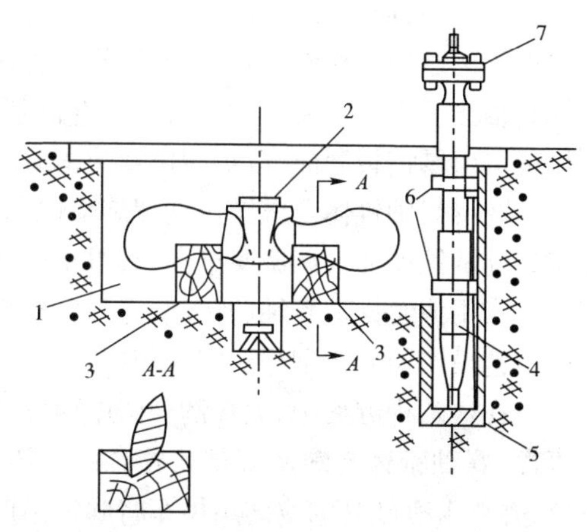

图3-13　刮削螺旋桨锥孔示意图之一

1-地坑;2-水平尺;3-木墩;4-艉轴;5-轴坑;6-卡子;7-特制吊环

然后将钢丝绳换掉，在艉轴法兰上装上特制吊环。

⑥用特制吊环吊起艉轴，在其轴颈下部装上一个带有手柄的卡箍，然后将艉轴吊至螺旋桨上面，用框形水平仪校正其垂直度，用手转动卡箍，使艉轴上的假键对准螺旋桨锥孔及键槽中心。在艉轴锥体上涂上一层薄薄的色油，慢慢降落艉轴至离螺旋桨上端面距离为 50 ~ 100mm 时，急刹吊车上的刹车位，使艉轴靠其本身重量下降，插入锥孔内，如图 3-15 所示。

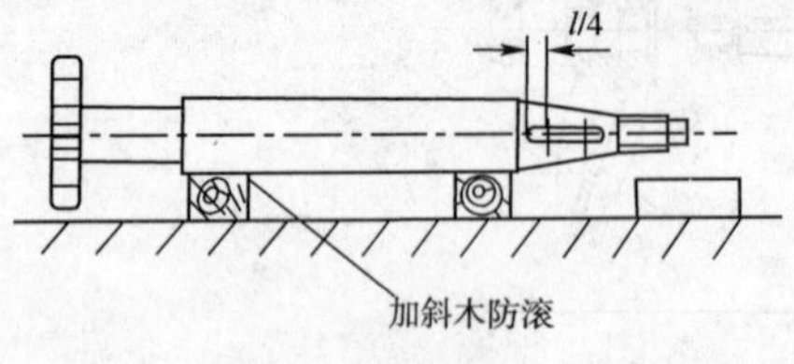

图 3-14　假键安装位置

⑦吊起艉轴，为防止螺旋桨与艉轴一起吊起，可用大锤振动螺旋桨桨壳，使之易于脱开艉轴锥体。吊起艉轴后仍将它吊进轴坑固定。

⑧根据螺旋桨锥孔结合面的沾油情况予以刮削。刮削时先用较大的风砂轮磨削，使锥孔与锥体贴合基本均匀后，用小型风动砂轮精磨，最后 1 ~ 2 次再用刮刀刮削。如此循环，直至贴面积到 70% 左右为止。

⑨艉轴上配真键。真键安装后再与螺旋桨锥孔刮削，直至贴合面积和接触点都符合技术要求为止。划出艉轴后螺母与螺旋桨桨壳后端面相对应位置的记号。

(2)卧式刮削法。该种方法的工作过程如下：

①将一专用铁箱放进专用地坑内，吊起螺旋桨，尽可能使其锥孔键槽在上部，再将螺旋桨上的一个叶片向下插入铁箱内。调整螺旋桨高低位置，将其左右两个叶片分别用木墩和木楔垫正固定，并用框形水平仪或用吊锤线的方法校正桨壳锥孔大端端面垂直于水平面，即锥孔轴线处于水平状态。在铁箱内先放入矩形大木条，再灌入黄砂，直至放满为止，使螺旋桨固定不动，如图 3-16 所示。

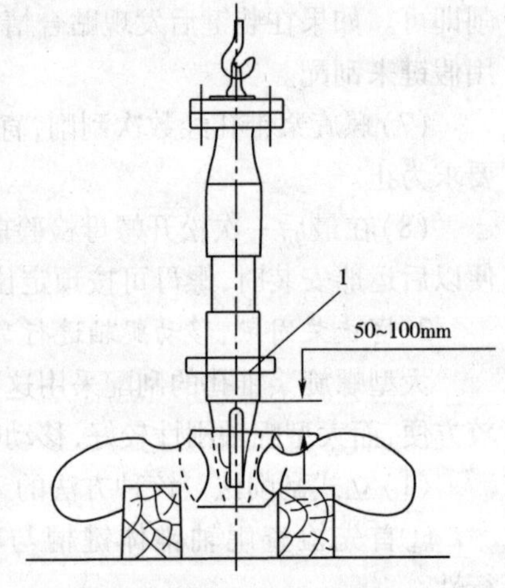

图 3-15　刮削螺旋桨锥孔示意图之二
1-卡箍

②将艉轴吊起横放在专用小车的木墩上，调整艉轴高低位置，使其中心线与螺旋桨锥孔中心线等高，并用水平尺校正艉轴，使其处于水平状态。再将艉轴键槽位置转到与螺旋桨键槽的相同位置，用木楔将艉轴固定，防止滚动。在艉轴法兰端面上装上一块与法兰直径基本相同的垫板，垫板可由厚钢板制成，以免用撞锤撞击时损坏法兰平面。

③将艉轴锥体及键槽对准螺旋桨锥孔及键槽后，在艉轴锥体上均匀涂上一层色油，推动小车将艉轴锥体插入螺旋桨锥孔内，再用撞锤撞击艉轴法兰端，使锥体与锥孔紧密贴合。

④用撞锤撞击艉轴的尾端，将艉轴从螺旋桨锥孔内撞出，推开小车，观察锥孔沾油情况，后序工艺操作与立式刮削法完全相同。

在这两种方法中，立式刮削法中螺旋桨是水平放置，艉轴垂直插入，这就保证了它们的垂直性，艉轴锥体与螺旋桨锥孔贴合面上压力均匀，提高了刮配质量。但立式刮削法要求有地坑，并要求有较高的空间用吊车将艉轴吊起，因此设备较多。而横式刮削法则不需要复杂的设备，但由于艉轴本身重量会下垂，因此将难保证艉轴与螺旋桨端面的垂直性，从而影响刮配质量，且劳动强度也较大。

螺旋桨锥孔刮配好以后，如果艉轴上有保护套，则应测量保护套后端面与桨壳锥孔大端面

之间的间隙 a，如图 3-17 所示，间隙 a 最好在 (0.02 ~ 0.03) L 范围内（L 为桨壳长度），但应不小于 3mm。如果在此间隙内安装水密胶圈，则应按此间隙大小来配制胶圈。同样，在艉轴尾端的螺纹也应缩进桨壳锥孔内，缩进的距离至少也为 (0.02 ~ 0.03) L，且应不少于 10 ~ 15mm。供螺旋桨以后修理时作刮削余量之用，并为拧紧螺母所必需。

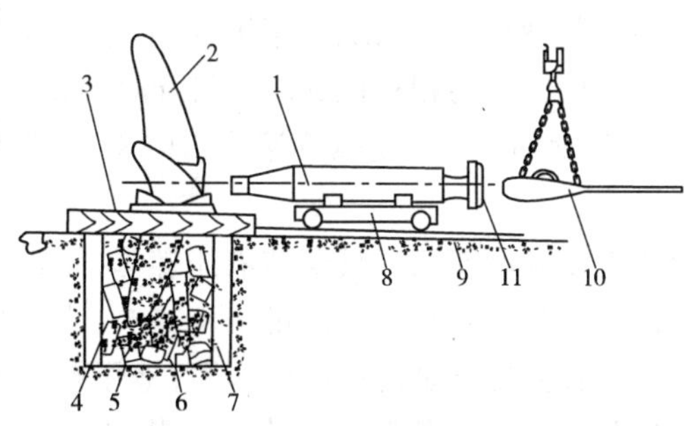

图 3-16　卧式刮削螺旋桨锥孔示意图

1-艉轴；2-螺旋桨；3-木墩；4-铁箱；5-黄砂；6-大木条；7-地坑；8-小车；9-钢轨；10-撞锤；11-垫板

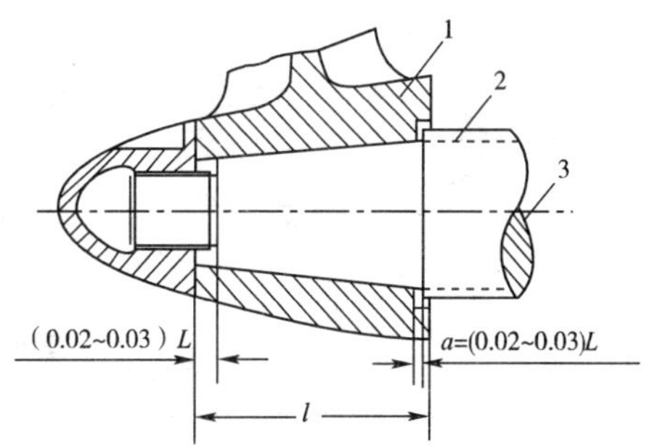

图 3-17　螺旋桨与艉轴的相对位置

1-螺旋桨；2-保护套；3-艉轴

四、螺旋桨与艉轴内场预装

螺旋桨预装是在螺旋桨研配后检查研配质量的一种方法，为了确保船台螺旋桨的顺利安装，需在研配后对螺旋桨与螺旋桨轴进行压装，通过压装来判断螺旋桨的内孔研配质量是否满足安装要求并根据螺旋桨压装后的位置来计算主机地脚螺栓孔的钻孔位置。

1. 螺旋桨水平预装方法

以往采用的螺旋桨预装方式为水平预装形式，如图 3-18 所示。螺旋桨与螺旋桨轴研配后将螺旋桨轴架起至一定高度并固定，然后用两台吊车配合将螺旋桨吊起调整到垂直状态，并套入螺旋桨轴的锥体部位，最后安装液压螺母并压装到位。这种传统工艺施工周期长，过程繁琐，占用空间大，经济性和安全性差，尤其大型船舶的螺旋桨重量大，将其吊起并旋转至垂直状态具有较大的危险性。

2. 螺旋桨立式预装方法及工艺

(1) 螺旋桨立式预装方法。螺旋桨立式预装是将螺旋桨固定在螺旋桨座架上，并将螺旋桨轴垂直吊入螺旋桨锥孔内进行的预装，如图 3-19 所示。

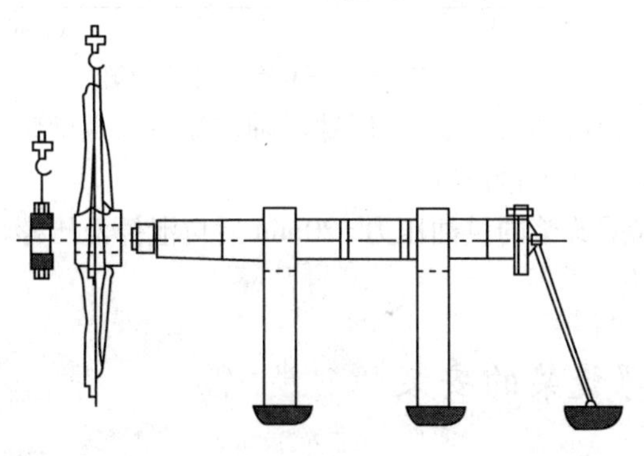

图 3-18　螺旋桨水平预装示意图

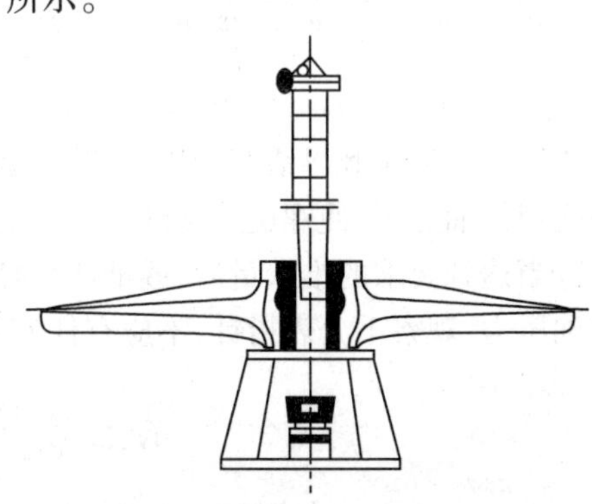

图 3-19　螺旋桨立式预装示意图

(2)螺旋桨立式预装工艺步骤:

①将液压螺母安装工装、液压螺母吊入螺旋桨支架内。

②将研配后的螺旋桨轴锥面、螺旋桨锥孔表面(包括油槽及油孔)清洁干净,并将螺旋桨固定在螺旋桨支架上。

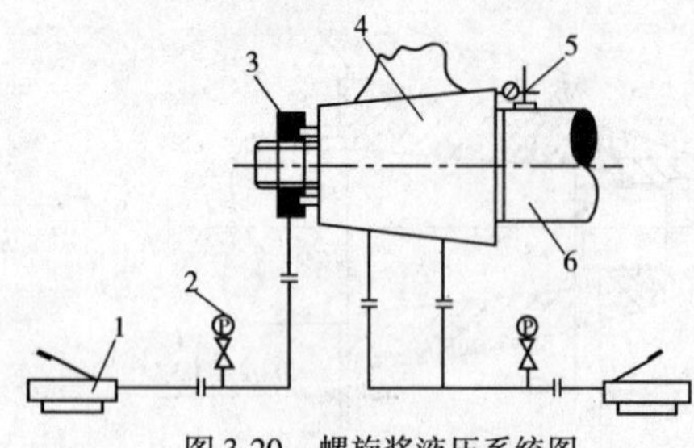

图 3-20　螺旋桨液压系统图

1-液压泵;2-压力表及表阀;3-液压螺母;4-螺旋桨;5-磁力千分表;6-螺旋桨轴

③将螺旋桨轴吊起放入螺旋桨锥孔内,注意螺旋桨轴与螺旋桨圆周方向的相对位置应与研配时一致。

④如图 3-20 所示,安装螺旋桨、液压螺母、磁力千分表等。

⑤使用液压螺母安装工具安装液压螺母,旋紧液压螺母以确保液压螺母活塞行程满足压装要求。

⑥连接好轴向打压泵与径向打压泵,液压泵上的压力表量程要选择适当,应能精确读出压装过程中的压力值。

⑦如图 3-21 所示,用插入法求出 0 ~ 35℃之间的推入量。

⑧打开液压螺母排气旋塞排气后进行预装。

(3)螺旋桨的压入程序:

①向液压螺母泵油,使油压上升到 5MPa 时,此时轴向千分表刻度盘调至“0”位。

②继续向液压螺母活塞加压,$X_2 = 0.5\text{mm}$,$X_3 = 1.0\text{mm}$,$X_4 = 1.5\text{mm}$,$X_5 = 2.0\text{mm}$,记录相应油压 P_2、P_3、P_4、P_5。上述压入过程中螺旋桨径向油泵不供油,仅需螺旋桨试装前在其锥孔内表面涂上一层薄薄的机械油。

③将(X_1,P_1),(X_2,P_2),(X_3,P_3),(X_4,P_4),(X_5,P_5) 绘于坐标纸上,并将各点作一“回归直线”交于 X 轴 X_0 点,X_0 即为压入量起点,如图 3-22 所示。

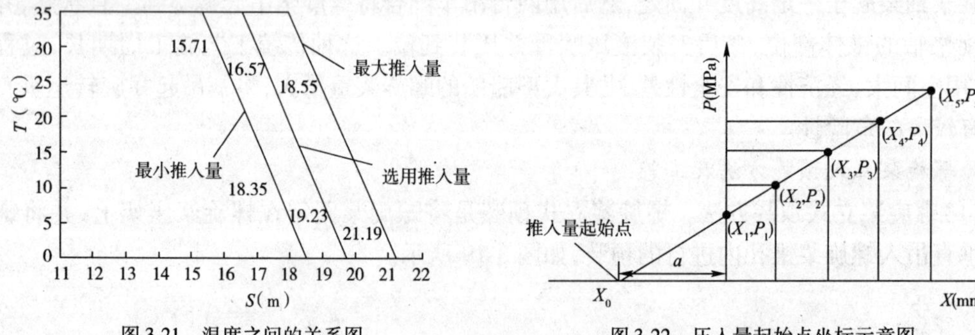

图 3-21　温度之间的关系图

图 3-22　压入量起始点坐标示意图

④继续向液压螺母活塞加压,同时螺旋桨径向油泵供油,液压螺母轴向油泵与螺旋桨径向油泵交替供油加压,使螺旋桨逐渐压入至要求的压入量位置。

⑤当达到要求的推入量后,逐渐泄掉径向螺旋桨的供油压力,20min 后再泄掉液压螺母轴向供油压力,观察千分表指针,不应有任何变化。

第二节　螺旋桨的安装

螺旋桨安装方法主要有一般安装法、液压螺母安装法、油压套合法和环氧树脂胶合法等多

种形式。

一、一般安装方法

为了确保螺旋桨锥孔与艉轴锥体之间的紧密配合，需依靠它们两者之间的过盈量以达到足够的摩擦力来传递扭矩，这样就必须按技术要求研刮，方可进入安装工序。最后用螺母在尾部将其锁紧，以防止螺旋桨的脱落。如图3-23所示为螺旋桨依靠机械锁紧的三种安装方法。

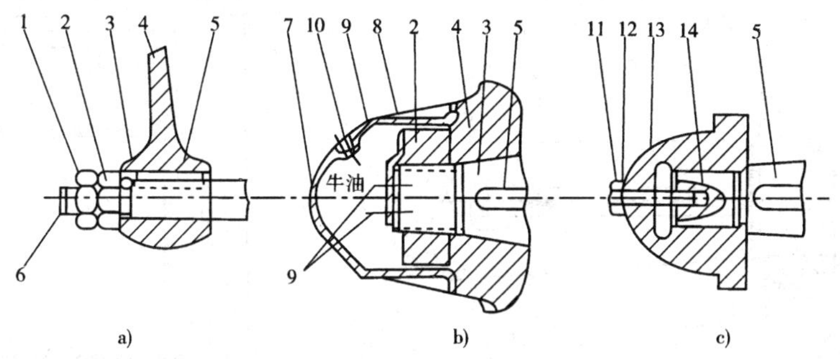

图3-23　螺旋桨靠机械锁紧的方法

1-并紧螺帽；2-尾螺帽；3-后锥体；4-螺旋桨；5-键；6-横销；7-导流帽；8-尾螺帽止动块；9-螺栓；10-螺塞；11-锁紧螺栓；12-弹簧垫圈；13-尾螺帽；14-尾螺纹

一般安装法操作步骤如下：

(1)装配前，艉轴锥体必须擦干净，密封装置基本到位，待与螺旋桨端面连接。

(2)螺旋桨锥孔清理干净，在锥孔和艉轴锥体的表面不准涂油，平键两侧接合面可涂上润滑脂。但必须注意锥形配合面上不能沾有润滑脂，否则影响螺旋桨与艉轴的紧密配合。

(3)将螺旋桨吊起，注意艉轴及螺旋桨的键和键槽方向应转向上方，这样便于对准和安装方便。吊起螺旋桨使其顺利套入艉轴锥体上。

(4)旋上艉轴螺母，应注意艉轴螺母的旋向，螺母的螺旋方向与螺旋桨正常的转向是相反的，如右旋螺旋桨，则用的是左旋螺纹的螺母。

(5)旋上螺母后，即可拆除起吊钢索及其他工夹具。用枕木垫住螺旋桨的桨叶，使螺旋桨不能转动并防止碰坏，然后用专用扳手将螺母敲紧。直至达到分厂刮配时所作的记号位置。

(6)在螺旋桨上钻孔和攻丝，安装艉轴螺母的止动块并安装防止螺母松动的装置。

(7)安装艉轴尾端的整流帽，小型船舶的艉轴螺母及整流帽是一体的，可涂满黄油后安装。大中型船舶艉轴螺母安装后，整流帽罩在艉轴尾端和螺母外面，与螺旋桨连接安装好以后一般充满石蜡。将加热融化的石蜡灌入整流帽之中，以防海水进入。

(8)最后用快干水泥将螺母或整流帽的凹处填平封好，螺旋桨的安装工作结束。

二、液压螺母安装法

液压螺母安装螺旋桨如图3-24所示。此种方法从千斤顶安装螺旋桨发展而来，即将液压千斤顶直接设计在艉轴螺母内，其压力最高可达40MPa以上。操作时，可先将螺母用专用扳手上紧，然后压油进入螺母内腔凹槽与加压环之间，产生高压以后便使加压环对螺旋桨产生一个轴向推力（对艉轴却是拉力），使螺旋桨与艉轴能紧密配合。将螺旋桨压到预定位置后，即

可卸去油压，再用专用扳手（或用锤敲打）将液压螺母旋紧即可，并装上止动片。用液压螺母拆卸螺旋桨时，须液压螺母反方向安装，并接上油管向螺母内腔压油。在压板、螺栓等工具的配合下，即可拉出螺旋桨，如图 3-25 所示。

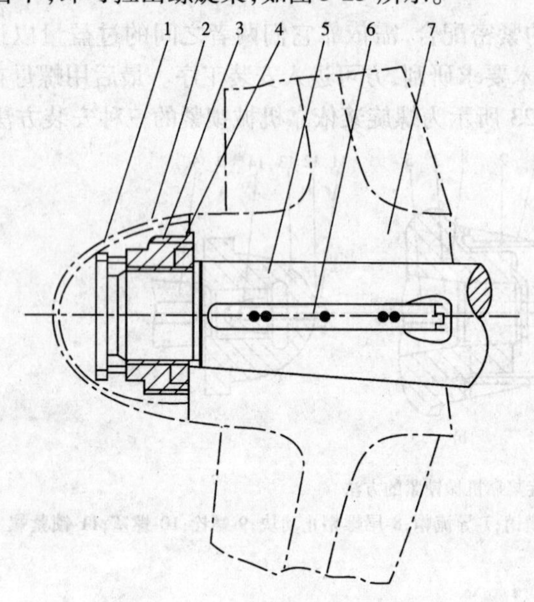

图 3-24 用液压螺母安装螺旋桨

1-压板；2-整流帽；3-液压螺母；4-加压环；5-艉轴；6-平键；7-螺旋桨

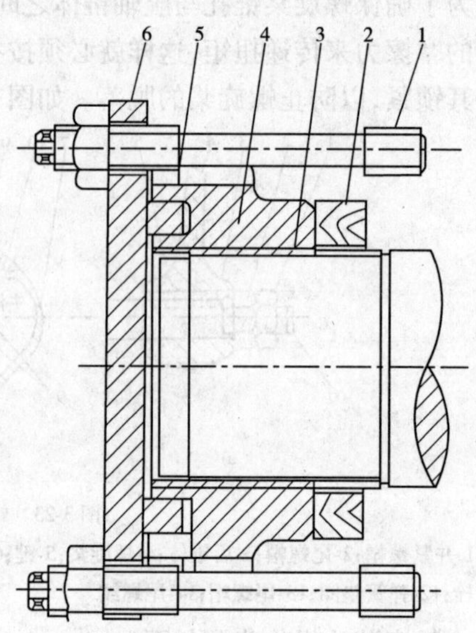

图 3-25 用液压螺母拆卸螺旋桨

1-旋入螺旋桨的螺柱；2-木垫；3-艉轴；4-液压螺母；5-压力环；6-压板

三、油压套合法

油压套合法采用油压将螺旋桨安装在艉轴锥体上的一种安装和拆卸方法。因其具有耗费人力少，操作时间短，配合的牢固性比较好等优点，现代大型船舶的螺旋桨安装被广泛采用。油压套合方法安装、拆卸原理如图 3-26 和图 3-27 所示。

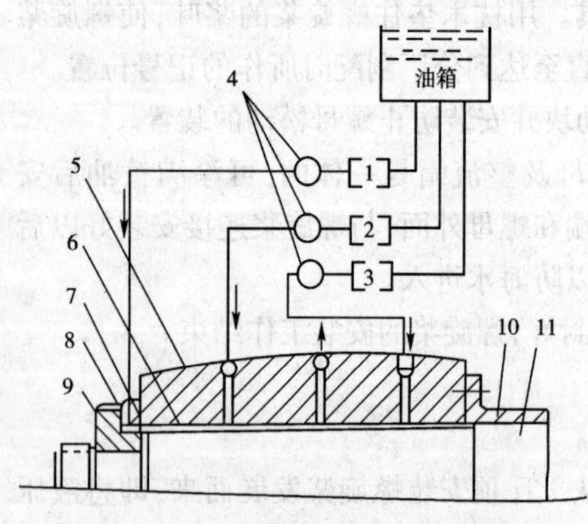

图 3-26 油压装卸螺旋桨原理图

1、2、3-油泵；4-油压表；5-桨毂；6-通油间隙；7-油压法兰；8-环状活塞；9-特殊螺母；10-保护套；11-艉轴

1. 螺旋桨的安装过程（图 3-26）

（1）首先在清理干净的艉轴锥体上及桨的锥孔内表面涂上一层润滑油，并将螺旋桨自由地套在艉轴上。

（2）套上一个垫圈及施压油缸。施压油缸是一只薄形环状油缸，缸内配有一环形活塞，再旋上特殊的艉轴螺母并旋紧。垫圈根据大小不同螺旋桨而专门配制，垫圈外圆与施压油缸相同以弥补螺母外圆的不足，垫圈厚度需保证螺旋桨每次要安装到艉轴锥体上升时，达到同样的推移距离。

（3）用油泵 1 将油压入施压油缸，这时缸内的环状活塞顶出，即压力油将施压油缸向前推压作用到螺旋桨桨毂上，致使螺旋桨紧压在艉轴锥体上。

同时用油泵2和油泵3泵油，将压力油泵入桨毂孔和艉轴锥体配合的接合面中，因螺旋桨锥孔表面车削有螺旋形油槽，此油槽无出口。由此产生的内压力将螺旋桨桨毂体胀开，这样，施压油缸被压力油推压向前，逐渐将螺旋桨推向锥体大端。若环形活塞行程已尽（因薄形油缸，一般仅20mm左右行程），可通过调整特殊螺母9的位置，并重复以上工作，可使螺旋桨一段一段地推向大端，一直推到所计算的终点位置为止。

（4）卸掉油泵2、3的油压，压力油从桨毂上的排气孔及两个油泵上的排气孔流出。在卸压过程中，施压油缸中的油压还须保持一段时间（15min左右），待螺旋桨与轴之间的油膜完全消失而两者抱紧后再卸掉施压油缸中的油压。

采用这种油压法套合的螺旋桨孔锥度一般为1/10～1/30。

2. 螺旋桨拆卸的过程（图3-27）

（1）先将螺旋桨螺母松开，松开距离为原来安装时分段推移距离，再加上10～20mm，并在中间填妥木块或橡皮，防止螺旋桨松脱时，与螺母撞击受损。

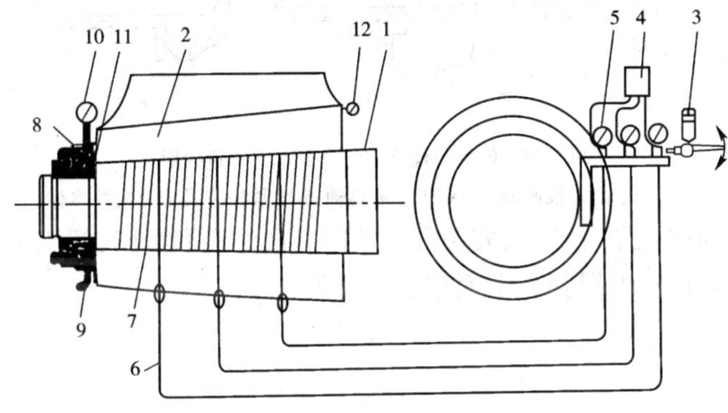

图3-27　液压连接

1-艉轴；2-桨毂；3-手动往复泵；4-油箱；5-压力表；6-至桨毂高压油管；7-螺旋布油槽；8-压力油缸；9-至油泵高压油管；10-压力油缸的压力表；11-调节阀；12-测量桨毂移动量的千分表

（2）用油管连通油泵2、3与桨毂。

（3）泵油将压力油压入锥孔接合处，此时，螺旋桨毂孔即被胀大，油就均匀分布到孔与轴之间接触面的油槽内，这时因锥度使油压力产生轴向分力，推动螺旋桨向小端移动。如一次尚未达到完全脱开，则需再次将螺母松开，重复上述工作，直至完全脱开为止。

四、环氧树脂胶合法

环氧树脂胶合法采用环氧树脂等配方作为粘合剂，把螺旋桨和艉轴紧紧粘合成一体的装配方法。这种方法对配合表面加工精度要求不高，可省去钳工大量的研制工作。由于方法简单，使用可靠，所以目前在中小船舶中得到应用。但螺旋桨拆卸较困难，需将环氧脂层加热直至炭化。

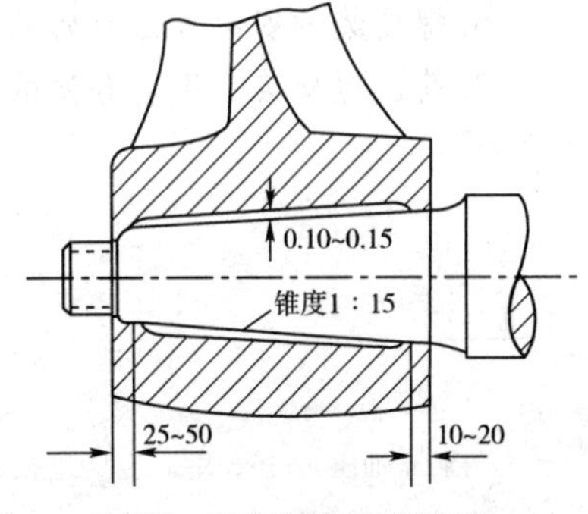

图3-28　轴孔无键胶接示意图

无键环氧树脂胶合安装螺旋桨如图3-28所示。螺旋桨锥孔两端各有一段（10～50mm）的轮毂与艉轴体紧密配合，须钳工刮拂配为0.05mm塞尺塞不进。其中间大部分留有

空隙，一般为0.10~0.15mm，作为容纳环氧粘结剂涂层的空隙。胶结时其表面进行严格的去锈、去油、去水处理后，将配好的环氧树脂粘剂均匀地涂在艉轴和螺旋桨的配合表面上，然后将螺旋桨套进艉轴，并旋紧艉轴螺母，使螺旋桨达到预定位置。清除残存在外的粘合剂，安装基本结束。由于粘结剂在常温下需24h才能完全固化，如欲缩短固化周期，一般可用氧—乙炔火焰或喷灯对其间接缓和地加热，4h左右即可固化。必须在粘结剂固化后，船舶才可下水。

为了防止海水渗入艉轴锥体与螺旋桨锥孔的接合面，在安装螺旋桨时，必须在螺旋桨毂接受端面与防蚀套筒后端法兰面之间装上密封件(图3-29)。一般采用橡胶圈或纸柏垫片。要求橡胶圈、纸柏垫片(石棉橡胶板料)能耐酸、耐油和耐海水腐蚀。

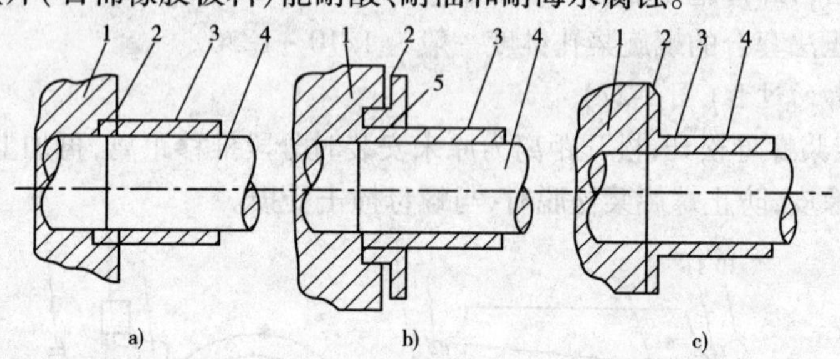

图3-29 艉轴与螺旋桨配合面水密装置的形式

1-螺旋桨;2-橡胶圈;3-保护套;4-艉轴;5-压紧法兰式防油套筒本体

螺旋桨螺母外面往往罩导流罩，安装导流罩时其内注满润滑脂，螺旋桨螺母和导流罩都有止动螺钉防松，安装好止动螺钉后，上面用水泥封盖。

思考与练习 SIKAO YU LIANXI

1. 螺旋桨锥孔与艉轴椎体的刮配有哪些方法?
2. 简述螺旋桨压力面与吸力面的加工方法。
3. 螺旋桨立式预装工艺步骤有哪些?
4. 如何消除叶片重量不平衡?
5. 简述螺旋桨静平衡试验方法。
6. 螺旋桨的安装方法有哪些?
7. 简述螺旋桨液压套合法的安装工艺。

第四章　船舶辅机和锅炉的安装

● **学习目标**

知识目标

1. 了解辅机、锅炉及甲板机械的用途与种类；
2. 叙述船舶辅机和锅炉在船上的安装工艺及注意事项；
3. 了解船用粘结剂性能与应用。

能力目标

1. 会一般辅机、甲板机械和锅炉在船上的安装；
2. 会对常用粘结剂进行调和及使用。

第一节　船舶辅机安装工艺概述

一、船舶辅机分类

第一类辅机，动力传动中原动机和从动机的对中及安装以及大型设备的解体安装等均属此类。其中常见的有柴油机和发电机之间的对中和安装；大型锚机以船体上基座为基础，把各类部件运到船上后装配成整体的安装；还有受到甲板上布置的限制而布置在上、下两层甲板上的绞缆机等的部件组装。

这类辅机的用途有动力和运动传递之分，设备或部件间要求相对位置准确，并且在工作中要保持相对的位置关系，因此在安装时要求严格对中，对中后机座下面要研配垫片，机座的紧固螺栓中设有紧配铰制孔可用螺栓或定位销定位。

第二类辅机，这类辅机的原动机和拖带的设备已安装在公共底座上，或者是具有较强底座的设备。属于此类的辅机有柴油发电机组、中小型的锚机、起艇机、直联泵、风机等。

这类辅机的安装是将设备通过机座与船上机座的连接固定下来，以便能正常工作。因为无机械或部件间相对位置的找正和固定工作，因此安装要求较低，如果公共底座或机座强度足够，则公共底座或机座与基座间可采用钢质单配垫片、减振器等进行安装。

第三类辅机，属于这类的是无动力的设备、箱柜、容器、滤器、热交换器等。这类设备要求安装牢固可靠、基座平面平整即可，垫片可以采用厚薄不等的金属板凑成，不需要研磨刮削。对于有热胀伸长的热交换器，底脚结构上应有不限制热胀的措施。

二、船舶辅机安装前的准备工作

（1）各类机电设备在上船安装前均需按规定验收、检查其附件的完整性，设备完好无损。并应具有产品合格证书，相应的船检证书，重要设备还应具有出厂试验合格报告等文件资料。验收阶段可在设备进厂后、上船安装前。

(2)机电设备在吊装前(检验后)应对设备上通孔、敞口预先封闭保养,易损件应预拆下妥善保存。在试车试验前再行装配,也可采取其他免损措施加以保护,确保机组的完整性。

(3)设备安装前,基座应加工完毕并交验合格,安装设备时应检查其涂层完好性。

(4)准备安装图、布置图、安装工艺等技术文件,重要设备还须准备好设备相关资料。

(5)在吊运过程中,若机组或设备不可能在24小时到达安装地或安装完毕,则其机座或支撑的安装支撑面都应做好防锈准备措施。

第二节　一般辅机在船上的安装

一般辅机在船上的种类很多,常见的有船用泵(如离心泵、螺杆泵、喷射泵等)、船用空压机、通风机、船舶制冷装置、船舶空气调节装置、油分离机、船舶防污装置、海水淡化装置等。这些辅机在船上安装质量的好坏,直接影响着船舶的正常运行。

一、船舶辅机船上安装的形式

现代船舶辅机主要有两种形式运到船上安装。

1. 将辅机组合安装成机组

把原动机和从动机械组装成一体(装在同一机壳或共有机座上)的机组在船舶上安装。这种安装方式广泛适用于机舱室空间宽敞,吊运无阻;或因机械设备供应期较迟,不能在船体分段内安装的情况。将动力部分与工作部分安装在一公共底座上,如3S100D型螺杆泵(图4-1),或在一机壳上装有动力部分,如3LU45型螺杆泵(图4-2)等。

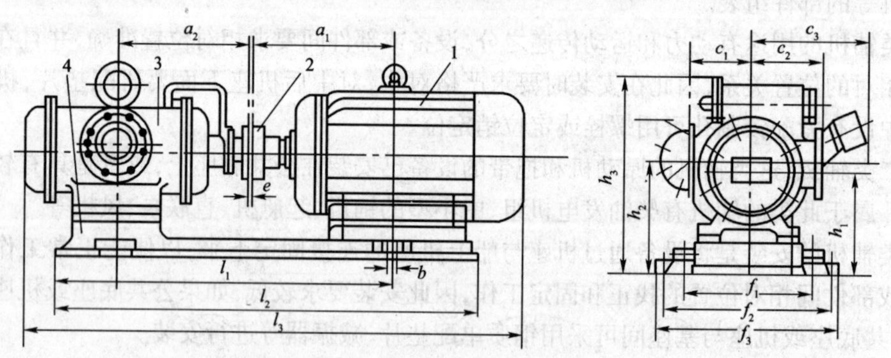

图4-1　3S100D型螺杆泵简图

1-电动机;2-联轴器;3-螺杆泵;4-公共底座

2. 将辅机组合安装成功能性单元

把辅机机组与功能性附属设备及管路在分厂组装成一体的功能性单元,因其体积比较大,刚性比较低,常加装临时支撑或支架;如分油机功能单元,淡水制造单元等。例如DRY-5型油分离机(图4-3)。在船上安装时,只需将其定位紧固后,将管路、电源接通即可使用,操作方便,这种安装形式较前者更为先进,已经得到广泛应用。

以上所述两种形式较之单个机械上船安装具有如下特点：

(1)将大部分钳工装配工作从船上移到分厂进行，这样可以充分利用分厂的设备和有利空间条件，以提高安装质量和劳动生产率。

(2)由于有定型的产品供应或事先装配，造船时只需要整台吊装即可，这样可大大缩短造船周期。

(3)由于辅机本身有公共底座或有一个机壳，这样可使与之相结合的船体基座上平面加工要求降低，垫片甚至可以不刮磨，大量减少了繁重的钳工劳动，而且便于安装减振器(这对军用产品尤为重要，因为舰艇上的辅机很多都是安装在减振器上的)。

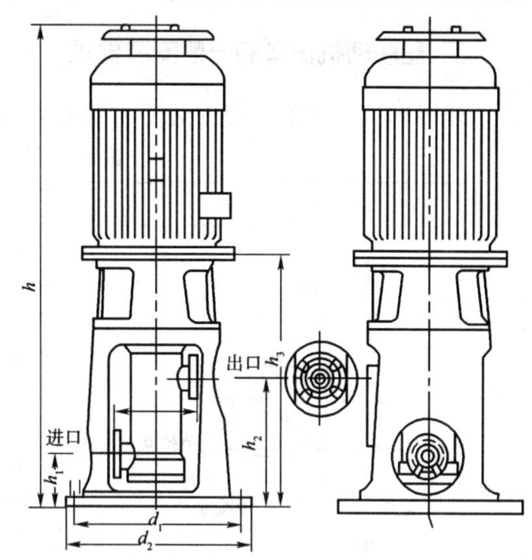

图 4-2　3LU45 型螺杆泵外形简图

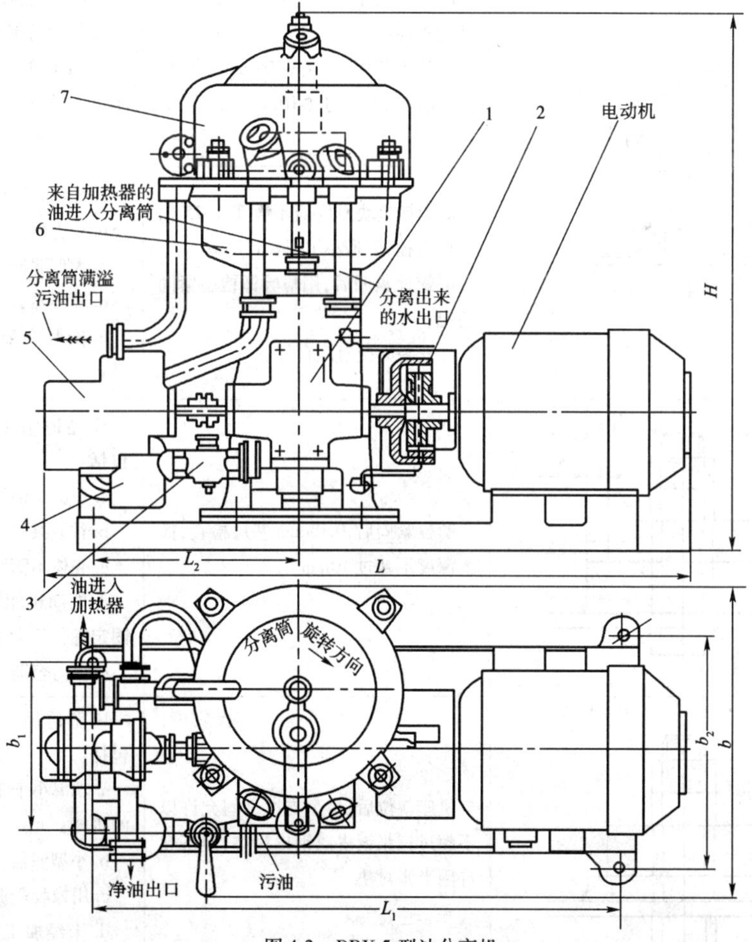

图 4-3　DRY-5 型油分离机

1-传动机构；2-摩擦联轴节；3-旋塞；4-过滤器；5-油泵；6-分离筒；7 集油器

二、船舶辅机设备的一般安装要求

船舶辅机设备的一般安装要求如表 4-1 所示。

船舶辅机设备的一般安装要求 表 4-1

分类	示 意 图	安 装 要 求	推荐适用范围和说明
A	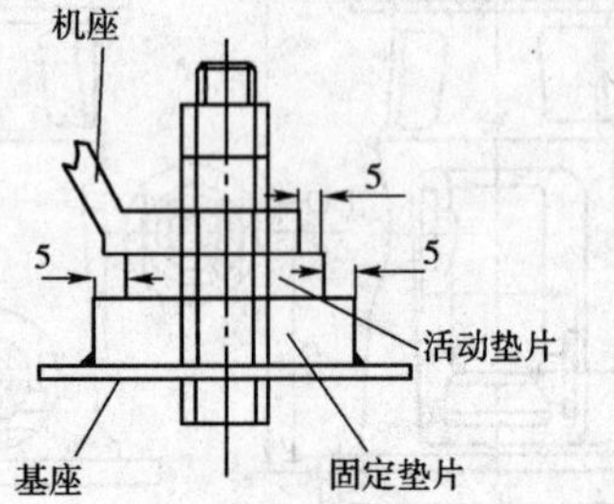 机座 5 5 5 活动垫片 基座 固定垫片	a. 底脚螺栓用双螺母； b. 焊接垫片的斜度约为 1∶100；允许 1∶50； c. 机座与基座用螺栓紧固前，活垫片与基座面用 0.05mm 塞尺检查，插入深度不超过 10mm； d. 也可采用取得船检部门同意的环氧类灌注垫片。并按制造厂家技术条件施工	A 型适用于Ⅰ级辅机以及： a. 两缸及两缸以上往复驱动的机械； b. 锚机、舵机、起货机、绞缆机、拖缆机； c. 应急发电机； d. 中间轴承
B	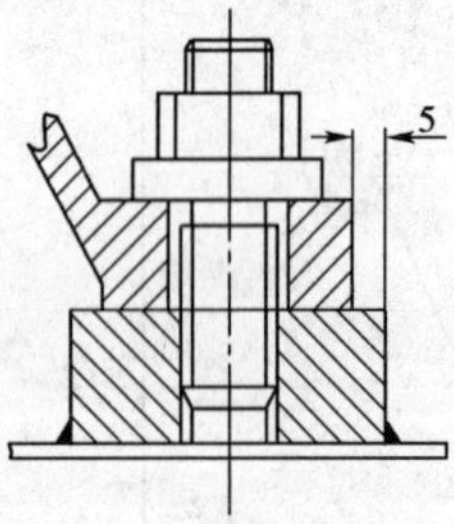 5	a. 焊接垫片的厚度应大于 1.25 倍螺栓直径； b. 螺栓紧固后，用 0.05mm 塞尺检查，插入深度不超过 10mm	B 型适用于Ⅱ级辅机，包括： a. 电动机驱动的机械； b. 带共同底座的泵类； 注：a、b 两项一般指电动机功率不大于 10kW，基座固定螺栓不大于 M27 的机械
		a. 焊接垫块厚度应不大于 1.25 倍螺栓直径，但最小不得≤12mm； b. 螺栓紧固后，用检验锤检验紧固情况； c. 安装面接触应良好。	a. 壳体有膨胀的热交换器； b. 压力容器（高度不大于 1m）； c. 大型滤器； d. 蒸发器； e. 安装在舱壁上的机械和设备
C	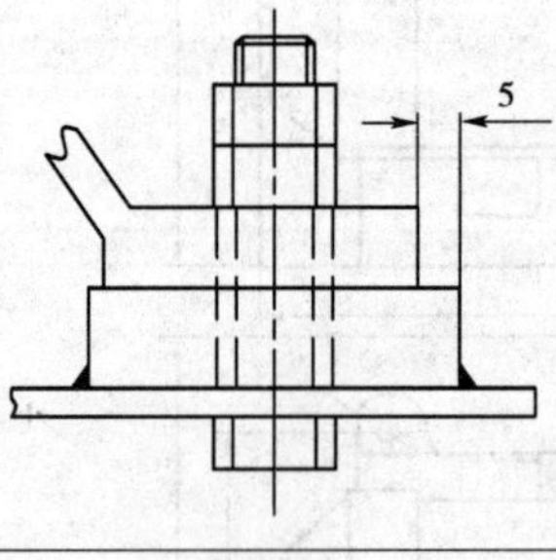 5	螺栓紧固后，0.05mm 塞尺检查，插入深度不超过 10mm	C 型适用于Ⅱ、Ⅲ级辅机，包括： a. 单缸柴油机； b. 往复泵； c. 壳体不膨胀的热交换器； d. 电动机驱动的机械（基座固定螺栓不大于 M27）； e. 压力容器（高度大于 1m）
D	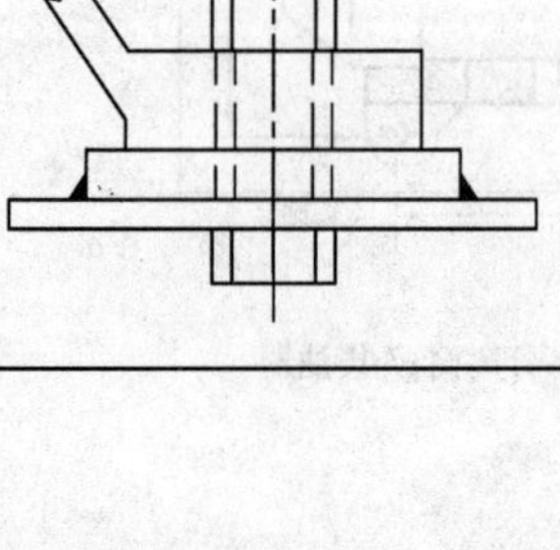	机座就位后，每个支撑之间允许以不超过三张铜皮或钢皮衬垫，但不允许用半张衬垫	D 型适用于Ⅱ、Ⅲ级辅机，包括： a. 功率小于 2.2kW 电机驱动的机械； b. 小型滤器； c. 用橡胶避振器的机械； d. 未经加工的基座、机座以及箱柜底脚

续上表

分类	示意图	安装要求	推荐适用范围和说明
其他	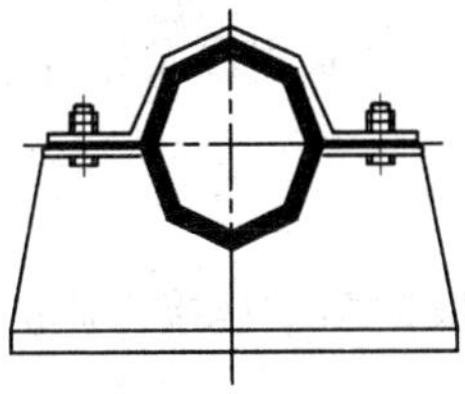	夹箍内加铝皮设备不得松动	无机脚座的 CO_2、1211 等气瓶
	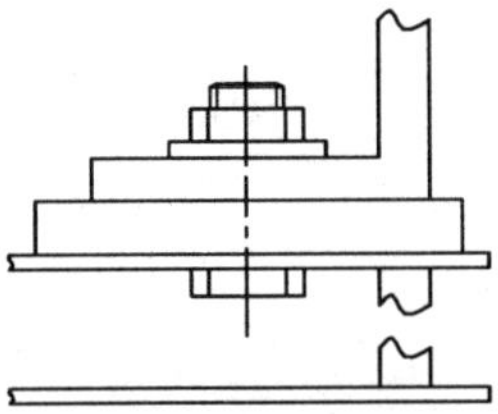	木垫片测厚安装	车床、铣床、刨床、立式钻床等。也可用于潮湿舱室的空调机组，立柜式空调器

三、船舶辅机安装有关工艺项目

1. 基座的准备

辅机一般是通过垫片或减振器安装在甲板或船体的基座上。对甲板支承部分不要求加工，而对基座的支承表面的加工要求也不高，一般说来，舰艇比民用船舶上的要求稍高一些。

对基座面板的要求如下：

(1)基座面板的不平度，1m 长度内不得大于 3mm，但全长或全宽中均不得超过 6mm。

(2)基座面板的长度及宽度公差为 +10 ~ -5mm。

(3)在基座面板上作对角线检查时，两对角线应相交，其不相交度应符合下列规定：长度或宽度等于或小于 2m 时，不得超过 4mm；大于 2m 时，不得超过 6mm。

对于焊接在(船体)基座面板上的固定垫片，其支承表面的技术要求如下：

(1)支承面相对于基线的平行度或垂直度在 1000mm 上不超过 4mm。

(2)支承面表面粗糙度不得高于 12.5 ~6.3μm。

(3)支承面的平面度用平板涂色油进行检查时，在 25mm ×25mm 的面积上不得少于 1 个色点，而且在整个支承面上的色点应均匀分布。

2. 辅机的定位

1)辅机定位的技术要求

辅机定位的技术要求比较低，也比较简单，任何一部辅机放在基座上之后，都应调整它们的位置，使其符合图纸的要求。机舱中辅机按机舱布置图的要求，首先将机器在基座上放平，然后根据基座面板纵横向中线对中，使其轴心线的左右、前后、高低位置符合图纸要求；或者按与基面、中线面、舱壁或肋骨之间的距离来使辅机定位。如施工图上没有特殊要求时其公差通常为 ±10mm，舰艇上的为 ±5mm。

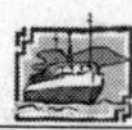

甲板辅机根据与之相关联的构件位置定位，或者与机舱辅机一样，根据基座的纵横中线定位。

2）定位方法

由于辅机的定位要求不高，故定位时一般采用钢卷尺、直尺、厚薄规以及千斤顶和侧推螺钉等简单工具和量具来确定其在基座上的位置。

3. 原动机与辅机从动部分的校中要求

原动机与从动部分两轴中心线对中的允许偏移和曲折值，根据两轴连接性质的不同而异，在没有具体规定要求的情况下，可按下列范围考虑：

1）采用刚性连接时（法兰或刚性联轴节）

偏移值 δ　　0.05mm

曲折值 ϕ　　0.05mm/m

2）采用活动联轴节连接时（爪式或齿式联轴节）

偏移值 δ　　0.10mm

曲折值 ϕ　　0.10mm/m

3）采用弹性离合器连接时（液力式、摩擦式、电磁式）

偏移值 δ　　0.10mm

曲折值 ϕ　　0.15mm/m

4）套筒销子连接（具有橡皮栓、橡皮块或橡皮盘等）

偏移值 δ　　0.15mm

曲折值 ϕ　　0.75mm/m

4. 固定方法的选择

根据辅机的结构和工作特征，可采用各种形式的垫片将已经定位的辅机位置进行固定。

（1）对一些由独立的部件在船上装配成一个整体的辅机，如操舵装置等，用直尺、厚薄规等工具按各部分的连接要求进行测量定位，一般用钢质矩形垫片予以固定。

（2）对动力部分和工作部分安装在公共底座上或同一机壳上的机械，如发电机、空气压缩机、循环水泵、凝水泵、滑油输送泵等；对于有运动部件的机舱辅机，就舰艇而言，一般都是安装在减振器上，而民用船舶上则安装在钢质垫片、木质垫片或塑料垫片上。但这类辅机中振动大的，如柴油发电机，也应安装在减振器上。

（3）对于没有运动部件的机舱辅机或有运动部件的甲板辅机，如热交换器、过滤器、起货机、起锚机可用木垫片、可调整垫片（0.5～2.0mm）或直接固定在基座上。

5. 各种垫片的配置

1）辅机在钢质矩形垫片上固定

垫片的配制方法与主机的有关部分相同，但要求低一些，垫片与基座支承面和底座下平面接触点要求均匀分布。对于有轴线对中要求的单个辅机安装时，在垫片长度 30mm 内的接触面之间应插不进 0.1mm 的厚薄规。

为免去垫片的刮磨工作，可在其上涂以环氧树脂胶粘剂，以达到安装要求。

2）辅机在木质垫片上固定

木质垫片应采用硬质木料，如榉木、榆木或水曲柳等，这种木料组织致密、坚固而富有弹

性,韧性强,能耐水浸泡,其物理机械性能都较好。这种固定方法属于半弹性连接。

上述木垫片不得有长裂纹、分层等缺陷,湿度不得超过12%～15%,对于受力大或处在潮湿环境下的木质垫片,为增加其强度,防止变形和提高耐蚀性,应予以浸油处理,其工艺过程如下:将留有一定刮配余量的木垫片,放在盛油(一般为桐油)的盘子内(油需将木垫片浸没),然后一起放入电烘箱,使油温逐步上升至70℃左右,保温3～4h,再自然冷却取出即成。木质垫片可做成与底座支承相同的形状,也可做成木枕的形式。在某些情况下,它可以由几块拼成,在高度上面有一定的余量,机械在木垫上的固定如图4-4所示。

木质垫片的安装工艺如下:

(1)首先用直尺和厚薄规检查基座支承表面,不允许有超过0.5mm的不平度,放置木垫片的地方涂红丹白漆。

(2)用刨刀加工木垫片下平面,要求木垫片放在基座支承面上不翘动,而且接触面间插不进0.5mm的厚薄规。

(3)再刨垫片上平面,一般要求上平面与水线面平行,可用水平尺来检验。当基座长度小于2m,平行度应小于4mm;当基座长度大于2m,平行度应小于6mm。刮配后的木垫片最小厚度不得小于25mm。

(4)将机械设备吊放在木垫片上,检查机座下平面与垫片的贴合情况,要求插不进0.5mm的厚薄规。

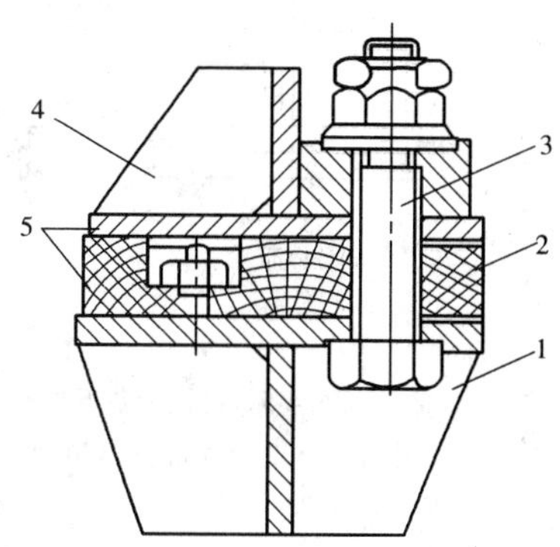

图4-4　机械在木垫上的固定

1-基座;2-木垫;3-底角螺栓;4-机械底座;5-帆布衬垫

(5)按机械设备上固定螺栓孔在木垫片和基座上钻孔。

(6)吊起机械设备,在垫片上平面涂红丹白漆,并放一层浸涂红丹白漆的帆布垫,再将机械设备落位,用紧固螺栓紧固。安装甲板机械时,在紧固螺栓上绕以涂有红丹白漆的麻丝,以防止水的锈蚀。

用木质垫片安装辅机的主要优点是基座支承面不需要加工,垫片刮配方便;木垫片还能起到隔音和消振的作用。木质垫片只能用于对同轴性要求不高和有公共底座或有足够刚性的同一机壳的辅机上。

3)辅机在减振器上固定

这种固定方式属于弹性连接,在舰艇上常用,它的作用和工艺过程如下:

(1)减振器的作用:

①防止船体受机械工作时的周期性振动;

②可靠地使机械避免船体因外力引起振动的影响;

③隔绝机械的噪声。

根据减振器的构成,它可以是整体布置,此时动力部分、工作部分是装在一公共底座上的,在底座下安放减振器;也可以是局部布置的,即只放于动力部分或工作部分的机械之下(图4-5)。

现在辅机安装中用得较多的是E、EA型橡胶板式减振器,因为它不仅能吸收振动,而且还能消除机械工作时所产生的噪声。辅机在E型无阻板减振器上的安装如图4-6所示。

(2)减振器的安装工艺过程:

①对减振器进行外观检查,橡皮不得有裂口、橡皮与金属不能剥离等,并按减振器供应技

术标准检查其有效期。

②将减振器按辅机减振器安装图放在机座上，检查减振器与基座支承面的贴合情况，要求插不进0.1 mm的厚薄规，个别地方允许插入0.1～0.2mm的厚薄规，但插入范围不得超过减振器底面周长的35%，其深度不得超过20mm。

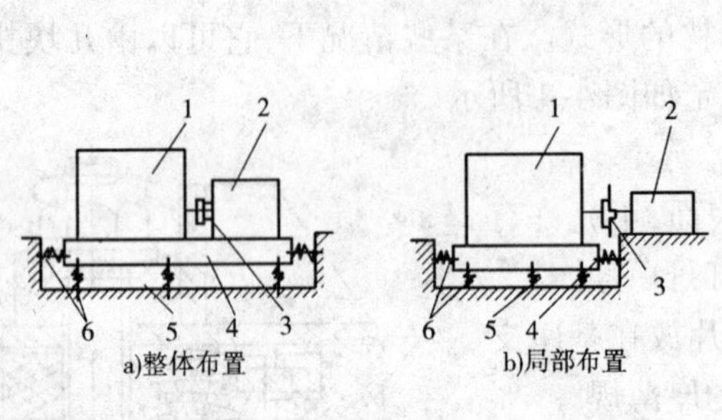

图4-5　机械设备下减振器布置简图

1-动力部分；2-工作部分；3-联轴节；4-公共底座；5-机座；6-减振器

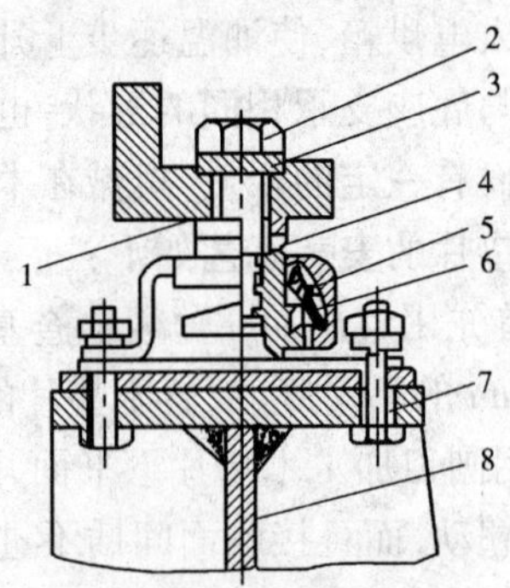

图4-6　辅机在E型无阻板减振器上的安装图

1-调整垫圈；2-螺栓；3-弹簧垫圈；4-支承套筒；5-橡皮块；6-本体；7-基座螺栓；8-基座

③在基座支承面上划紧固减振器的螺栓孔线并钻孔。在批量较大的情况下，可先按欲安装的机械底座做一样板（其上有按底座螺栓孔的位置与大小钻出的螺栓孔），对于小型机械批量不大，也可按上述办法先做一纸样板，将此样板放在基座支承面的规定位置上，划出螺栓孔线并钻孔。如果是单件或批量不大，这时可先将各个减振器临时固定在辅机的底座上，然后将辅机连同减振器一起吊到基座上，将减振器位置按图纸要求放正后，依减振器上紧固螺栓孔在基座上划线，再将辅机连同减振器吊开，在基座上划线钻孔。

④用紧固螺栓将减振器固定在基座上。

⑤吊起辅机并用千斤顶或顶压螺栓将其升至规定的高度位置，测量减振器套筒上平面与底座之间的距离，如图4-7所示，此距离尺寸为所需配制的“调整垫圈”的厚度H（$2mm \leqslant H \leqslant 15mm$，其直径应不小于紧固螺栓直径的2倍）。

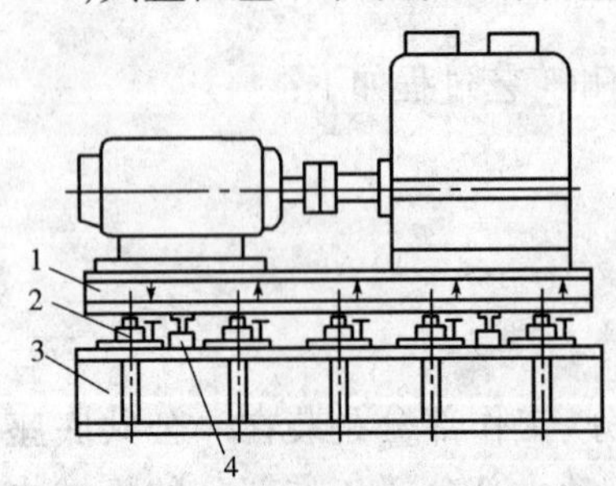

图4-7　安装时测量“调整垫圈”示意图

1-公共底座；2-E型减振器；3-基座；4-千斤顶

各调整垫圈制作好了以后，应打上一定的记号，将配制的调整垫圈插入，并拧紧底座与减振器的紧固螺栓。在螺栓紧固以前，减振器支承套筒上平面和调整垫圈之间，要求用0.1mm厚薄规插入的范围不得超过调整垫圈周长的2/3。当螺栓紧固以后，尚需检查减振器底板支承面与基座支承面，调整垫圈上下平面与底座下平面及减振器支承套筒上平面之间的接触情况，要求插不进0.05mm的厚薄规，局部地方允许插入0.05mm，但插入的范围总和不得超过其接触面周长的2/3。

（3）辅机在减振器上安装的注意事项：

①基座上各支承面并不要求修整到同一水平面上，各减振器的高度也不要求选得一样，其差值可由“调整垫圈”调整。

②安装时,减振器的橡皮不得与汽油、柴油接触,擦拭减振器橡皮时应用酒精。

③用于减振器的全部紧固螺栓都应装弹簧垫圈防松。

④减振器不管用哪种布置方式,都必须遵循使减振器的受力和变形均匀的原则,并使相邻及相对的减振器变形值尽量接近。

⑤被减振的机械安装到基座上时,应保证减振器与被减振机械的间距不小于 8 ~ 10mm(图 4-8)。

被减振机械的壳体或框架与周围固定物体之间的间距 δ,高度在 100mm 以内,应大于 10mm;高度在 100 ~ 300mm 以内,应大于 15mm;超过 300mm 时,应大于 30mm(图 4-9)。

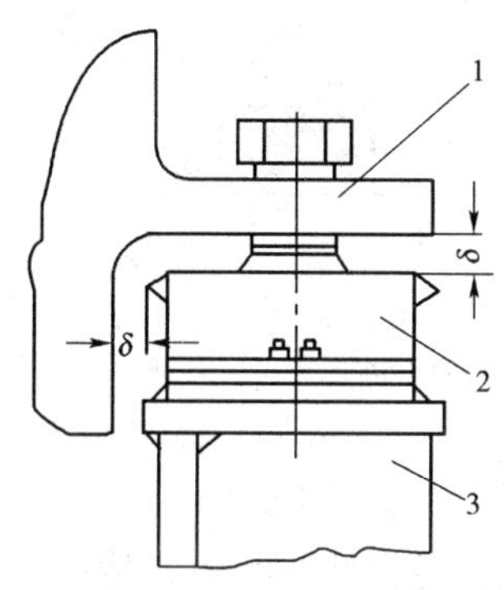

图 4-8 减振器与被减振机械的间隙 δ

1-被减振机械;2-减振器;3-基座

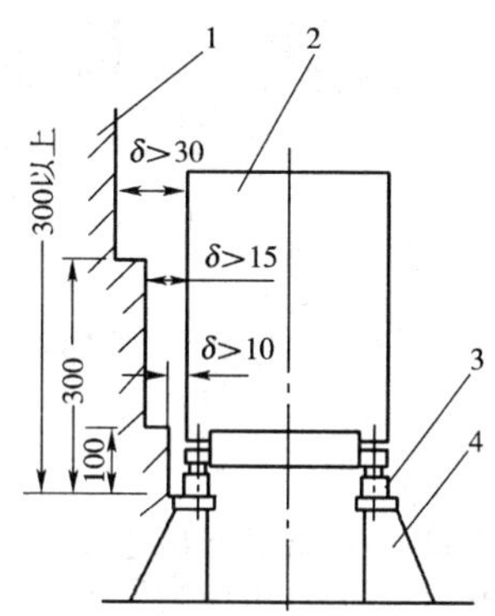

图 4-9 被减振机械周围固定物体的间隙 δ

1-固定物体;2-机械;3-减振器;4-基座

并排但分开减振的两个机械或仪器的间距 δ 如图 4-10 所示。

⑥当辅机安装在几个平面的减振器上时,应首先安装承受主要负荷的支承减振器,然后再安装止推减振器。

⑦与被减振机械设备相连接的管路与电缆必须采用挠性连接,并且要在机械安装到减振器上以后才进行这种连接。

4)机械设备在调整垫片上固定

这种固定方法属于刚性连接。它用厚薄不同的铁板或薄铁皮来调整机械设备的高低,满足其高度要求。采用这种垫片的优点是基座支承面可以很粗糙,不需要加工。利用一组调整垫片达到高度要求后,即可钻螺栓孔并用螺栓紧固,故较为简便;缺点是它不适用于要保持坐标位置及同轴性要求高的机械设备(若不是以机组形式安装的形式),一般用于安装次要的设备,如交换器、过滤器等。

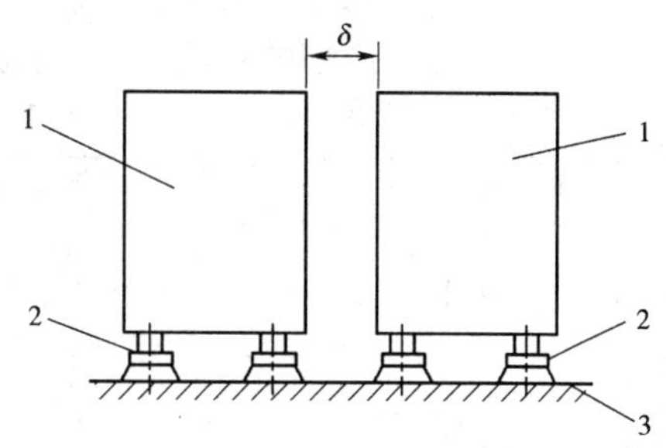

图 4-10 并排机械安装间距 δ

1-机械;2-减振器;3-基座

注:对仪器 $\delta \geq 30$mm;对机械 $\delta \geq 60$mm

5)机械设备直接在基座上固定(即不加垫片)

基座表面必须进行加工,要求加工的表面平面度不得大于 0.3mm,用平板色油检查时,油点应均匀分布,在 100mm × 100mm 面积内油点应不少于 8 个。机械安装后,底座与基座支承面之间应插不进 0.3mm 的厚薄规。

6)机械设备在塑料垫片上的固定

这种固定方式亦属于弹性连接,如图 4-11 所示。这种连接对减轻辅机噪声有较好的效果。它是在底座与船体基座间放入一层由加发泡剂的聚合材料组成的泡沫塑料,以防止噪声传至船体,其安装工艺简述如下:

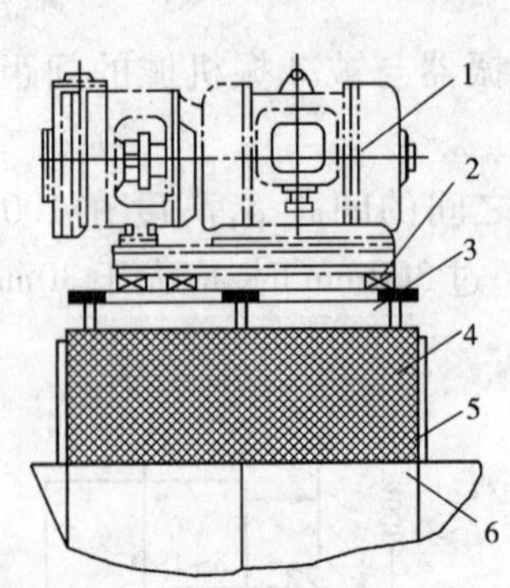

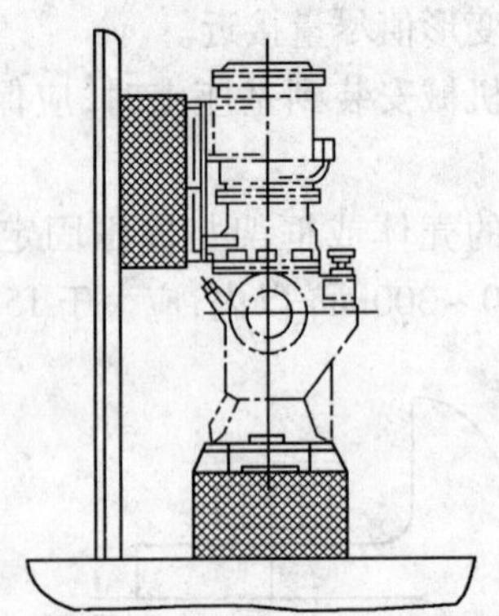

图 4-11 机械设备在塑料垫片上固定

1-机械;2-减振器;3-隔板;4-塑料;5-挡板;6-船体

(1)用 15% 的盐酸溶液清洗隔板的上下表面和船体基础部分安装机械的区域,然后去油污;

(2)将隔板放在所确定的位置上,同时在它和船体之间放置临时木制挡板;

(3)在其空间填满泡沫塑料(25s 之内将塑料各成分混合好并灌入),然后固化 24h;

(4)将机械紧固在隔板的上表面(通常是直接紧固在其上表面,也可加橡皮减振器)。这种泡沫塑料在金属隔板的上表面通常具有足够的强度,而泡沫塑料又大大改善了隔音效果,它比只装橡皮减振器效果要好,已应用于成批生产的船舶上。

6. 辅机的紧固

固定螺栓通常一部分采用与孔相配有间隙的标准螺栓,另一部分采用与孔铰配的紧配螺栓。紧配螺栓安装时要复杂一些,它的螺栓孔应当在机械安装后,将辅机底座脚垫片和基座孔一起铰出。紧配螺栓可用 4kg 的铁锤锤入,但最好是将螺栓用液氮或干冰冷却后,使其自由地装入孔中。螺栓冷却的程度,通常可按冷却时间或液氮消耗量来决定,如表 4-2 所示。

紧配螺栓安装在船上之前的冷却时间　　表 4-2

冷却介质	螺栓温度(K)	每毫米螺栓直径所需的冷却时间(min)
干冰	223	0.5~0.6
	203	1.0~1.2
液氮	173	0.08
	83	0.2

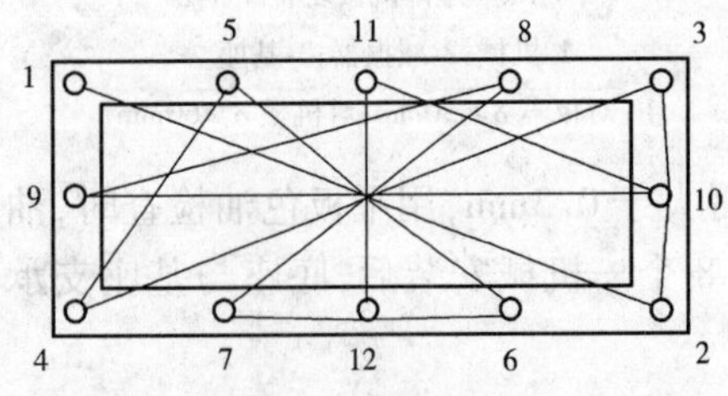

图 4-12 固定螺栓拧紧的顺序

在将螺栓放入冷却箱以前,应将其配合部分仔细清洗,螺栓孔也应清洗,并用黄油润滑。将螺栓从冷却箱中取出后,应立即(1.5min 之内)放入螺栓孔中。在拧紧螺栓时应注意拧紧顺序。为防止变形,应依对角线按一定顺序分批拧紧(图 4-12),其螺母应很好地和基座、底座的平面贴紧,沉割的鱼眼坑应和轴心线保持垂直。

第三节 甲板机械在船上的安装

按照船舶设备用途的不同,甲板机械可分为操舵机械、起锚机械、绞缆机械、起货机械、救生艇起落机械和拖船机械等。本节仅介绍几种常见的甲板机械的安装工艺。

一、操舵装置在船上的安装

现在的船舶操舵装置由下列几个主要部分组成:

(1)远距离操纵机构(包括驾驶室内的发送装置和舵机舱内的接受装置):指操舵装置的电气指令控制系统。

(2)舵机及转舵机构(包括不同形式的动力机械):包括电动舵机和电动液压舵机,以及将动力转矩传递给舵柱的转舵机构。

(3)舵系用来承受水动力作用,以产生回转力矩的设备,包括舵叶、舵柱和支承轴承等。操舵装置的工作质量直接影响船舶的航行性能,因此操舵装置必须满足工作可靠、寿命长、操作灵活的性能要求。

操舵装置的安装工艺,一般是指舵机、转舵机构和舵系的安装,其工作内容与轴系的安装工艺相似,大致可分为如下几个工艺程序:

1. 舵系中心线测定

在测定舵系中心线之前,船体尾部结构焊接和火工矫正工作必须结束;尾部隔舱的水压试验交验完毕;船体基线复查调整亦已完成,在轴系中心线测定完后,进行舵系中心线的测定(在轴系理论中心线测定时,已经简单的叙述过);舵叶与舵柱在分厂平台上已校中并配置好紧固螺栓。

舵系中心线一般均采用拉线法测定,因为舵系中心线是垂直方向,不存在因钢丝自重而产生挠度问题,拉线的精度容易保证。另外,舵系比轴系短得多,而且支承轴承的数量也少,这些结构上的特点以及拉线工艺简单方便,故普遍采用拉线法来确定舵系中心线。

测定舵系中心线可与轴系拉线或光学仪定位工作同时进行,亦可单独进行施工,这时轴系中心线不能拆除,首先按施工图纸确定舵柱中心线的坐标位置,即定出舵机舱甲板上的基点 A 和船体尾柱上的基点 B,按 A、B 两基点拉钢丝线,如图4-13所示。

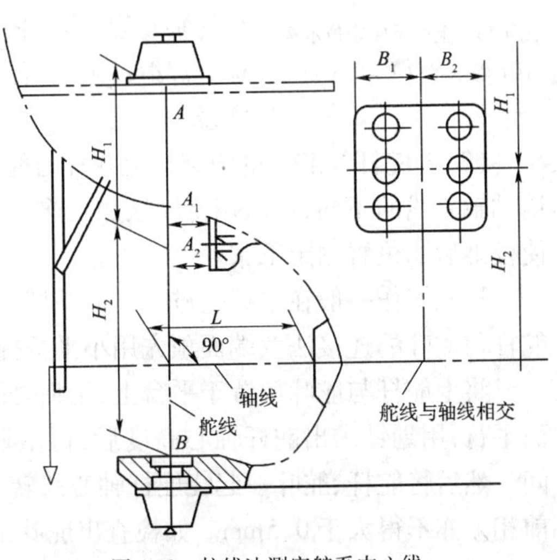

图4-13 拉线法测定舵系中心线

检查舵系中心线与轴系中心线的位移度偏差和垂直度,若超出规定范围时,允许调整舵系中心线位置,力求达到相互垂直,并测量如图4-13所示各个部位的尺寸,以供确定舵柱的长度尺寸和计算螺旋桨与舵叶之间的安装间隙是否满足设计要求。然后按测定后的舵系中心钢丝线,在舵机舱甲板及尾柱上、下端面划出镗孔加

工圆线和检验圆线。

当船舶在水平船台上建造，且轴系中心线平行于船体基线的情况下，轴系的拉线工作就简单得多，只需要按上基点挂一根重锤线即可定出舵系中心线。当船舶在倾斜船台上建造时，应采用拉线架进行拉线来测定舵系中心线。若用挂重锤线时，则应按船台斜度进行修正，以保证舵系中心线与轴系中心线相互垂直。

2. 舵系轴承中心孔的镗削

大型船舶舵系中心孔均采用垂直安装的镗杆进行镗削，以达到各轴承孔中心的同心度要求，其镗孔方法与轴系艉轴毂镗削相似，镗杆按舵系上、下基准圆线找正，粗镗时留 1~1.5mm 余量。再校对中心后精镗到规定尺寸。镗削后各中心孔的圆度不大于 0.05mm，圆柱度不大于 0.01mm/m，粗糙度 Ra 不高于 3.2μm。

3. 舵系的安装

由于舵的结构形式各异，所以舵系的安装方法也随其结构不同而不同。下面介绍舵系的安装工艺。

(1)上舵承座定位。拉舵线时，应将上舵承座先大致放置到位，舵线从其中穿过。待舵线位置确定后，用内卡钳测量上舵承座孔壁与舵线的距离，调整座的位置。然后用直尺 4 和角尺 3 或水平仪检查其上平面与舵线的不垂直度，如图 4-14 所示。用楔铁调整上舵承座，使其上平面与舵线垂直。检查应在相互垂直的两个方向（通常是船的前后，左右两个方向）进行。如船在倾斜的船台上，则需预制一块与船台斜度相同的垫铁，放到水平仪和直尺之间来检查前后方向的垂直度（左右方向的检查无需斜垫）。垂直度调整好后，复验上舵承座前后左右位置。当这两项要求都合格以后，测量轴系中心线至舵轴承上平面的距离，该距离数值大于规定数值的那部分，应从上舵承座下部割下。考虑了上平面的加工余量后（如上平面要加工的话），将画针盘的画针高度调到要切割的高度上，以舵机甲板为准，在舵轴承座下部划高度线，用气割按线切割。然后将已割准高度的上舵系座重新找正位置（左右前后位置及上平面与舵线的垂直度）点焊固定，复验位置无误后，即将上舵轴承焊牢在舵机甲板。焊缝冷却之后，根据舵线划出舵承座内孔的加工圆线和检验圆线。

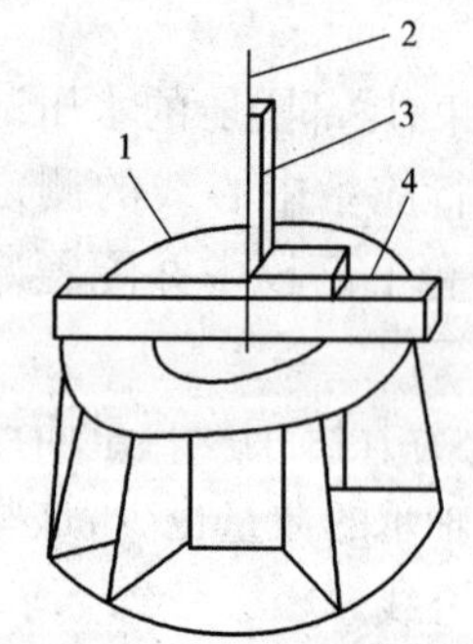

图 4-14 上舵承座定位示意图
1-上舵承座；2-舵线；3-角尺；4-直尺

(2)上舵杆与舵叶的组装。上舵杆与舵叶在分厂组装的目的是校准上舵杆轴心线与舵叶销轴轴心线的不同轴度，用拂磨法加工连接平面，并铰紧配螺栓孔以及进行键与键槽的研配，使校准后的位置固定下来。

校准工作一般在平板上进行。如舵杆、舵叶较长，也可用拉线法进行，校准之前，需先将上舵杆与舵叶的连接法兰端面预先用小平板拂磨，要求每 25mm×25mm 面积内有 1~2 个色点。

将上舵杆与舵叶放置于平台上，用临时固定螺栓固紧。先将上舵杆轴心线校准与平台平面平行，用划针求出舵杆轴心高度后，再用划针求舵叶销轴的轴心高，要求相差在 0.5mm 之间。然后将舵杆、舵叶一起绕舵杆轴心线转 90°，再测量舵叶舵杆的轴心高度，要求与未转动前相差亦不得大于 0.5mm。如检查出舵叶销轴与舵杆轴心线之间相差过大，可拂磨连接法兰端面进行修正。如两者的平行偏移超差，则可松动临时固定螺栓予以校正，如图 4-15 所示。

连接法兰端面刮配后，要求结合面周长85%以上插不进0.05mm的塞尺，其余部位塞尺插入深度应小于外缘至螺孔距离的1/2。

对于有键连接的法兰，在组装前，舵叶上的键槽先加工出来，宽度方向留0.1mm左右的刮配余量。分厂组装至舵叶与舵杆轴心线同轴后，根据舵叶上键槽的实际位置，在舵杆连接法兰上划键槽的加工线。铰完紧配螺栓孔后再加工舵杆上的键槽。键与键槽两侧面85%以上部位，用0.05mm塞尺插入深度应小于1/5键槽深，键与键槽顶面间隙在0.20～0.40mm之间。

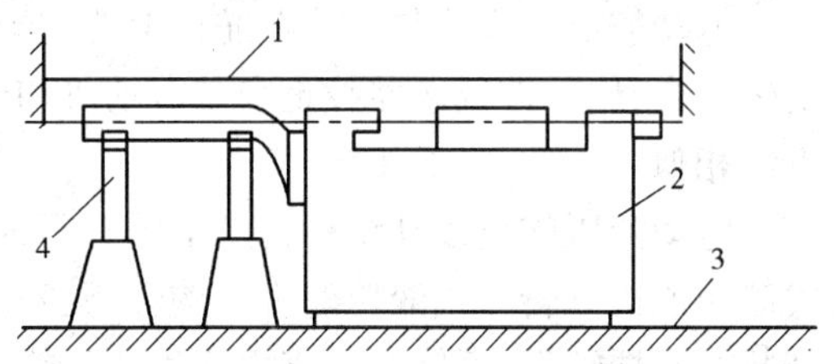

图4-15　舵系运动部件同轴度检查
1-钢丝线；2-舵叶；3-平台；4-支架

(3)上舵杆与舵叶的安装。上舵杆运到船台后，将中舵承的压盖及密封橡胶圈套到舵杆。在上舵杆上端拧入起吊螺栓，上、中舵承孔内放下一钢丝绳与起吊螺栓连接后，扶正上舵杆，即可将舵杆吊进中、上舵承。要求将上舵杆尽量往上吊，使其下面让出尽可能高的空间位置供吊装舵叶用。经测量得知舵叶仍不能到位，则舵叶销轴进入下舵承孔时，需将上舵杆的法兰转位90°，(相对舵的0°位置)使舵叶再吊高，让舵叶销轴能插入下舵的铜套内。

舵叶装到位后，转正上舵杆，放下传动键，落下上舵杆，使两法兰端面靠住，打入紧配螺栓和固定螺栓并将其固紧。然后将上舵杆连同舵叶一起吊起一定距离，在下舵承端面垫以一定厚度的垫片。解除上舵杆上的钢丝绳，装上舵承体、套环等。再装上钢丝绳，将整个舵吊起，取出下舵承的垫片后，把舵放下，拆除钢丝绳，装上压盖。检查舵叶与下舵承铜套端面的间隙，应在设计规定的范围之内。

安装完毕，用手推动舵叶，检查其转动是否灵活。对于舵杆直径小于360mm的舵叶，在人力推动下能灵活转动，即表示安装良好。然后，安装中舵承的密封橡胶圈并用压盖压紧。装上舵柄之后，即校正舵叶的零位。对于中小型船舶，可在舵叶的叶尖中心线上挂一根重锤线，以重锤顶尖对准船台上的船体中心线即为舵叶之零位；此时，应在上舵承处做出零位记号，以供舵机调整定位依据。

舵系的安装是从安装支承开始的，其支承轴承座外径按镗孔尺寸选用H8/j7配合进行装配。舵轴和舵叶吊入安装后，其轴向位置是借助于上轴承下部的调整垫来得到保证。

为保证船舶舵位指示准确性，在舵系安装后，应校正舵叶的“0”位置(“0”位置简称“0”位)。对于中小型船舶，舵叶“0”位的校正可在舵叶的叶尖中线上挂一根重锤线，以重锤顶尖对准船台上的船体基线即为舵叶“0”位。这时，在上轴承处做出“0”位记号，作为舵机调整定位时的依据。

对于大型船舶的舵叶“0”位，可按螺旋桨中心来校正，这时将螺旋桨的两个桨叶中线盘车置于左右水平位置，如图4-16所示。扳动舵叶并测量舵叶中心线与桨叶尖的距离，使$L_1 = L'_1$，$L_2 = L'_2$。该位置则为舵叶“0”位，并在上轴承处做出“0”位记号。

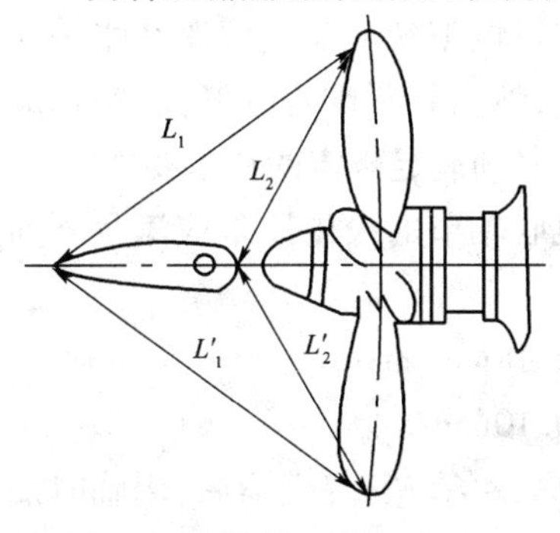

图4-16　舵叶“0”位的测定

4. 舵机的安装

舵机安装的主要工作内容包括转舵机构的定位和动力机械的找正安装。

电动舵机的安装是以装在舵柱上的舵扇齿轮为基准调整减速器位置，使各传动部件达到正确啮合，然后按减速器找正安装电动机和电磁离合器等，其找正安装方法与一般辅机的安装方法相似。

电动液压舵机按其结构特点不同有两种基本形式：一种是转叶式液压舵机；另一种是柱塞式液压舵机。转叶式液压舵机结构轻巧、安装方便，采用整机吊装。安装找正时将转叶转子轴套装在舵柱轴端，壳体与基座之间用调整垫定位紧固。柱塞式液压舵机是目前应用最广泛的一种液压舵机，按其转舵力矩的大小，可布置成单缸、双缸和四缸结构。大型船舶上常用的四缸结构形式如图 4-17 所示，其转舵装置由油缸 1、导滑板 10、舵柄 8、十字头耳轴 7 和滑块 9 等部件组成。在液压缸上部安装变量油泵以及操纵反馈机构、油管和手动应急操纵装置等，构成完整的舵机系统。

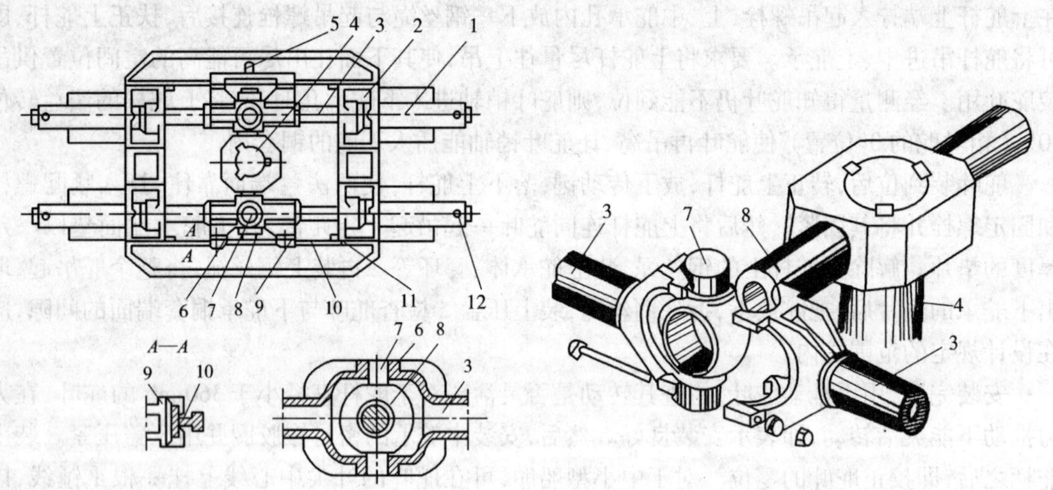

图 4-17 四缸液压舵机的转舵装置

1-油缸；2-底座；3-柱塞；4-舵柱；5-机械式舵角指示器；6-十字头轴承；7-十字头耳轴；8-舵柄；9-滑块；10-导滑板；11-柱塞行程限位器；12-放气阀

液压舵机安装前，先将舵机基座进行加工修正，以保持基座平面的平整。舵机安装一般都分成若干个部件吊运上船，首先把舵柄吊装到舵柱轴颈上，配制连接键，并用色油检验必须达到接触良好，然后吊入转舵装置，以舵柄位置为基准，用调整螺钉调整转舵装置底座在水平和垂直方向的位置，使四个油缸的中心平面与舵柱中心相互垂直，然后将紧配螺栓紧固，垫片的局部间隙不应超过 0.10mm。转舵装置的各个配合部件的间隙必须满足规定的技术要求。

变量油泵与电动机用常规方法进行找正安装，油泵与电机联轴节的校中质量应满足下列要求：

当电动机功率大于 40kW 时：偏移值≤0.10mm 曲折值≤0.18mm/m；

当电动机功率小于 40kW 时：偏移值≤0.05mm 曲折值≤0.10mm/m。

最后安装油箱、管路、液压阀件和应急手动操作装置等附属设备。安装完毕后，用临时油泵对系统进行热油窜油清洗，并进行 1.05 倍工作压力的密封性试验。然后在系泊状态下空载

转动舵叶，检查转舵装置动作平稳性，不应发生跳动及阻滞现象，并检查舵角指示器所指舵位的准确性和管路、附件的完整性。

二、锚设备在船上的安装

船舶在停靠码头，装卸货物或在港内、港外停泊，如避风、临时作业或等候引航员等，都要求可靠地停泊，而船舶在停航时，由于船体受到风、水流以及摇摆时所产生的惯性的作用，故须在船上设置专门的锚与系缆设备，使船舶与地面（水下地面、码头和浮筒）牢固地系位，以固定船位。

锚设备由锚、锚链、锚链筒、掣链器、锚机、锚链管和锚链舱等组成。起锚时，只要启动起锚机，则锚链通过锚链筒和掣链器，经锚机由锚链管进入锚链舱。这时锚即随着锚链的收起先出土，后离水面，直至最后在航行时间锚杆被收藏在锚链筒，锚爪被紧靠在锚链筒口。抛锚停泊时则相反。

锚设备主要安装锚机和掣链器。锚机根据动力的不同，可分手动、气动、电动、液压和内燃机驱动几种，其中以电动锚机和缆机联合装置应用最为广泛。

1. 电动锚的安装

锚机是用以收绞锚和锚链的机械，它主要由原动机、传动机构和锚链等所组成。卧式电动起锚机的基本动作原理如图 4-18 所示，当电动机 9 被起动，并带动蜗杆 10、蜗轮 11，再经过减速齿轮 7、8 和传动负荷轴，就可使链轮 6，卷筒 1 转动，完成预定工作。这种锚机是联动机组，在中、大型船舶上广泛使用，它既可起锚、抛锚，又可以绞缆。

对上述电动式起锚的安装，可把动力部分与工作部分预先安装在一公共底座上配套为一定型机组，提供给船厂。安装时只需整台吊装至船首舱面甲板上，按预先定位的标志落放在临时木垫上，并作适当的调位，然后配钢质矩形垫块，不需研磨，钻孔后被紧固在甲板上。考虑到海水侵入，为此在紧固螺栓杆上绕以涂有红丹白漆的麻丝，以防止水的锈蚀。

对锚机的机座和固定螺栓，应经常检查其完整情况和紧固程度，如果在底座或侧板上发现裂纹，则可采用焊补的方法进行修理。

2. 掣链器的安装

掣链器可分为螺旋式和闸刀式两种。在船舶长期停泊或收锚航行时，为了将锚链固定在甲板上以防下滑，而在锚链筒与锚机之间设置的掣链器设备，如图 4-19 所示即为一常用的螺旋式掣链器，这种掣链器主要由底座 5、两夹板 3 和螺旋副 2 等组成，两夹板的自由端都连接

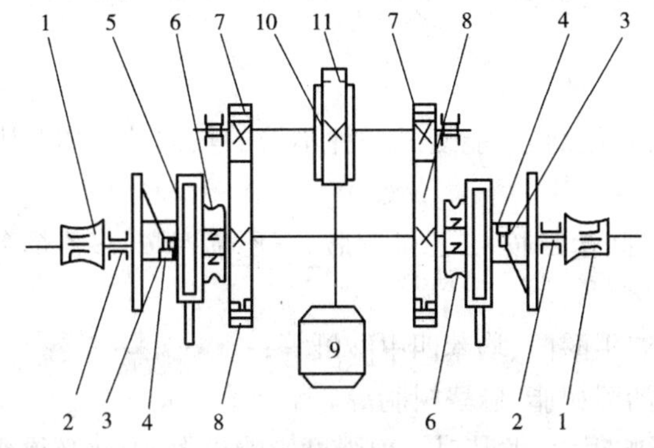

图 4-18　卧式电动锚机动作原理图

1-卷筒；2-支架；3-手轮；4-牙嵌离合器；5-掣动器；6-锚链轮；7-小齿轮；8-大齿轮；9-电动机；10-蜗杆；11-涡轮

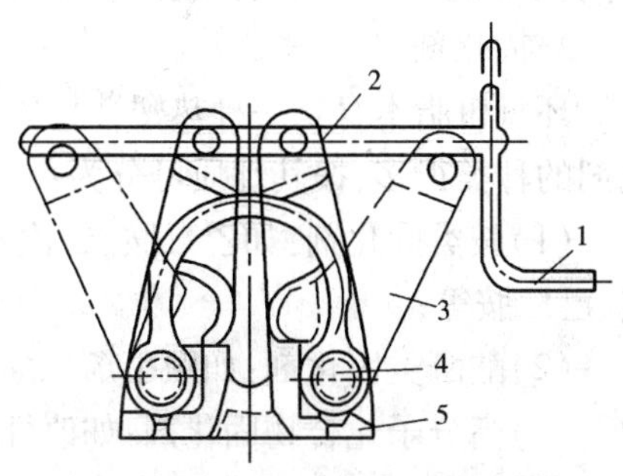

图 4-19　螺旋式掣链器

1-摇柄；2-螺旋副；3 夹板；4-耳轴；5-底座

在螺旋副 2 上。螺旋本身具有两段反向螺纹，当通过摇柄 1 转动螺杆时，两夹板即能互相抱合，夹住一个竖向链环的中部，并堵塞横向链环继续下滑的通路，因而即可达到制止锚链运动和承受链上负荷的目的。

在安装时，首先使底座 5 上供竖向链环滑移的凹槽，处在锚机的锚轮和船首锚链筒所拉的连线上，并使其按预定的坐标位置定位，然后将底座找平，并配置调整垫片，随即钻孔，用螺栓紧固在甲板上。

第四节　胶粘剂的应用

胶粘剂具有耐腐蚀性、绝缘性能好，制造工艺简单等特点，在现代船舶的安装工程中得到比较广泛的应用，轮机安装工程采用合成树脂胶粘，可以简化安装工艺，减轻劳动强度，缩短修造船周期。

胶粘剂有环氧树脂胶粘剂和磷酸—氧化铜无机胶粘剂两种，应用的场合有：

(1)艉轴管和艉轴壳之间的胶结；

(2)艉轴包覆层、艉轴铜套的胶粘；

(3)螺旋桨与艉轴锥体的胶结；

(4)主、辅机安装中用的粘垫和灌垫；

(5)机体、缸体和机脚处出现裂缝和可见隐患均可用胶粘剂修复；

(6)有关机壳的密封等。

一、环氧胶粘剂

它是以环氧树脂作为基体，加入增塑剂、稀释剂、固化剂和各种填料调制而成，在常温下即可固化成坚硬的固体。固化后具有较高的强度、良好的化学稳定性和电绝缘性能，而且成型收缩率很小，用它来粘结轮机有关工程项目具有一定的技术经济效果。

1. 成分

1)环氧树脂

环氧树脂是有环氧氯丙烷与二酚基丙烷在苛性钠溶液中缩聚而成，由于其组成分子量的不同，在常温下呈液态、半流体状态或固态。

2)固化剂

环氧树脂本身是一种热塑性物质必须加入固化剂，才能变成一种不熔的热固性物质。固化剂的种类很多，按其性质可分为：

(1)胺类同化剂：如乙二胺、二次乙基三胺、间苯二胺、二乙烯三胺、三乙烯四胺、多乙烯多胺、己二胺等；

(2)酸酐类固化剂：如顺丁烯二酸酐、邻苯二甲酸酐、均苯四甲酸酐等；

(3)高分子化合物固化剂：如改性聚酰胺、酚醛树脂、脉醛树脂等。

固化剂的用量对环氧胶粘剂的机械性能影响很大，尤其对抗剪强度影响更大，因此必须严格按用量比例控制。采用聚酰胺树脂，可使环氧胶粘剂获得较高的强度，但其固化时间较长，一般需要 24 ~ 48h 才能固化。

3）增塑剂

添加增塑剂可增加环氧胶粘剂的塑性，提高抗冲击强度和抗弯强度，调制时可起稀释作用。但若加入过多，就会降低环氧胶粘剂的抗弯、抗拉、耐热等机械物理性能，一般常用的增塑剂用量，可查看相关图表。

4）稀释剂

添加稀释剂的目的在于减低粘度，便于浸润胶合剂表面，易于操作和延长调配时间。活性稀释剂对强度影响不大，而非活性稀释剂若挥发不尽，则有气泡存在，对环氧胶粘剂强度影响极大，因此用量不得超过 20%。

5）填料

为了改善环氧胶粘剂的机械强度、热膨胀系数、收缩率、导热性、耐热性等机械物理性能，可加入适量的填料。同时，加入填料还可减少环氧树脂的用量，以降低成本。加入不同填料后，可获得不同的性能。

2. 主要性能

1）粘结力

环氧胶粘剂除了对部分材料，如氟塑料、聚氯乙烯、聚苯乙烯、聚乙烯等塑料无粘结力之外，对其他金属与非金属材料之间一般均有很强的粘结能力。

2）溶剂的稳定性

环氧胶粘剂的吸水性很小，在潮湿的气候条件下，能保持稳定的绝缘性能，在其他溶剂的影响下仍能保持良好的机械强度。

3）固化时的收缩率

环氧胶粘剂在固化时，体积收缩率很小，一般不超过 10%。

4）热膨胀系数

环氧胶粘剂的热膨胀系数较小，约为 6×10^{-6}。

3. 环氧胶粘剂的配方

根据环氧胶粘剂所具有的各种性能特点，已广泛应用修造船中的轮机安装，并用于对破损零件的修补工作。

环氧胶粘剂的配方形式很多，最常用的有如下几种（质量比）：

1）配方一

6101 环氧树脂	100
二丁醋	15650
乙二胺	6~8

2）配方二

6101 或 634 环氧树脂	100
聚酞胺	50
690 活性溶剂	15
三乙烯四胺	10

3）配方三

6101 或 634 环氧树脂	100

苯乙烯	5
H-4 聚酰胺	40
三乙烯四胺	9~14
200 目冶金铁粉	150~200

4）配方四

6101 环氧树脂	100
苯二甲酸二丁醋	5
多乙烯多胺	14
200 目冶金铁粉	100
石棉绒	5

4. 环氧胶粘剂在主、辅机安装中的应用

环氧胶粘剂的配制，应根据配方按质量称取，先将填料与环氧树脂调和，再放入增塑剂，最后放入固化剂一起搅拌均匀。由于固化剂大多数具有毒性且有刺激性气体逸出，配制时应在空气流畅的场合，并尽量避免直接与皮肤接触。环氧胶粘剂必须现用现配，配好后应及时使用，否则就会固化。在夏天，当配制量超过 1000g 时，应采取降温措施。

在使用环氧胶粘剂之前，对零件表面进行除锈，去油污，并用丙酮或四氯化碳清洗干净。

1）粘垫和粘定位螺栓

环氧胶粘剂在辅机安装中，主要用来粘结垫块和定位螺栓，以减少大量的垫块研配和定位螺栓的绞孔工作，从而减轻劳动强度，提高工作效率。采用环氧胶粘剂粘结垫块时，基座上平面加工成一定的外倾斜，垫块与机座之间有 0.30~0.50mm 间隙，才能使胶粘剂嵌入发挥粘结作用。

辅机的定位螺栓采用环氧胶粘剂粘结时，为使螺栓便于拆卸，螺栓应制成带有锥度，其大端直径比螺孔直径小 0.50~0.70mm，配合面要高出机座平面 3~5mm，然后用垫圈来弥补，如图 4-20 所示。

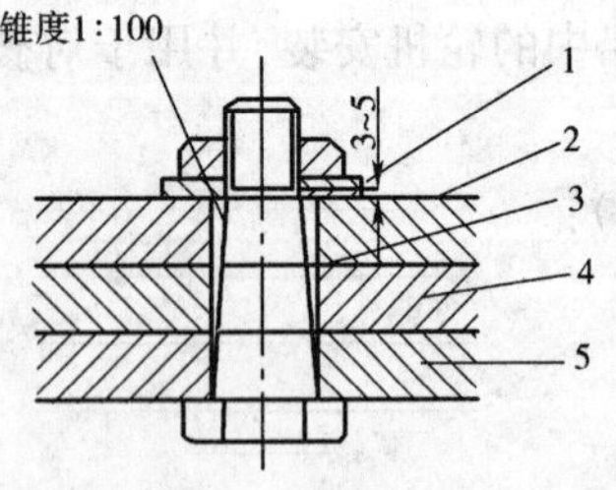

图 4-20　主辅机垫片胶和结构

1-垫圈；2-机座；3-胶粘剂；4-垫片；5-基座

安装时，先在螺栓的圆锥面上涂一层薄而均匀的汽车蜡或黄油，然后涂一层均匀的胶粘剂，螺栓从基座下面插入螺孔时，需作左右转动，以挤掉螺孔内的剩余空气，保证粘结质量，装上垫圈并随手拧紧螺帽，经 24h 待环氧胶粘剂完全固化后，方可固紧螺帽。

环氧胶粘工艺虽有一定的优点，然而粘结的质量无法检验，粘结后的垫块拆卸比较困难，甚至需要火焰加热使其软化才能拆卸，这使机舱工作不安全，尤为突出的是环氧胶粘剂固化后，耐冲击性及耐高温差，只适用于工作温度在 100℃以下的部位。由于上述缺陷的存在，使环氧胶粘剂工艺的使用受到很大的限制。

2）灌垫

环氧树脂垫块灌注工艺过程如下：

（1）环氧树脂灌注工艺之前，机器的较中工作已经结束，曲轴臂距差也符合技术要求，基座上的螺栓孔应钻出，并备制底脚螺栓拧紧后。塑料垫块可能的压缩量为 0.1% 垫块厚度，所

以在轴线校中时应把机轴中心与联轴节的偏差安排接近于上限。

(2)清除垫块灌注处机座和基座表面上的所有油垢、氧化皮、锈斑和油漆。

(3)灌注模子的制作,可用柔性橡胶条插入机座底面,与基座面板之间围成三面,而外侧一面用金属挡板条以点焊焊牢在基座面板上。如图4-21所示,挡板与机器的机座边缘相距20~25mm作为灌注槽口,挡板高度可取垫块厚度25~30mm。组成后的灌注模其四周缝隙有密封物填塞,当环氧树脂灌注时不应有漏泄。

(4)灌注前所有与环氧树脂垫块接触的表面都应涂上脱模剂(汽车蜡或航空油脂)。将涂上脱模剂的螺栓插入螺孔中,若螺栓杆部具有比直径小的细腰,则应用临时塞杆代替,待垫块固化后再换装底脚螺栓。

(5)灌注:实践证明环氧树脂与固化剂的调和温度控制在20℃左右时可获得较好的灌注粘度。树脂与固化剂调和后应立即进行灌注,灌注时容器口与灌注槽口距离应保持最小,以避免树脂将空气带入注模,树脂应灌满模子并使其冒出垫块的厚度不小于13 mm。灌注时机座和基座面板的温度应不低于16℃,若环境温度低可用热风机吹风加热,不许用火焰加热。

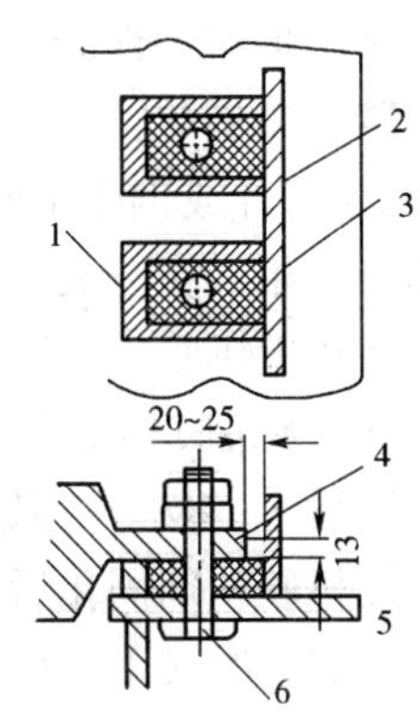

图4-21　环氧树脂垫块灌注示意图

1-橡胶条;2-金属挡板;3-环氧树脂垫块;4-垫片机脚;5-基座;6-底脚螺栓

在灌注垫块的同时,应以同一环氧树脂材料,同一温度下在基座上灌注式样和进行固化,式样尺寸为60mm×60mm×30 mm,这样可确保式样与实际垫块具有同等状态下的机械性能。灌注好的环氧树脂垫块要经过48 h固化。

(6)环氧树脂垫块固化后,对式样进行硬度及其他机械性能试验。其硬度至少应达到HRC30时,才能拧紧底脚螺栓,螺栓的拧紧力由计算而得,并应使用扭力扳手或液压拉伸器上紧螺栓。螺栓应扳紧到使其内部产生应力至少为50×10^4 Pa,并可按下列近似公式计算拧紧力矩M,即

$$M=0.2pd\times10^{-3}\quad \text{N}\cdot\text{m} \tag{4-1}$$

式中:p——螺栓张紧力(N);

d——螺栓直径(mm)。

对于直径小于25mm的螺栓,上式所算出的拧紧力矩应予增加20%~40%。

(7)当环氧树脂垫块使用需要精确校中的场合时,必须注意下列几点:

①垫块的最大重量载荷≤7×10^5Pa为宜;

②机器重量加上底脚螺栓张紧力后的最大总载荷≤35×10^5Pa;

③对于推力轴承或承受推力的减速齿轮箱,树脂垫块上的载荷应不小于起推力的10/3倍,并需设置止推防撞垫块;

④树脂垫块经受的持续温度不应超过80℃;

⑤同一台机器上铁垫块和环氧树脂垫块不允许混合使用。

二、磷酸—氧化铜无机胶粘剂的应用

对于工作温度在200℃以上的零件,可采用磷酸—氧化铜无机胶粘剂进行粘结和修补。

磷酸—氧化铜无机胶粘剂,能长久耐500℃的高温,并具有较高的热稳定性和良好的流动性,它可以粘结金属、陶瓷等多种材料,适用于受力不大,粘结修补不需拆卸的部件。

磷酸—氧化铜的主要成分是正磷酸(H_3PO_4)和氧化铜(CuO)。磷酸的制取方法是:取85%的磷酸100 ml,加入氢氧化铝5~10g或金属铝1.5~4g,加热至110℃,待氢氧化铝或金属铝全部溶解后停止加热,冷却后成粘稠状透明或淡黄色液体,再加10%的蒸馏水即可。

在磷酸—氧化铜胶粘剂里添加少量填料,如氧化镁、氧化锌、玻璃纤维及金属钨粉等,可以改善其机械物理性能。

磷酸—氧化铜无机胶粘剂的调制,是将氧化铜倒在铜制的扁平容器内,然后缓慢倒入磷酸溶液,用竹片或铜棒单向缓慢搅拌均匀,约2~3分钟成浓胶状,并能拉起长约10mm以上的丝条即可应用。在夏天,为了延缓固化以延长粘结时间,可将铜制容器放在水或冰上搅拌。

使用无机胶粘剂胶合的零件表面,不得有锈斑及油子,一般用丙酮清洗两次,每次间隔2~3分钟。无机胶粘剂涂好后在20分钟内不得接触水分,在潮湿的天气下粘结时,可用红外线灯光照射3~4小时,以增加粘结强度。

无机胶粘剂固化后较脆,不能承受过大的冲击力,同时零件粘结后拆卸比较困难,所以只适用高温情况又不许拆卸的零件套接或作为平面密封。一般应用在蒸汽动力装置的蒸汽管路阀件的连接,蒸汽阀的套接以及缸体裂缝的修补等。

第五节　锅炉在船上的安装

按结构形式,锅炉有水管锅炉与烟管锅炉之分。目前,水管锅炉用得最为广泛,它既可作船用主锅炉,也可作船用辅锅炉,而烟管锅炉现在一般只用作辅锅炉。

一、基座的准备

用于安装锅炉的基座与船体构架在分厂制造,其结构形式取决于锅炉的结构。水管锅炉的基座一般是呈箱形的,如图4-22所示,它是由焊接在船体构件上的两个钢托架组成。用于安装烟管锅炉的圆弧形基座如图4-23所示,它由两个位于肋板处设置在双层底上的座架组成。

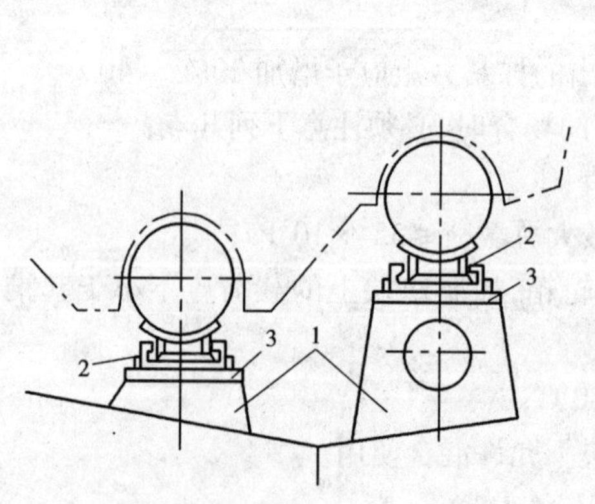

图4-22　安装水管锅炉的基座

1-基座;2-过渡支座;3-基座垫板

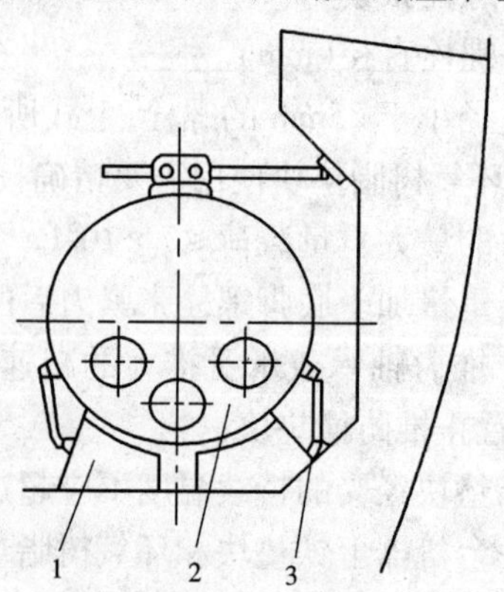

图4-23　安装烟管锅炉的基座

1-基座;2-锅炉;3-钢拉杆

锅炉在上船安装前先将基座准备好，并符合如下要求：

（1）基座的中心位置、高度、平行度的公差必须符合下列规定：

箱形基座：

①箱形基座面板的平面度，当面板长度≤2m 时，不得超过 4mm；面板长度＞2m 时，不得超过 6mm。

②箱形基座的长度误差为 −5 ~ +20mm，宽度误差为 −3 ~ +6mm。

③箱形基座的高度误差为 −15 ~ +5mm。

④箱形基座的纵向位置误差为 ±15mm，横向位置误差为 ±10mm。

圆弧形基座：

①圆弧形基座的面板宽度误差为 −3 ~ +6mm。

②圆弧形基座的中心宽度误差为 −15 ~ +5mm；而前后高低差不得超过 10mm。

③圆弧形基座的面板用样板检查时，其弧形与样板的不吻合度不得超过 10mm。

④圆弧形基座的横向位置偏差不得超过 10mm。

（2）安装在带有一定纵倾的船舶上的基座，其支承必须做成一定坡度，以保证锅筒纵向轴心线处于水平位置。

（3）安装卧式烟管锅炉、辅锅炉、废气锅炉的基座其支承面不必加工，但不得有焊接飞溅、锈斑等杂物存在。

（4）安装水管锅炉的基座其支承面应进行加工，其表面粗糙度 Ra 应不高于 12.5μm。

二、安装技术要求

1. 定位

锅炉在船体基座上定位时的允许偏差值如下：

（1）整台水管锅炉上锅筒或卧式烟管锅炉的纵向端点距船底基线距离误差为 ±3mm，其纵向中线与基线的平行度误差不得大于 2mm；它们的横向中线两端点距船底基线高度差 $(h_2 - h_1)$ 水管锅炉为 3mm，烟管锅炉为 6mm（图 4-24）。锅炉前后左右位置的误差为 ±15mm。

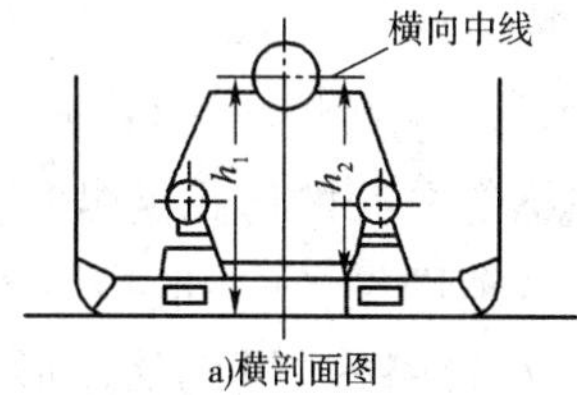

a)横剖面图

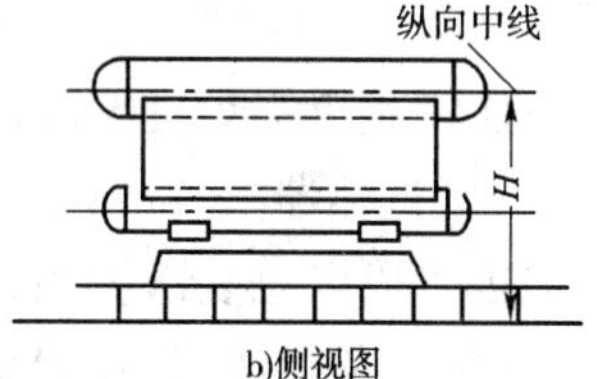

b)侧视图

图 4-24　锅炉在基座上的允许偏差

（2）水管锅炉的上锅筒、下锅筒、联箱在船上定位时，其位置的允许偏差值（图 4-25），上锅筒、下锅筒、联箱的纵向轴心线的平行度误差为每米不得超过 2mm，其轴心线的垂直距离 H_1、水平距离 B 的误差为 ±2mm，对角线的误差 ±4mm；下锅筒、联箱的纵向轴心线端点和船底基线的垂直距离 H_2 的误差为 ±3mm。

（3）辅锅炉、废气锅炉的工作水位线两端点距基线的高度偏差 $(H_1 - H_2)$ 应不超过 ±4mm，如图 4-26 所示。

(4)锅炉定位后的位置应能保证锅炉维修、管理与操作都方便。它与燃油舱壁、双层底燃油舱顶板的距离均必须符合现行船舶规范的要求。

(5)卧式烟管锅炉的纵横接缝不得位于圆弧形基座上，且短牵条端部距基座的支承面外缘不得小于50mm。

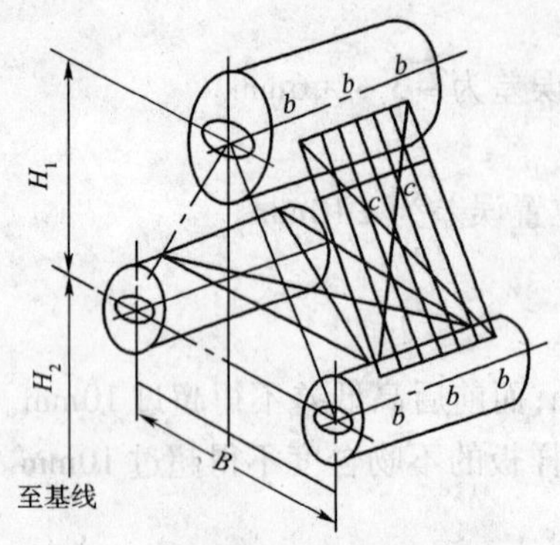

图4-25　水管锅炉的上锅筒、下锅筒和联箱在船上定位的允许偏差

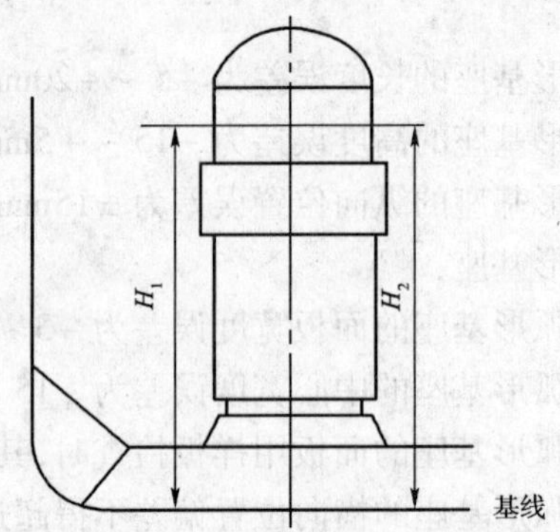

图4-26　立式烟管锅炉的工作水位线距基线的高度差

2. 紧固

(1)水管锅炉底座与基座间应配制不小于6mm的黄铜垫板，黄铜垫板应分别与底座、基座支承面均匀贴紧。当用螺栓或压板紧固后用0.2mm厚薄规检查时，插入深度不得超过15mm，两接触点间距不得超过30mm。

(2)卧式烟管锅炉筒体与其圆弧形基座间须配制厚度不小于1mm的青铅垫料。锅炉紧固于基座支承面后，铅质垫料能分别与筒体、基座支承面均匀贴紧。用0.5mm厚薄规检查时，插入深度不得超过50mm。

(3)辅锅炉、废气锅炉底座与基座之间可不放垫板或垫料。

(4)锅炉紧固于基座后，它与舱壁间的拉索或拉环不宜过分张紧，保证锅炉受热后能自由膨胀。

三、锅炉的安装

现代造船中锅炉通常是以锅炉机组包括锅炉本体(包括炉膛设备、砖砌、绝缘、阀件、部分燃油管路、检测仪表等)、过热器、经济器、空气预热器等分开的形式供船安装的。

但对于小型锅炉也可以以总装锅炉、锅炉机组及辅助设备(一般指通风设备、燃油输送设备及燃烧机构、给水设备以及加热、过滤设备和汽、水管路等)组成整体形式供船安装。这种供船安装方式可以大大减少锅炉在船上的安装工作量，可较充分地利用分厂的设备和有利的生产空间。

在锅炉吊入锅炉舱之前，要将较大的设备及辅机吊运入船，以免将来安装困难。此外，应将一些附件、控制、测量仪表取下，以免损伤。目前船上水管锅炉现应用较多，所以下面以讨论水管锅炉安装工艺为主。

1. 水管锅炉在船上的安装

现在水管锅炉一般采用整体安装法在船上进行安装，即将锅炉通过过渡支座(图4-27)、

过渡底座进行安装。这种安装方法可免除基座支承面及垫片在船上的机械加工和钳工刮磨工作,从而可大大地缩短锅炉的安装周期。下面介绍它的工艺过程:

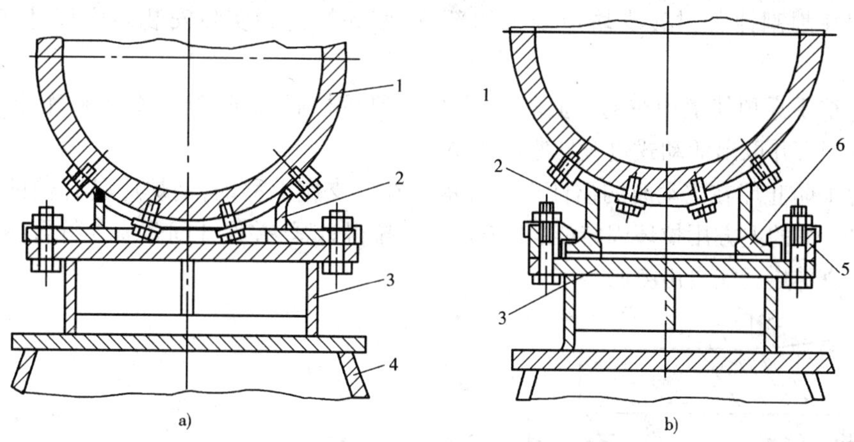

图4-27　锅炉通过过渡支座安装

1-下锅筒;2-锅炉支架;3-过渡支座;4-基座;5-导向压板;6-黄铜垫片

(1)将过渡支座安装在锅炉的下锅筒上,并在活动式过渡支座的间隙中安放垫片。在安装活动式过渡支座时,其间隙应符合图纸上标明锅炉的自由移动的方向,如图4-28中箭头所示。这是因为锅炉在运转时,管子与下锅筒的温度升高,为了允许其自由热膨胀,在几个支座中只能有一个固定在基座上,以防止整个锅炉发生移位,其他几个皆可按预定的方向自由滑动。

(2)按上锅筒纵向中线的高度、下锅筒与船舶中线面距离及平行度,下锅筒封头与隔舱壁的距离,用软管水准仪测量锅炉倾斜度进行锅炉的定位,为此在隔舱壁上划出上锅筒纵向中线,在基座上则划出下锅筒至隔舱壁(或肋骨)的距离线及下锅筒中线至船舶中剖面的距离线,在锅炉上则划出上、下锅炉的纵向中线作为定位检查之用。

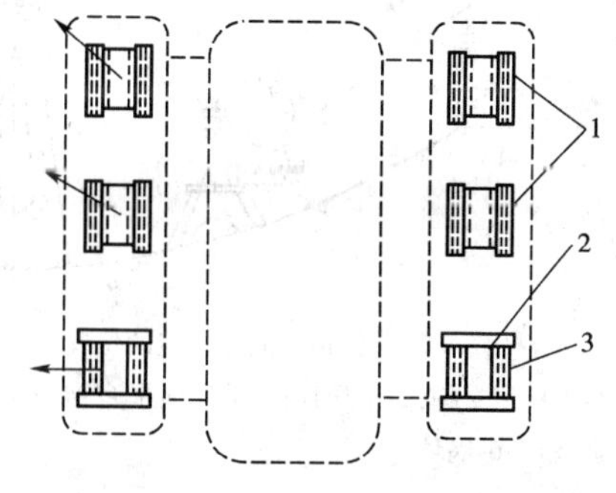

图4-28　水管锅炉的过渡支座

1-滑动式过渡支座;2-限制板;3-固定式过渡支座

(3)将锅炉机组(连同过渡支座,此时过渡支座比锅炉的安装位置高20~100mm)吊到船体基座的木墩上,再移放至千斤顶上(图4-29),按锅炉布置图用千斤顶来调节锅炉的位置(纵向、横向、倾斜度)。根据画在基座上的锅炉定位线使锅炉纵横定位,锅炉在高度方向位置用软管水准仪在隔舱壁及上锅筒上的纵向中线进行调整(此时过渡支座不得与基座相碰)。其倾斜度则按上锅筒前后端中线用软管水准仪定位。在高速船舶中,快速航行时船首露出水面,而尾部则浸入水内,于是产生纵倾现象,在个别情况下纵倾可达2~2.5cm/m。这时,上锅筒中水平面的原有位置可能变动,以致首端甲板中的管子露出水面,为了避免这种现象,在高速舰船上的水管锅炉应装成向首倾斜10~15mm,允许的误差值不大于±2mm。

在吊运锅炉时,为防止已装好的水管发生变形(否则会使管子接头的密封性遭到破坏),在锅筒之间应用撑木固定好。对于下锅筒不对称安装的水管锅炉应在锅炉上加平衡重块或采

用专门设备进行吊运。

(4)按其安装位置高度要求,以基座面为准,用划盘划出各过渡支块之间截取线。

(5)用气割割掉各过渡支块应割去的部分,使锅炉达到实际安装高度尺寸,其误差为±15mm。

(6)调整千斤顶使锅炉在基座上落位,并经反复校核后,拆除千斤顶及木墩,将过渡支块焊牢在基座上,并取出活动式过渡支座中的垫片。

(7)为了防止船在摇动时的惯性力不使锅炉在其支座上移动,锅炉应具有辅助支承与船体固定,如锅炉的上方用拉环固定(图4-30),不要拉得过紧,并保证间隙 a、b 符合图纸尺寸要求,以使锅炉受热后能自由膨胀。

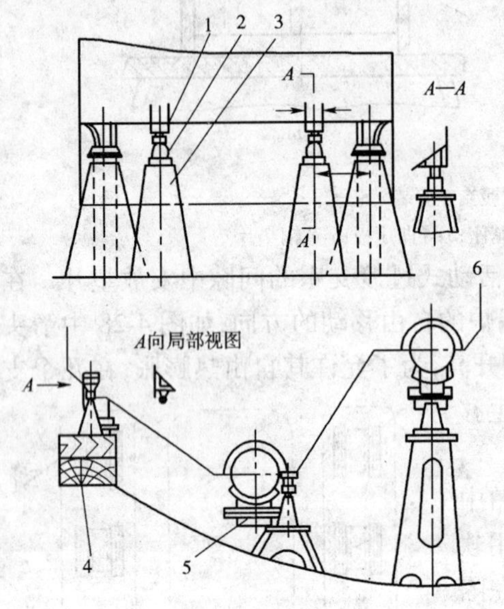

图4-29 锅炉安放在规定的位置上

1-千斤顶支脚;2-千斤顶;3-千斤顶平台;4-木墩;5-过渡支座;6-锅炉

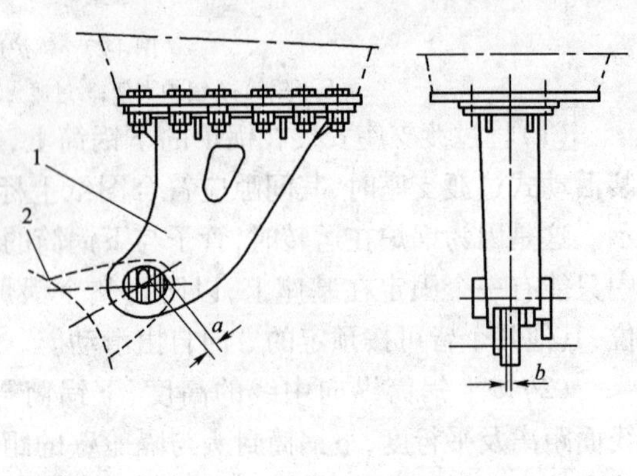

图4-30 锅炉上部用拉环固定

1-拉环;2-锅炉

2. 烟管锅炉在船上的安装

烟管锅炉通常以装配好的整体吊往船上安装,一些在吊运时易损坏的零部件和仪表等待锅炉安装在基座后再进行安装,外壳的绝缘物也在这时候才敷设。在往机炉舱吊放锅炉时,锅炉落在基座上之前就应按照锅炉安装图调节好位置,然后落位。安置锅炉的圆弧形基座应事先用螺栓或铆钉紧密拧合,防止滑动并按筒壳外圆所制的样板进行检验,在其上安置铅质软衬垫。

将锅炉安放在基座之后,应检验锅炉筒壳表面与基座衬垫的贴合情况,符合要求后将它紧固在基座上。有些船厂采取将基座与锅炉在分厂进行安装,然后将其一起吊到船上定位并与船体紧固的。这样安装方式的大部分安装工作在分厂完成。

锅炉基座与筒壳的紧固,可在焊在其上的突耳中穿入松紧旋扣拉杆(每边约2~3个)并旋紧,为使船体横摇时所产生的惯性力不致破坏主要支承的紧固,锅炉的上方应安装辅助紧固装置,方法如图4-23所示。此拉杆一般在锅炉工作后再进行最后调节。

四、锅炉液压试验及蒸汽试验

锅炉在船上安装后应进行液压试验及蒸汽试验以检查其密封性。试验在包扎绝缘物前进行，试验压力为锅炉工作压力的1.25倍。

液压试验要求如下：

(1)进行液压试验前，先将安全阀拆除封闭。

(2)试验时在锅炉机组、附件、管系等装满水，排除空气后再缓慢升压。

(3)试验时环境温度应不低于5℃。

(4)在试验压力下保持5min，并没有明显压力降低，然后将压力降至工作压力，检查没有渗漏即认为合格。

锅炉液压试验后包扎绝缘前，连同所有附件在工作压力下进行不少于2h的蒸汽试验，检查锅炉的密封性是否处于良好状态。

SIKAO YU LIANXI

1. 船用辅机在船上安装的形式有哪些？
2. 辅机吊装前的注意事项有哪些？
3. 辅机如何定位？
4. 简述操舵装置的组成。
5. 简述舵系安装的工艺过程。
6. 液压舵机有哪些形式？
7. 简述锚设备组成及安装。
8. 胶粘剂在船上有哪些应用？
9. 锅炉的安装方式有哪些？水管锅炉如何安装定位？

第五章 电气安装件及船体构件开孔补强

● **学习目标**

知识目标

1. 了解电器设备安装件的结构型式；
2. 正确理解掌握船体构件的开孔原则及强度补偿办法。

能力目标

1. 具备电气设备固定件、电缆紧固件、贯穿件的制作安装能力；
2. 会在船体构件上开孔，并根据需要进行强度补偿。

第一节 电气设备固定件

船舶在航行时经常受到振动和冲击的影响，为保证船舶电气设备工作可靠、安装牢固，应该采用支架、底座等固定件来安装电气设备。该方法的优点如下：

(1)设备拆装方便，并能保证设备安装所在舱壁或甲板的原密封性能。

(2)可将设备安装在船舷等不平直的舱壁上；当设备本身不平整时，也须采用支架来安装。

(3)在设备集中、电缆密布地方，可以很方便地把电缆敷设在设备与舱壁之间。

一、A 型设备支架

A 型设备支架即轻型支架，分 A_1 型和 A_2 型两种，用厚为 3～4mm 的钢板折成，涂敷铁丹，结构如图 5-1 所示。A_1 型用在普通钢质舱壁上固定设备，安装孔为长孔型时用于设备的安装较为方便；A_2 型支架上带有螺母，用在绝缘舱壁上，适于安装暗线的设备。安装时无孔的一端焊到舱壁上，另一端与设备底脚或减振器连接。

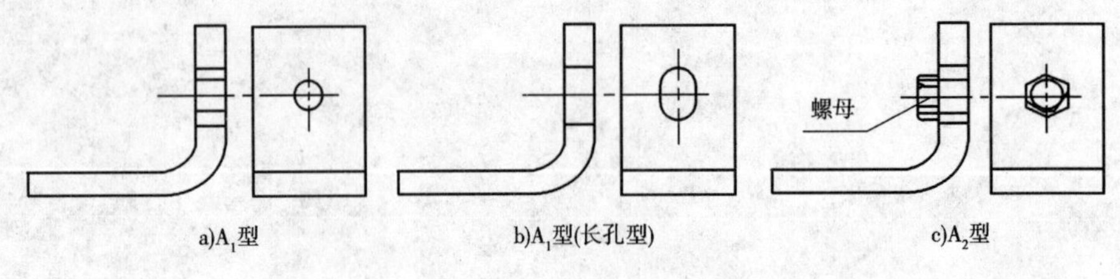

图 5-1 A 型支架

二、B 型设备支架

B 型设备支架即角钢支架，分 B_1 型和 B_2 型两种，用平钢或角钢焊成，涂敷铁丹，结构如图

5-2 所示。B 型支架的强度比 A 型支架的强度大，焊接舱壁上变形小，适于支脚要求较长的情况下安装电气设备。B_1 型较 B_2 型多一个螺母，安装较为方便。

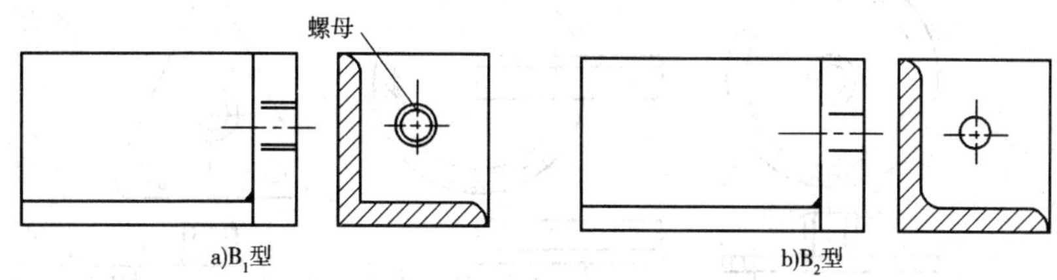

图 5-2　B 型支架

三、C 型设备支架

C 型设备支架即重型支架，用厚为 4 ~ 5mm 的钢板折成，涂敷铁丹，结构如图 5-3a）所示。与 A、B 型支架相比，其结构强度大，适于安装重型电气设备。安装时其两脚焊接在钢质舱壁上，设备可直接或通过减振器固定在支架上。

四、D 型设备支架

D 型设备支架即铝质支架，用 3 ~ 5mm 厚的铝合金板折成，涂敷黄丹，结构如图 5-3b）所示。适于铝质舱壁上安装电气设备。安装时多孔的一端用螺钉固定在舱壁上，另一端与设备底脚或减振器连接。

五、支柱

支柱为钢质空心圆柱，一端加工成螺纹，另一端焊接在舱壁上，用于电气设备的安装，其制造及安装均较为方便，结构如图 5-4 所示。若与卡线板配合，还可用来敷设小束电缆。螺母规格有 M6、M8、M10、M12 等。

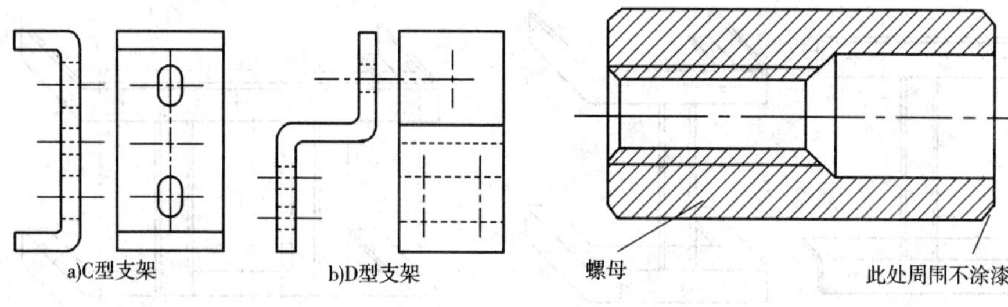

图 5-3　C、D 型支架　　　图 5-4　电气设备支柱

六、成型支架

1. 灯具及小型器具支架

支架由 2 ~ 4mm 的钢板制成，适于质量 5kg 以下的小型设备的安装。按其形状可分为 O 形、Δ 形、□形、T 形、I 形等支架，如图 5-5 所示。此外，还可综合上述支架的主要功能，制成通

用支架,其上面可以同时安装开关、插座等多种小型器具。

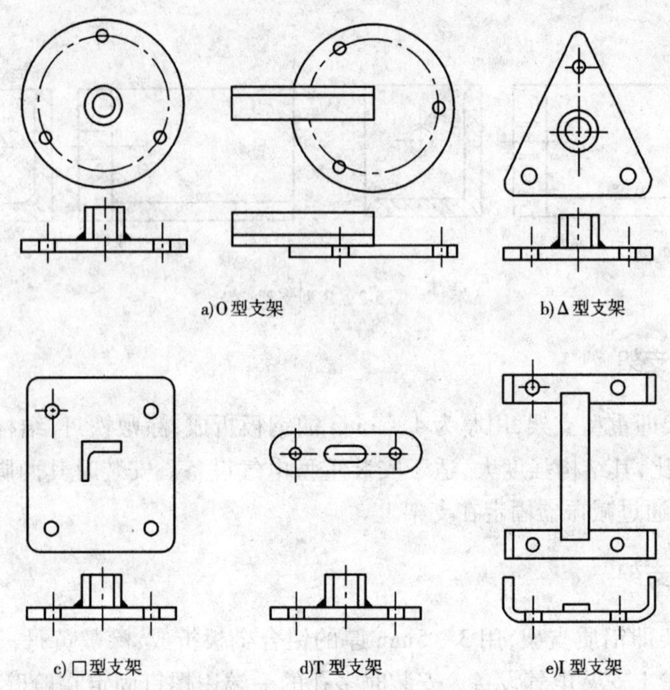

图 5-5　灯具及小型器具支架

2. 大、中型电气设备支架

支架由角钢焊接而成,且角钢边向里,以利于拆装,结构如图 5-6 和图 5-7 所示。

支架有Ⅰ形、Ⅱ形及组合支架等,并且在组合支架上可以固定多个电气设备。如果依据不同种类设备底脚的安装尺寸,在角钢支架上加工成多种组合的腰圆形安装孔,那么,设备安装不但容易就位,而且支架还可以适合多种电气设备的安装。

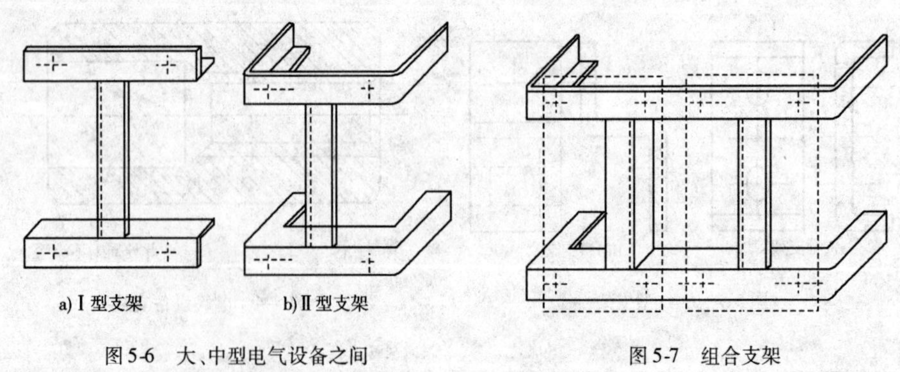

图 5-6　大、中型电气设备之间　　　　图 5-7　组合支架

3. 样板支架

按设备的外形及安装脚尺寸,用薄钢板预制成样板,与 A、B 或 C 型等支架配套后焊接在船体结构上,然后拆下支架换上设备即可。其特点是支架用料少,减轻了船的自重;并且设备贴近舱壁、节省空间。

第二节 电缆紧固件

船舶电缆种类繁多、数量巨大,再加上船舶航行时振动和冲击的影响,如果电缆不能很好地敷设和紧固,则会造成电缆的布局混乱、信号串扰、甚至疲劳断裂;所以在进行电缆的敷设与紧固时,应根据电缆的不同型号和用途选择相应的电缆紧固件,以保证电缆工作的可靠性。

一、A 型电缆支架

A 型电缆支架亦称直电缆支架,单个焊接到角钢上形成组合件,用于干线电缆的敷设。结构如图 5-8 所示。材料为碳素钢,支架表面应涂敷红丹或镀锌。

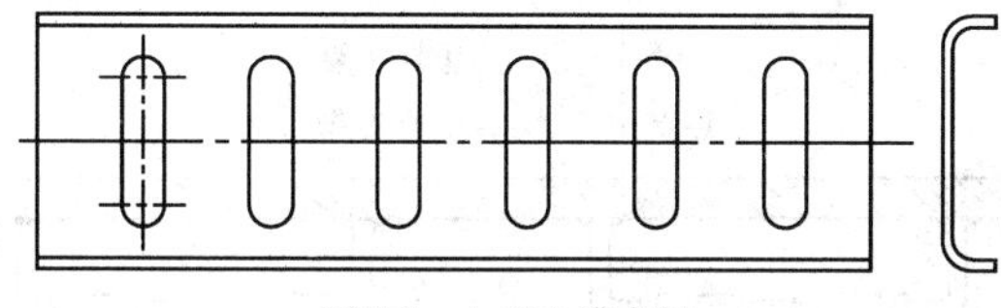

图 5-8 A 型电缆支架

二、B 型电缆支架

B 型电缆支架亦称 L 型电缆支架,用 2 ~ 3mm 厚钢板冲压焊接而成,材料为碳素钢,涂敷红丹或镀锌,结构及应用如图 5-9 所示。其上面有长孔导板,适于垂直舱壁上电缆的敷设,电缆的穿拉与捆扎容易。因其为单边受力,所以只能敷设较少的电缆。

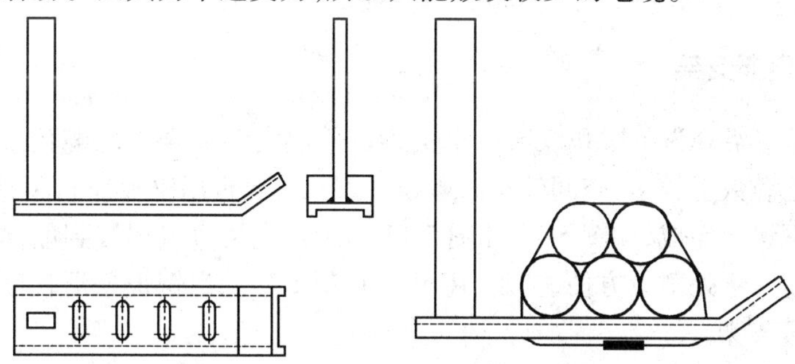

图 5-9 B 型电缆支架

三、C 型电缆支架

C 型电缆支架由支架本体和支架支脚组成,可与角钢形成组合件,适用于主干电缆的敷设。亦可用紧固螺栓自行组合成双层,电缆捆扎在支架本体折边区的外部,如图 5-10 所示。材料为碳素钢,支架表面应涂敷红丹或镀锌。

四、D 型电缆支架

D 型电缆支架亦称扁钢电缆支架,用 3 ~ 4mm 厚的钢板弯折而成,以增加其结构强度,材料为碳素钢,涂敷红丹或镀锌,其结构及应用如图 5-11 所示。适用于小型束局部电缆的敷设,其优点是焊接方便,紧固电缆容易,施工迅速,机动性好。但需逐条焊接,施工进度较缓慢,电缆敷设效率较低。

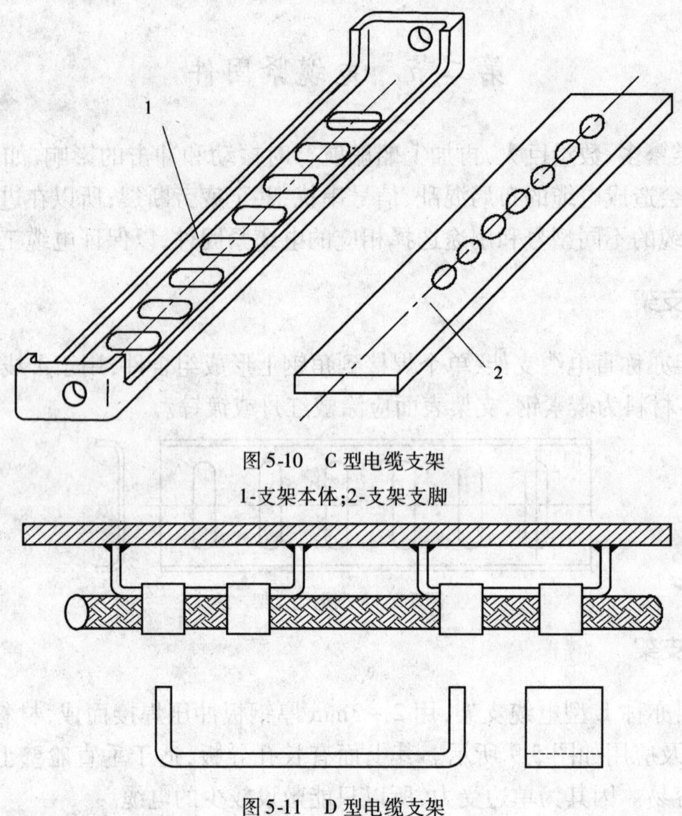

图 5-10　C 型电缆支架

1-支架本体;2-支架支脚

图 5-11　D 型电缆支架

五、E 型组合电缆支架

E 型组合电缆支架分为单层和双层两个类别。单层支架适合于电缆数量较少时的敷设;双层支架适合于电缆数量较多、空间较小时敷设。其长孔导板用钢板冲制而成,整个支架由导板、扁钢板条、角钢组合而成,如图 5-12 和图 5-13 所示。支架直接焊接到船体舱壁上,施工较为方便。为了电缆转弯处敷设方便、美观,还可将 E 型支架的扁钢板条沿长度方向弯折,从而构成 E 型弯头电缆支架。

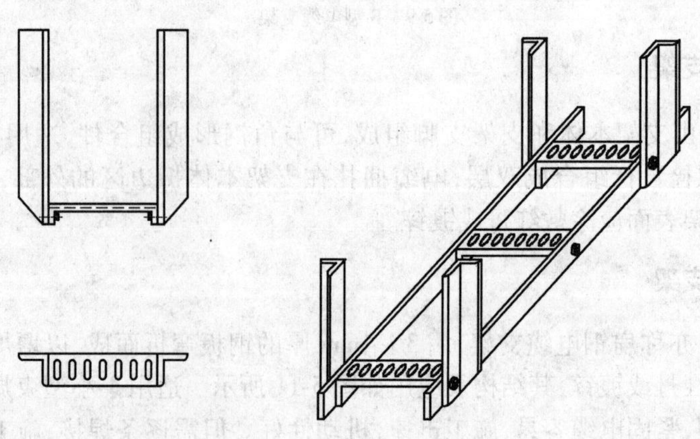

图 5-12　单层 E 型组合电缆支架

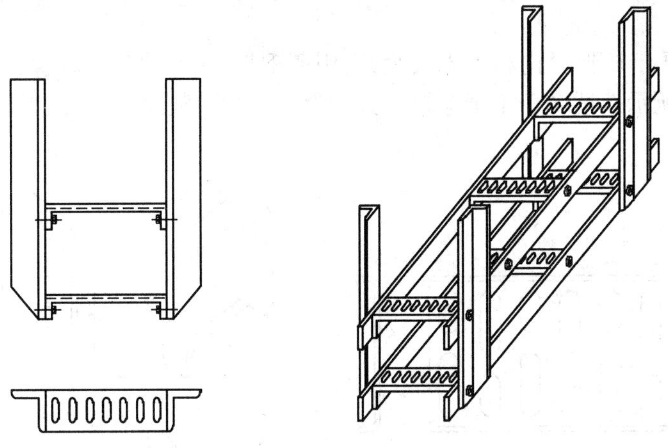

图 5-13　双层 E 型组合电缆支架

六、桥形板

桥形板分为钢质和铝质两种类型。钢质桥形板材料为碳素钢，如图 5-14a）所示，其两端焊接在船体舱壁上，并涂敷铁丹；铝质桥形板材料为防锈铝合金，如图 5-14b）所示，其两端须用螺钉或铆钉固定到船体舱壁上，并涂敷黄丹。图中的电缆夹子和冲孔铝条用来固定电缆，其应用如图 5-14c）所示。

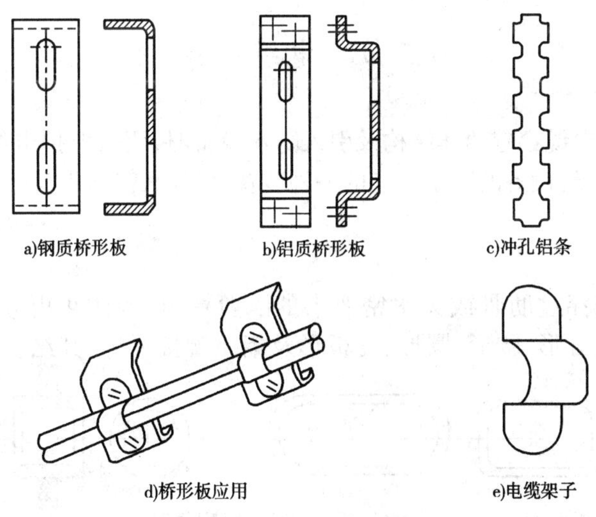

图 5-14　桥形板

七、电缆导板

电缆导板分为直导板、平面转向导板、垂直转向导板、三通导板等。用薄钢板折成，上面冲有许多腰形长孔，电缆敷设方便，其结构及应用如图 5-15 所示。因耗材多、费工时，故很少采用。

八、电缆紧钩

电缆紧钩主要有U形紧钩和积木式紧钩，用薄钢板弯折、冲制、焊接而成，材料为碳素钢。其结构如图5-16所示。适合于主干电缆及其数量较多时的敷设，积木式紧钩使用起来较为灵活，可以随意组合。

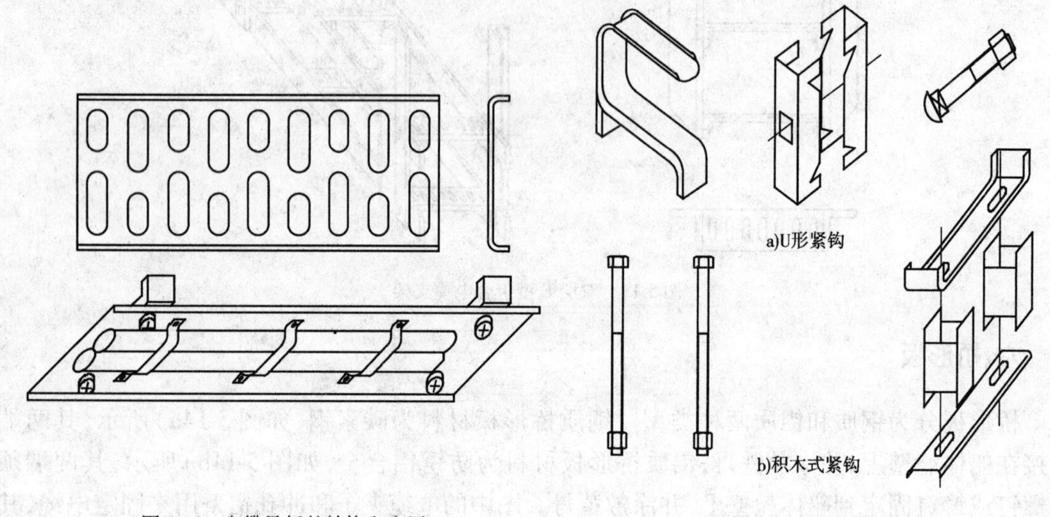

图5-15　电缆导板的结构和应用　　　图5-16　电缆紧钩

第三节　电缆贯穿件

电缆贯穿件是当电缆穿越船体结构及引入防水设备时，用来保护电缆或保持船体结构的原强度、密封性能及电气设备的防水性能的一种装置，分为水密和非水密两大类。

一、电缆框

电缆框用于电缆穿过肋骨或无水密要求的隔舱壁时，为防止电缆损伤所使用的贯穿件。常用的型式有长方形、腰形、圆形、复板形及铝质铆接形等，其结构和应用如图5-17所

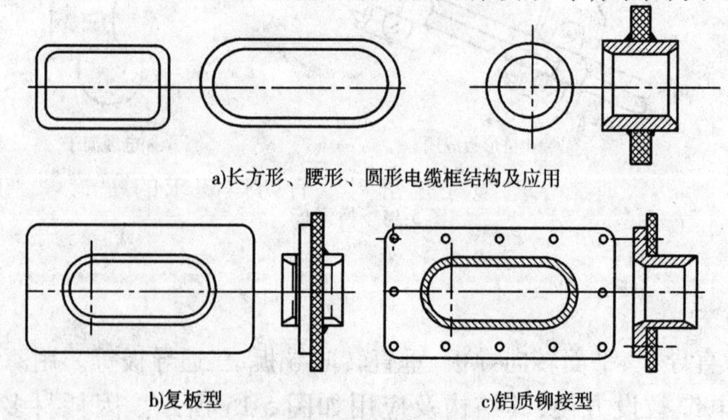

图5-17　电缆框的结构和应用

示;所用材料为碳素钢或防锈铝合金,应分别涂敷铁丹及黄丹。其各种类型的用途及特点如下所述:

(1)长方形电缆框:制作方便,应用较为广泛;

(2)腰形电缆框:开孔处应力小,应用较为广泛;

(3)圆形电缆框:开孔处应力小,用于单根电缆穿过船体构件;

(4)复板形电缆框:船体构件开孔影响强度时采用;

(5)铝质铆接形电缆框:用于铝质船体构件上。

二、填料函

1. 单填料函

单填料函是单根电缆穿过水(气)密隔舱壁或甲板时所使用的贯穿件,其防水(气)性能较好,使用时焊接到船体舱壁上。填料函帽及填料函座组成。其结构如图5-18a)所示。

2. 管式填料函

管式填料函紧固在电缆管上,适用于单根电缆穿过水(气)密舱壁或甲板,并对电缆防护有一定要求的场合。其结构如图5-18b)所示。

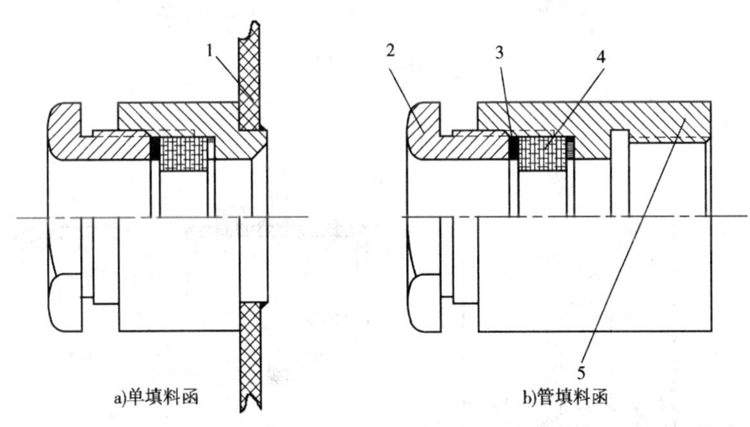

图5-18　填料函

1-舱壁;2-螺母;3-垫圈;4-填料

三、电缆管

防水电缆管如图5-19a)所示,与填料函配合,可以用于对水(气)密有要求场合;而非防水电缆管如图5-19b)所示,适用于电缆穿越密封及有防爆要求的货舱等。其材料一般为镀锌钢管。

四、电缆筒和电缆围板

电缆筒和电缆围板适于成束电缆穿过水密甲板时的密封,由钢板制成。

1. 电缆围板

电缆围板使用时焊接到船体甲板或隔舱壁上,要与电缆框配合起来使用,并且在电缆完成

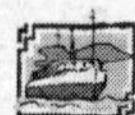

敷设后加入填料进行密封。其结构如图 5-20a)所示。

2. 浇注式电缆筒

浇注式电缆筒使用时焊接到船体甲板上,电缆完成敷设后加入填料进行密封。从其结构上与电缆围板相比,只是多了注胶孔和出气孔,并且注胶时电缆筒的两端要加上开孔挡板。其结构如图 5-20b)所示。

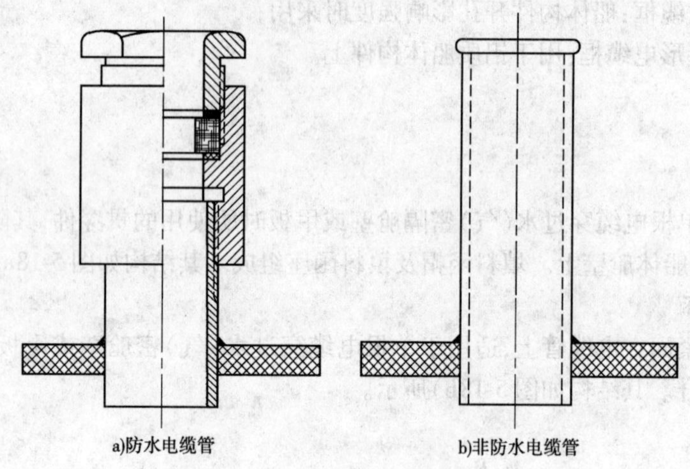

图 5-19 电缆管

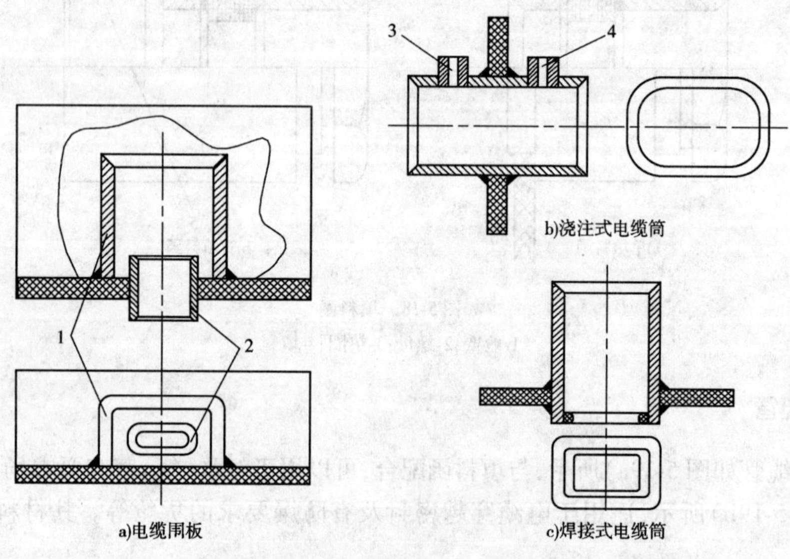

图 5-20 电缆筒和电缆围板

1-电缆围板;2-电缆框;3-注入口;4-出气口

3. 焊接式电缆筒

使用时焊接到船体甲板上,其高度为 250mm 的用于室内,高度为 450mm 的用于室外;电缆拉敷完毕后,用填料密封。其结构如图 5-20c)所示。

五、组合式橡胶块填料盒

主要用在多根电缆穿过具有防火、气密、防水等要求的隔壁舱或甲板上。拆装灵活、施工方便、易于增减电缆。外框用钢板加工而成,其结构与应用如图 5-21 所示。

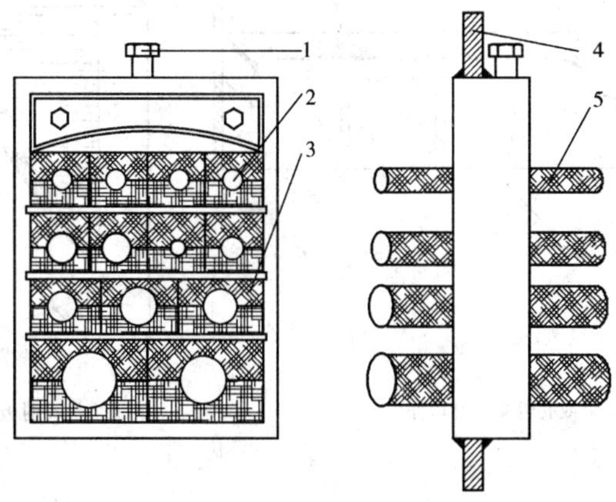

图 5-21　组合式橡胶块填料盒

1-压紧螺栓;2-电缆孔;3-填充橡胶块;4-舱壁;5-电缆

第四节　船体构件开孔原则

为了合理地布置电缆,充分利用舱内的空间,电缆线路难免要穿过船体构件,这无疑会影响船体的结构强度。为保证船舶的安全性,要求在船体构件上不开孔、少开孔、开小孔、不开直角孔;如必须开大孔且又影响到船体构件的强度时,则应采取相应的补强措施,以达到船体构件的原强度。

一、禁止开孔的区域

在如图 5-22 所示的船体构件的虚线框内开孔,将会严重影响该构件的强度。船体构件禁止开孔的区域有:

(1)梁或桁的与肋骨等交叉的开口处,如图 5-22a)所示;

(2)梁或桁端部的肘板处,如图 5-22a)所示;

(3)扶强材、肘板及其上面的折边区处,如图 5-22b)所示;

(4)支柱的上部横梁附近,如图 5-22c)所示;

(5)支柱的下部构件如肘板、纵桁等处,如图 5-22d)所示;

(6)舱口部位、机座的卷边等处。

二、开孔原则

1. 总则

开孔的形状一般应为圆形,若为其他形状,则至少应为圆角,以防止应力集中。当设置电缆框、电缆筒或电缆管时,孔的大小应与所选定的电缆贯穿件相配合,不宜过大。

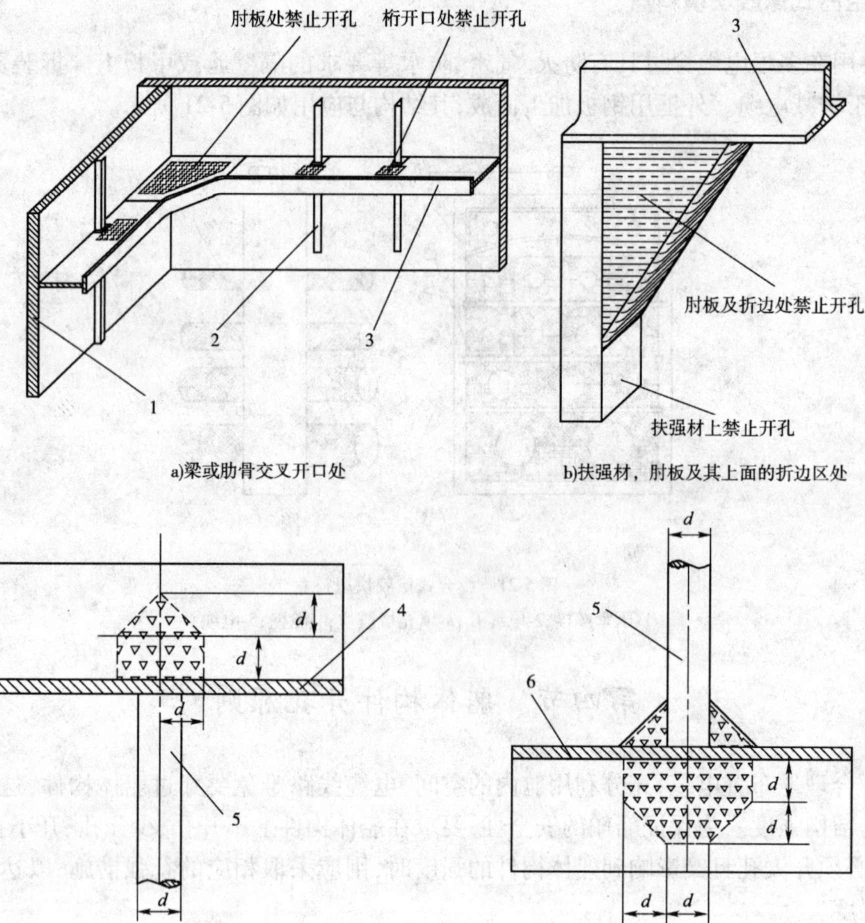

图 5-22　船体构件上禁止开孔区域

1-舱壁;2-肋骨;3-纵桁;4-梁;5-柱;6-下部构件

2. 在横梁、肋骨及纵桁上开孔

如图 5-23 所示,开孔的基本要求如下:

(1)若在相邻的肋(纵)骨间开若干个长为 l_1、l_2、l_3、…的孔时,则各孔应沿梁长度方向分散布置,且开孔总长度 $l_1+l_2+l_3+\cdots\leqslant L/2$,开孔高度 h_1、h_2、h_3、$\cdots\leqslant H/2$;

(2)开孔位置应靠近甲板,即 $H_1\leqslant H/2$;

(3)相邻两孔边线距离 $b>(l_2+l_3)/2$;

(4)孔边与肋骨开口处距离 $a>L/5$;

(5)梁的两端及与纵梁连接处的开孔,应符合 $d\leqslant H/8$,$a\geqslant 3d$,$H_1\leqslant H/3$,如图 5-23b)所示。

3. 在甲板上开孔

(1)开孔形状:开孔形状应为腰圆形、椭圆形或圆形,以减少应力的集中。

(2)开孔方向:腰圆形或椭圆形开孔的长轴尽可能沿船的艏艉线方向,开口长宽比≥2,以

减少沿船宽方向的开孔宽度。

(3)在1/2船长的船舯强力甲板上开孔：船宽方向开孔尺寸之和≤货舱口至船边距离×6%。

(4)在非强力甲板上开孔：腰圆形或椭圆形孔，船宽方向开孔尺寸之和≤货舱口至船边距离×9%；圆形孔，船宽方向开孔尺寸之和≤货舱口至船边距离×6%。

三、在船体构件和甲板上开孔的强度补偿

(1)在船体构件上或甲板上开孔时，若不能符合上述开孔原则，则须在征得船体主管部门同意后方可实施，且开孔尺寸不超过规定的极限值。例如，在图5-24所示的船体构件(横梁、肋骨、纵桁等)上开孔的极限值应满足如下要求：

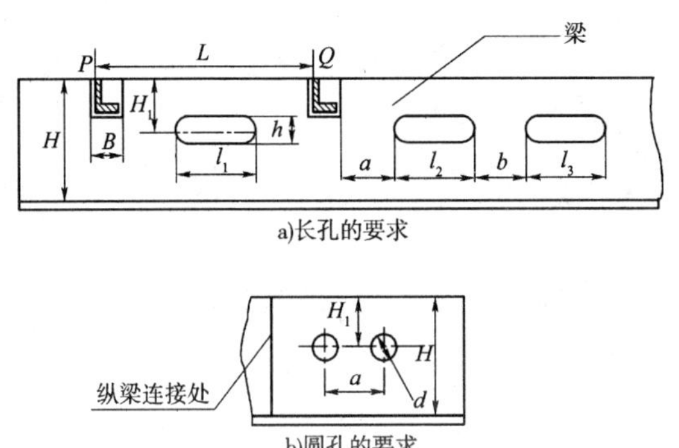

图5-23　在横梁、肋骨及纵桁上开孔

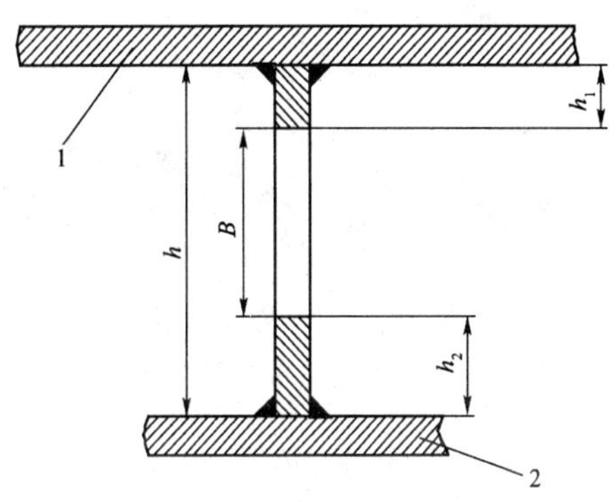

图5-24　在船体构件上开孔尺寸

1-甲板或舱壁；2-船体构件

$$B \leqslant 70\% h$$

$$h_1 \geqslant 10\% h$$

$$h_2 \geqslant 20\% h$$

(2)必须在开孔处设置补强框或补强复板应符合下列要求：

①钢板厚度≥被开孔的船体构件或甲板的厚度；

②补强框(垂直于腰圆孔平面)的高度≥所开腰圆孔的宽度；

③补强复板(沿腰圆孔短轴)的有效宽度之和≥所开腰圆孔的宽度。

(3)补强框和补强复板材料的强度应不低于被开孔的船体构件或甲板的材料强度。

(4)补强框应单面连续焊接，补强复板应在其内、外圈连续焊接。

(5)开孔处所用的电缆管、电缆框或电缆筒等若能满足上述要求，则可不再另设补强框或补强复板。

SIKAO YU LIANXI

1.船舶上电气设备用的紧固件有哪些？各有何特点？

2. 用于安装电气设备的样板支架有何特点？
3. 船舶上电缆用的紧固件有哪些？各有何特点？
4. 在船舶上敷设电缆时，为什么经常采用E型组合电缆支架？其种类有哪些？
5. 简要说明在船舶甲板上开孔的基本原则和强度补偿方法。
6. 电缆贯穿件有哪些？其作用是什么？
7. 电缆筒与电缆围板在使用时有什么区别？
8. 船舶隔壁上穿越多根电缆，且有水密要求时，宜采用哪种电缆贯穿件？
9. 船体构件上禁止开孔的区域有哪些？
10. 在船体构件上开孔时，应尽量避免开方形孔，为什么？
11. 在船体构件和甲板上开孔时，在什么情况下需进行强度补偿？应如何进行？

第六章　船用电缆及拉敷

● **学习目标**

知识目标

1. 熟悉掌握船用电缆的结构与型式及选择方法；
2. 正确理解掌握船舶电缆的拉放、敷设方法；
3. 正确理解掌握电缆孔的密封工艺方法。

能力目标

1. 具备船舶电缆拉放、敷设的能力；
2. 会根据船舶电缆的性能进行选择；
3. 会船舶电缆孔的密封。

船舶上的电力输送、电气控制以及通信导航，均由船舶电缆来完成的。随着船舶自动化程度的不断提高，不同种类的电缆在船舶上的应用越来越多。为了合理地选择和正确地使用电缆，需要电气施工人员掌握各种船舶电缆的结构及性能。

电缆的拉放指按照电缆的用途及路线，将电缆展开放置到线路的紧固件上；而电缆的敷设是指按照有关工艺要求，将电缆安装、紧固或密封在电缆完整件上。在施工过程中，要充分利用拉放两根电缆的间隙，进行电缆的整理，做到边整理边敷，以提高电缆拉敷的速度。

第一节　船用电缆的结构与型号

船用电缆主要由导电芯线、绝缘层、护套和铠装层等组成。其结构如图6-1所示。由于电缆要适用于船舶上的不同场合，所以其结构和选用的材料也随之有所变化。

一、导电芯线

1. 作用与结构

电缆的导电芯线是传导电能的路径。它一般由多股软铜线绞合而成，一般不少于7根，其表面大多进行镀锡处理，能防止芯线的腐蚀和氧化，并增强其导电性能。

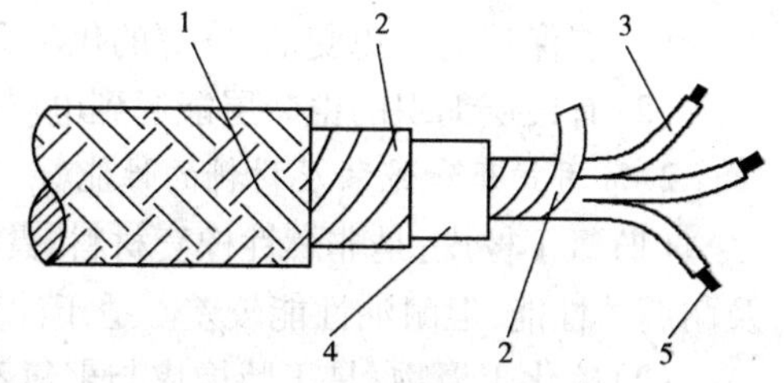

图6-1　电缆结构图

1-护套和铠装层;2-胶带;3-芯线绝缘;4-绝缘层;5-芯线

2. 芯线分类

(1)按芯线数量来分类，可分为单芯电缆、双芯电缆、三芯电缆和多芯电缆。导电芯线的横截面积越大，其载流量就越大。

(2)按芯线柔软程度来分类：可分为一般结构、软结构和特软结构三种，用来满足不同场合的工作需要。

一般结构适合于固定敷设的电缆。软结构适合于一般性移动设备的电缆。特软结构适合于移动频繁或使用中经常发生回转设备的电缆。横截面积相同的导电芯线,组成它的股数越多,电缆就越软。

3. 对芯线的强度要求

(1)跨越舱室较多的长电缆的导电芯线截面积应不小于 $0.75mm^2$。

(2)只有同一舱室的电子设备之间才可以采用 $0.3mm^2$ 以下的电缆。因其强度较低,所以在敷设时要注意防护。

二、绝缘层

1. 作用

绝缘层的作用是隔离各导电芯线,以防止芯线对地或相线间短路。

2. 常用绝缘材料的性能

(1)丁苯—天然橡皮:天然橡胶与丁苯橡胶混合而成,长期允许工作温度为70℃。适合于各种普通规格的电缆,应用较为广泛。

(2)丁基绝缘橡皮:具有良好的耐老化、耐潮湿、耐海水及酸碱腐蚀等性能,其长期允许工作温度为80℃。

(3)乙丙绝缘橡皮:具有良好的耐老化性能,绝缘性能优良,其长期允许工作温度为80℃。

(4)聚氯乙烯:具有良好的防潮性能,其电气性能优良、机械强度高、重量轻、工艺简单、价格比较便宜。普通型聚氯乙烯的长期允许工作温度为65℃,耐热型聚氯乙烯的长期允许工作温度为80℃。

(5)硅橡皮:电气性能优良、耐温性能优异,长期允许工作温度为180℃。适用于电机引线或特种电缆。

3. 材料的选择与应用

(1)绝缘层的耐压决定着电缆的额定电压,其耐压值应不小于线路的额定电压。

(2)低介电常数和低介质损耗的绝缘层可用于高频电缆。

(3)绝缘层的耐温特性决定着电缆的适用条件和载流量。比如,截面积相同而绝缘层耐温特性不同的两种电缆,耐温高的电缆可适用于环境温度较高的场合,并可提高载流量。

三、护套和铠装层

1. 作用

(1)能保护电缆免受油、水等的化学腐蚀,增强电缆抗机械损伤的能力。

(2)有镀层编织的铠装层能起到电屏蔽的作用。

2. 常用护套和铠装层材料的性能

(1)氯丁橡皮:是非燃性橡套材料,具有较高的机械强度,并且有良好的耐大气、日光老化及耐腐蚀性能,但耐油性能较差。适于油雾较少的场合或舱外敷设。

(2)硫化丁聚物:是丁腈橡皮与聚氯乙烯的复合物。具有弹性较好、机械强度高、耐磨、耐油、耐水、耐老化且阻燃的特性。适于油雾较多的机舱内敷设。

(3)聚氯乙烯塑料:具有优良的耐化学腐蚀和耐油、耐潮性能,具有较高的机械强度,并且重量轻、工艺简单、价格便宜。适于大多数场合的电缆敷设。

(4)氯硫化聚乙烯:具较高的气候适应性好、耐潮、耐化学腐蚀性能,还具有着色稳定性好、热稳定性好、质地细密、重量轻、极柔软等特点。适于大多数场合的电缆敷设。

(5)铠装层:有钢丝编织护套和铜丝编织护套两种。一般在其外层加有镀层,以防止被腐蚀,并有利于电缆外壳的接地。

3. 材料的选择与应用

(1)护套应具有耐潮、耐油、阻燃、耐寒及耐老化等性能;

(2)机舱等油、水较多的场所应选用橡皮或塑料且有钢丝编织的护套;

(3)卫生间等经常冲水的场所应选用聚氯乙烯塑料护套或氯丁橡皮护套;

(4)冷藏舱室应选用铅护套或氯丁橡皮护套,不宜用塑料护套;

(5)无线电通信等舱室应选用氯丁橡皮并具有铜丝编织的护套;

(6)蓄电池室、油漆间等有腐蚀性气体的场所,应适用聚氯乙烯塑料护套。

四、船用电缆的命名与代号

1. 代号

(1)系列代号:

①乙丙绝缘系列-CKE;

②交联聚乙烯绝缘系列-CKJ;

③聚氯乙烯绝缘系列-CKV;

④硅橡皮绝缘系列-CKS;

⑤天然丁苯绝缘系列-CKX。

(2)绝缘代号:

①热固性绝缘:乙丙绝缘-E,交联聚乙烯-J,硅橡胶-S,天然丁苯乙烯-J;

②热塑性绝缘:聚氯乙烯-V。

(3)护层代号。护层有内套、铠装层、外套三类,其代号如表6-1所示。

护层代号表　　表6-1

代　号	内　套	代　号	铠　装	代　号	外　套
V	聚氯乙烯	0	—	0	—
F	氯丁橡胶	2	双钢带	2	聚氯乙烯
H	氯磺化聚乙烯	3	细钢丝	3	聚乙烯
		8	铜丝编织		
		9	钢丝编织		

(4)特性代号。在火焰条件下燃烧的特性代号如表6-2所示。

电缆燃烧特性　　表6-2

代　号	定　义	代　号	定　义
D	单根燃烧	A	有烟、有酸、有毒
S	成束燃烧	B	低烟、低酸、低毒
N	耐火(单根燃烧)	C	无卤、低烟、低毒

2. 产品标记表示方法

(1)表示方法。产品用型号、规格、标准编号表示,其组成如下:

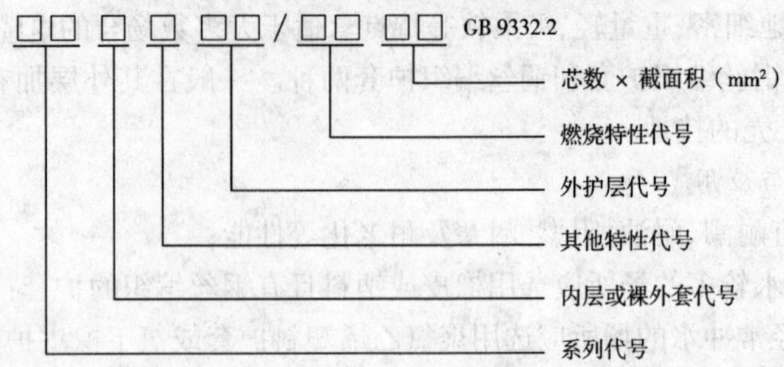

(2)举例:

①乙丙绝缘氯丁内套船用控制电缆,19 芯、2.5mm^2,燃烧特性 DA 型,其标记为 CKEF/DA19 ×2.5 GB 9332.2。

②乙丙绝缘铜丝编织铠装聚氯乙烯外套,船用控制电缆,燃烧特性 DA 型,其标记为 CKE82/DA7 ×1 GB 9332.2。

③乙丙绝缘氯丁内套裸钢丝编织铠装船用控制电缆,19 芯、1.5mm^2,燃烧特性 DA 型,其标记为 CKEF90/DA19 ×1.5 GB 9332.2。

第二节　船舶常用电缆及选择

一、船舶常用电缆

1. 船舶电力电缆及控制电缆

电缆结构如图 6-2 所示。主要用于船舶上交流 500V 及以下或直流 1000V 及以下的电力、照明和一般控制装置,是船上用得最多的一种电缆。二芯以上的电缆芯线上有数字编号,有利于接线及校对。

(1)电缆的性能特点及使用条件:

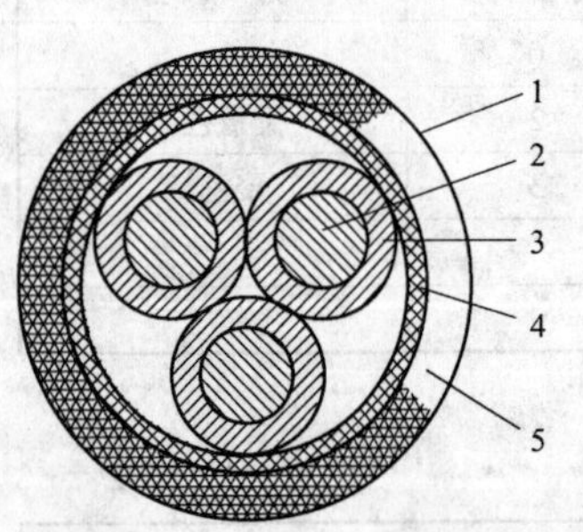

图 6-2　电力及控制电缆断面图
1-镀层金属网;2-铜绞线芯;3-橡皮绝缘层;4-玻璃布带;5-橡皮或聚氯乙烯护套

①橡皮绝缘的导电芯线是镀锡的。

②用镀锌钢丝编织时,编织密度≥65%;用镀锌铜丝编织时,编织密度≥80% 。

③电缆外径偏差不超过标称值的 +10% 。

④电缆能承受交流 50Hz 2000V 的试验电压时间≥5min 。

⑤电缆应进行耐寒、耐油、耐燃烧及耐老化试验 。

⑥电缆绝缘线芯的绝缘电阻应符合有关规定 。

⑦适于固定敷设或移动电气设备的连接 。

⑧环境适用温度:一般电缆≥ -20℃,塑料电缆≥ -15℃ 。

⑨电缆敷设时的弯曲半径≥4 × 电缆外径。

(2)常用电力电缆及控制电缆的种类。船舶常用电力电缆

及控制电缆的种类繁多,现仅列举出常用的一些类别:

①船用橡皮绝缘氯丁护套电缆:适用于无油雾大多场合,宜固定敷设。

②船用橡皮绝缘氯丁护套钢丝编织电缆:适用于无油雾大多场合,能有效防止一定机械外力有作用,宜固定敷设。

③船用丁基橡皮绝缘硫化丁聚护套电缆:适用于有油雾场合,宜固定敷设。

④船用丁基橡皮绝缘耐热氯丁聚护套铜丝编织电缆:适用于有一定干扰的场所,并且应采用固定敷设的方式。

⑤船用聚氯乙烯绝缘聚氯乙烯护套镀锡铜丝编织屏蔽控制电缆:适用于相对湿度100%及额定电压不大于110V的电路中使用,具有耐油、耐燃、耐热、耐寒等性能,并富于柔软性。由于聚氯乙烯价格较低,所以该电缆的成本亦较低。

⑥船用橡皮绝缘氯丁护套特软电缆:适用于船舶上频繁移动、回转或摆动的电气设备传输电能时使用。能经受住扭转角为2.8~2.9°/cm的7500次的弯曲扭转试验,电缆芯线的绝缘电阻不小于100MΩ/km。

⑦舰用橡皮绝缘橡套密封电缆:适用于水下舰艇上固定敷设之用,其纵向密封性能、抗压性能及抗拉性能很好,允许在海水中工作。

⑧船用橡皮绝缘裸铅包电缆:密封性能良好,但柔性较差,目前应用较少。

2. 船舶电信电缆

船舶电信电缆的结构如图6-3所示。主要用于船舶内部通信信号的传输。其主要类别有橡皮绝缘通信电缆、船用对绞式电话电缆、船用聚(氯)乙烯绝缘信号电缆等。采用双层屏蔽,提高了电缆的抗干扰能力。而电话电缆常采用双芯对绞式的结构,其目的是用来防止串音干扰,其原因是双芯线所感受到的干扰信号相同,属共模信号,能得到放大电路的有效抑制。

船舶电信电缆的电气绝缘性能优异,抗干扰性能好,但其机械强度稍差,芯线较细,只适合于小型电子设备的固定敷设,且在敷设时电缆要有较大的弯曲半径。

3. 船舶射频电缆

结构如图6-4所示。用于高频电子设备中传输信号或电能。露天敷设用得较多,其电气密封性能、防水性能较好,化学性能稳定,并能耐受高、低温。它有单芯轴电缆、多芯同轴电缆、对称射频电缆及强力射频电缆等多种类别。

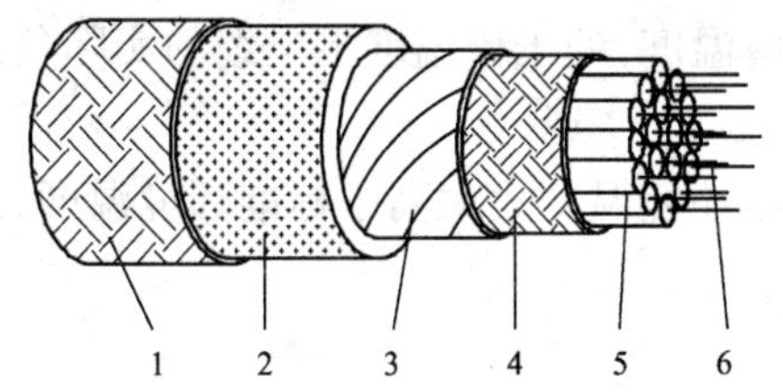

图6-3　船用聚乙烯绝缘信号电缆结构

1-镀锡铜丝总编织;2-聚氯乙烯护套;3-橡皮带绕包;4-镀锡铜丝编织;5-聚氯乙烯绝缘层;6-镀锡铜线芯

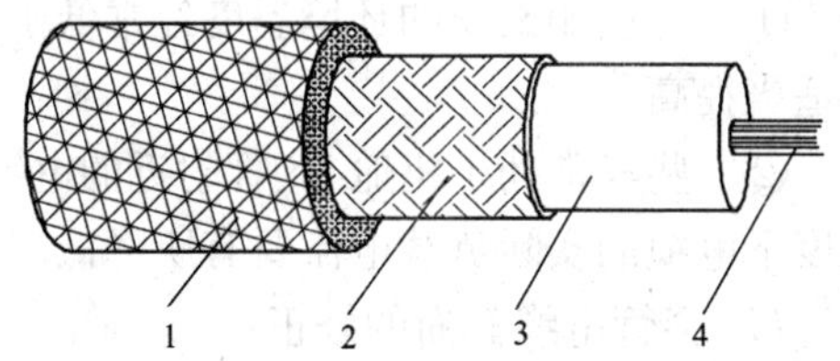

图6-4　同轴射频电缆

1-聚乙烯护套;2-铜丝编织;3-实芯聚乙烯绝缘;4-内导体

二、船舶电缆的选择

船舶控制的自动化程度越高,其上所用电缆的数量就越多。由于电缆承受着输送电力、传

递信号和控制各种运行的繁重任务,所以如何经济合理地选择船用电缆是十分重要的。

1. 确定电缆的型号

电缆型号的确定,首先要充分考虑不同型号或类别船舶的特殊要求,然后再依据电缆的用途、敷设位置及工作条件来确定。即根据电缆是用于动力网络还是用于控制或弱电网络、是舱室内敷设还是露天敷设、是否有防爆要求、是固定敷设还是用于移动设备等方面来确定。

2. 确定电缆的截面

根据负载的工作制、电源种类、电缆芯数、负荷的实际情况计算出总的负载工作电流。即要充分考虑负载设备是连续工作制还是断续工作制、电源是交流还是直流、负载的同时工作系数等因素。

(1)发电机至总配电板的连接电缆,依据发电机的额定电流来选择。

(2)电动机的连接电缆,应按电动机的额定电流来选择。

(3)分配电板的连接电缆,应考虑负荷系数及同时工作系数,但要有一定的余量。

(4)单或双芯电缆的截面应大于$1mm^2$,多芯电缆每芯的截面应大于$0.8mm^2$,以满足机械强度的要求。

(5)为了敷设方便,截面大于$25mm^2$的电缆宜采用单芯电缆;截面大于$120mm^2$时,则宜采用两根较小截面电缆并联的方式来代替。

(6)三相交流线制中,原则上采用三芯电缆。若截面较大时,可采用单芯电缆或多根三芯电缆并联使用的方式。但不宜采用有金属护套的电缆,以防止涡流发热。

(7)进入蓄电池室的连接电缆应采用单芯电缆,以有利于接线。

(8)选择多芯电缆时,应留有备用芯线。一般实用电缆为2~4芯时,备用1根;实用电缆为5~17芯时,备用1~3根;实用电缆为18~48芯时,备用3~5根。

(8)信号电缆不能与控制电缆、电力电缆等共用一根多芯电缆,以防止相互干扰。

3. 电缆截面的修正

电缆的标称载流量是电缆在标准环境温度下确定的。由于电缆所处环境温度、工作条件的差异及电缆穿管、捆扎等的影响,电缆的实际温度往往很高,如果电缆仍按其标称载流量工作,则会导致电缆过热而不能正常工作,应对所选用电缆的截面积进行适当的修正。

(1)环境温度的修正:

①一些船舶工作的环境温度经常低于标准环境温度,处于该温度下电缆的实际负载电流可适当提高。

②一些经常处于机舱、热管附近的电缆,其实际环境温度大大高于标准环境温度,处于该温度下电缆的实际负载电流要有所降低。

(2)穿管电缆截面的修正:

①当穿管长度小于1.3m时,可不修正。

②当穿管长度大于1.3m时,散热条件明显恶化,则有公式

$$S \geqslant 1.25S_N \tag{6-1}$$

式中:S——实际电缆截面积(mm^2);

S_N——标称电缆截面积(mm^2)。

③成束电缆敷设时的修正:

当长度超过3m,有6根以上电缆同时在一起敷设时即为成束电缆敷设。随着船舶电气化程度的提高,电缆用量不断增加,该方法应用越来越广泛。几十根乃至上百根电缆紧密地靠在一起,势必造成电缆散热的恶化,电缆能通过的负载电流比标称负载电流小了很多,所以应进行修正。其修正公式为

$$I \leqslant 0.85 I_N \tag{6-2}$$

式中:I——实际电缆载流量(A);

I_N——标称电缆载流量(A)。

第三节　船用电缆的拉放

一、电缆敷设路线

船舶主干电缆的电缆走向一般分为三个路线。第一路是机舱通往上层建筑的驾驶室方向,第二路是机舱通往船艏方向,第三路是机舱通往船艉方向。每个方向电缆的拉敷原则上分为左右两束。在具体拉敷时,应按自上而下、由主干到局部或由大型设备到小型设备的顺序来进行,以减轻劳动强度。

机舱通往上层建筑的驾驶室方向的电缆拉敷时,一般是沿着隔舱壁行走;上层建筑甲板处的主干电缆一般均敷设在内走道里。

现行设计的多数船舶上均设有专用的电缆舱,其内部不但可以敷设电缆,而且还可以安装一些不经常操作的配电装置,给安装、使用及维修带来了很大方便。

局部电缆的布置在不增加电缆长度的情况下,可以随主干电缆一起行走,能降低电缆紧固件及电缆贯穿件的消耗,减小拉敷的工作量。而公共场所及生活区的电缆布置,为了美观而尽量采用暗线敷设。

二、电缆拉放方法

1. 单向拉线法

(1)方法:电缆的首端从拉放点开始,沿着紧固件一个方向拉线,尾端停止在拉放点附近。

(2)应用:中小型船的主干及局部电缆,贯穿几层甲板的主干电缆组,其拉放点在最上一层甲板。

(3)特点:可不停顿地连续拉线。当电缆较粗且又较长时,其劳动强度较大、对电缆最外一层护套的磨损也较大。

2. 双向拉线法

(1)方法:电缆首端从拉入点开始,向一个方向拉放,到达中间停止标志处,将另一段电缆从电缆筒上拉出来,绕成“8”字形,然后将电缆尾端向与首端相反的方向拉放。

(2)应用:大中型船上较长的纵向主干电缆及军用船上的消磁电缆。

(3)特点:可减少电缆在拉放中的磨损。但拉放中途有停顿,且拉放点附近绕成“8”字形的电缆容易出现打结和不平整现象。

3. 内场备料上船拉线法

(1)方法:电缆在分厂已备料完毕,运到船上后按电缆加线册拉线。

(2)应用:大中型船舶上的局部电缆及一般电气设备较多的舱室。

(3)特点:拉线速度快,电缆占用场地小,但内场工作量大。因丈量误差,电缆有一定数量的浪费。

4. 船上切割拉线法

(1)方法:把所需的各种规格电缆吊运上船,按电缆加线册边切割边拉线。

(2)应用:小型舱室的居住舱室内的局部电缆。

(3)特点:能减少内场工作量,电缆因长度准确而利用率很高;但拉线速度慢,电缆占用场地大。

5. 混合拉线法

(1)方法:较长或用得较少的电缆在内场备好料后运到船上,而使用频繁的各规格的电缆在船上现场切割。

(2)应用:各种情况下的电缆拉放。

(3)特点:集中了上述两种情况的优点。

三、拉放顺序

(1)按照不同的区域,由机舱→居住区→露天甲板的顺序。

(2)按照不同的线路,可分为两种情况。一种情况是由主干线→局部线的顺序,它适于主船体大合拢后,才能进行电缆拉敷的建造工艺。另一种情况是由局部线→主干线的顺序,适于分段预安装建造工艺;在预安装时大多局部电缆已基本上拉敷完毕,到大合拢后,再进行主干电缆的安装。

(3)按照电缆的状况,由尺寸长、外径大的电缆→尺寸短、外径小的电缆的顺序。

(4)按照不同的装置,由大型设备→小型设备的顺序。

四、电缆拉放的工艺要求

(1)电缆拉放前,应检查线路上所有的紧固件和安装件有无遗漏,有无锐边和毛刺,焊接是否牢固及是否已涂有防锈漆。电缆拉敷后,在已敷设的线路附近,应避免进行火工作业,以免损伤电缆;否则,应有临时防护措施。

(2)采用紧钩或桥形板紧固电缆时,应隔一定的间距装上临时挂钩,作为临时承托,用完后拆去。

(3)电缆拉敷前应仔细核对电缆的型号、规格、长度、起终点设备名称和位置与电缆表格和图纸是否相符,并检查电缆是否损坏。

(4)电缆的拉敷应按电缆表册规定的顺序依次进行。对于局部电缆,若无电缆表册,可按设备布置图和电缆系统图,根据实际走向进行切割和拉敷,并在两端做好临时标记。局部电缆一般在主干电缆拉敷完毕后进行。

(5)电缆拉敷时,应使电缆沿着已焊接过紧固件的敷设线路方向连续均匀地移动,严禁强力硬拖,以免损伤电缆。对主干电缆,应按照电缆的停止标记,把电缆停在规定的舱壁或甲

板处。

(6)不同护套的电缆混合拉敷时,应特别注意防止电缆相互摩擦而损伤电缆护套。

(7)电缆转弯时,应确保弯曲半径为电缆外径的4倍以上。

(8)电缆穿过水密贯穿件时,其两端应有一定的直线段,以保证填料函容易密封。

(9)每根电缆拉敷完毕后,均需把电缆整齐摆平,校对好长度,并把电缆卷起挂在设备附近。不得将电缆随意乱抛,任意踩踏,以免损伤电缆。

(10)当某一部分的所有电缆拉敷完毕后,即可全面核对电缆的型号、规格以及进入设备的长度和总根数,以防敷错或遗漏,核对无误后,即可完成该部分电缆的紧固。然后,再拉敷下一部分电缆。

(11)电缆敷设紧固完毕后,应采取防水和防鼠填隙的工艺措施。

第四节　船用电缆的敷设

一、电缆完整件的选用

船用电缆的正确的敷设是通过电缆完整件的合理选用来实现的。电缆紧固件及贯穿件的种类规格很多,对其进行合理的选用,不仅会减少材料的消耗,还会减少返工的工作量,并能避免大材小用的现象。

1.电缆紧固件的选用

下面仅介绍扁钢支架、紧钩及E型电缆支架等经常使用的电缆紧固件的选用。

1)扁钢电缆支架的选用

(1)电缆敷设层数应不超过两层,以利于电缆的散热,并能防止电缆因其自身的重力超过支架或扎带的载荷而造成脱落。其应用如图6-5所示。

(2)扁钢电缆支架宽度的选择依据是其上面敷设的电缆的外露部分的宽度要小于电缆的半径。

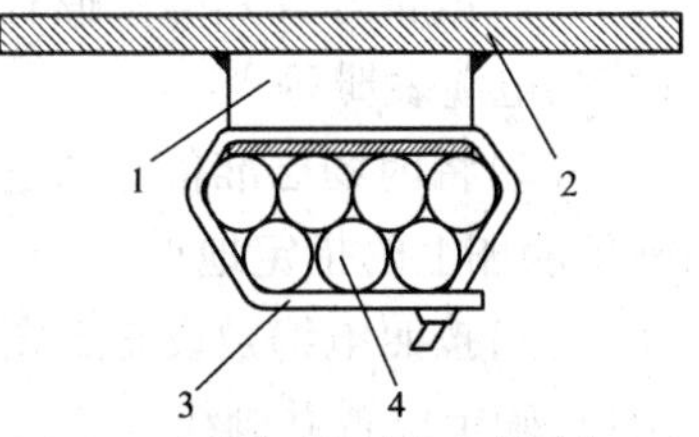

图6-5　电缆在扁钢支架上的固定

1-支架;2-舱壁;3-扎带;4-电缆

(3)电缆扎带的选用:

①不锈钢扎带:其特点是强度高、耐腐蚀,但价格较高,适用于室外及潮湿场所;

②镀锌扎带:其特点是强度较高、耐腐蚀、价格较低,整个船舶各种场合的电缆敷设均可使用;

③尼龙扎带:其特点是施工方便、耐腐蚀,但强度一般、不耐老化而且价格较高,故不宜用于高温及露天场所。

2)紧钩的选用

(1)允许敷设多层电缆,提高紧钩的利用率。如图6-6所示。

(2)紧钩的使用使电缆的拉放变得较为方便,尤其是紧钩的开口向上时更能显示其优越性。

(3)紧钩规格的确定可按下式来确定:

$$H > h = \frac{D_1^2 + D_2^2 + \cdots}{b} \tag{6-3}$$

式中：H——紧钩的高度(m)；

h——敷设电缆的实际高度(m)；

D_1、D_2、…——各电缆的直径(m)；

b——紧钩内边的宽度(m)。

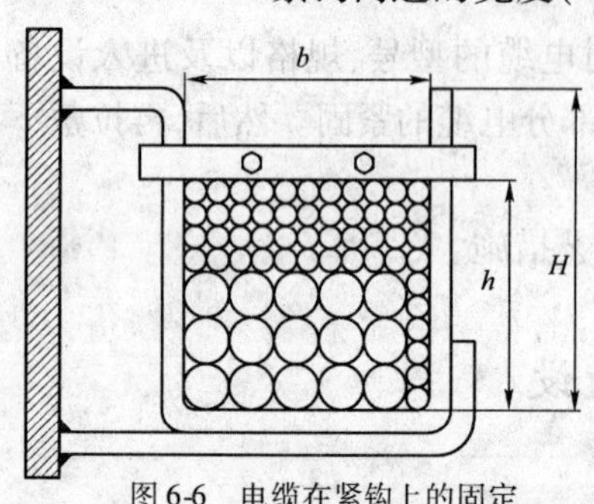

图 6-6　电缆在紧钩上的固定

3）E 型组合电缆支架的选用

(1)采用该支架时，电缆敷设、紧固及增添较为容易，其宽度不要大于 200mm。

(2)敷设电缆层数不要超过两层，厚度不要超过 50mm，否则应选双层支架，层间距应大于 100mm。若一束电缆超过 3 层，应按 85% 载流量选用电缆。

(3)该支架的宽度最大可达 600mm，适合用于大型船舶电缆的敷设。

2. 电缆贯穿件的选用

(1)填料函的选用要与电缆的外径相适应，以保证水密要求。

(2)电缆框、电缆筒及电缆围板等的选用要考虑穿线方便，且每根电缆之间及电缆与舱壁之间的间隙要大于 20mm，以便于进行密封。

(3)电缆管的弯头数量不要超过两个，否则会给穿线带来困难。

(4)水平敷设的电缆管一般应设置排水孔。

(5)电缆管截面积的选用：电缆管的内截面积≥2.5×电缆截面积总和。

二、电缆完整件的安装

(1)准备好并熟练掌握有关电缆敷设的施工图纸与技术文件，如电气设备布置图、电缆敷设图、电缆表册等。

(2)将内场已准备好的电缆、电缆紧固件、电缆贯穿件及相关组合件、工装工具等运至待施工船舶上的指定地点。

(3)按照电缆敷设施工图纸的要求，对电缆紧固件、电缆贯穿件及相关组合件等进行实船定位，确定位置并画线。

(4)可靠焊接电缆紧固件、电缆贯穿件及相关组合件，清除焊渣，检查水密性，并涂上防锈漆。

三、电缆敷设的工艺要求

(1)电缆敷设的线路应尽可能平直和易于检修。主干电缆暗式敷设时，敷设路径上的封闭板必须便于开启。所有电缆线路的分支接线盒若为暗线敷设时，则封板必须便于开启，并有耐久的标记。不应将电缆敷设在隔热或隔音的绝缘层内，也不应在电缆上喷涂泡沫塑料等隔热材料。冷藏舱、锅炉舱等处的电缆应全部明线敷设。

(2)电缆敷设应防止机械损伤。尽量避免在货舱、贮藏室、甲板上、舱底花铁板下等易受机械损伤的场所敷设电缆。若无法避免时,则需设置可拆的电缆护罩或电缆管加以保护。尽量避免在可移动或可拆的场所敷设电缆,以免活动件移动或拆装时损伤电缆。电缆穿过甲板时,必须用金属电缆管、电缆筒或电缆围板加以保护。电缆敷设不应横过船体伸缩接头,若不能避免时,则应将电缆弯成一个环形伸缩接头,其长度正比于船体伸缩长度,其内半径应不小于电缆外径的12倍。

(3)电缆应尽量远离热源敷设。电缆离蒸汽管、排气管及法兰、电阻器、锅炉等热源的空间距离一般应不小于100mm,否则应采取有效的隔热措施。电缆与蒸汽管道穿过同一水密舱时,电缆与法兰之间的距离为:当蒸汽管直径 >75mm 时,应不小于450mm;当蒸汽管直径≤75mm时,应不小于300mm。

(4)电缆敷设应尽量避免潮气凝结、滴水和有油水浸入的场所。在易受油水浸渍的舱底花铁板下敷设电缆时,应将电缆敷设在金属管子或管道内;管子或管道应贴近花铁板安装,其两端应高出花铁板,并用填料密封。在潮湿舱壁上敷设电缆时,电缆与舱壁之间的距离至少应有20mm以上的空间。进入有潮气凝结、滴水和有油水侵入的场所时,必须采用电缆填料函,并应有填料密封。

(5)有易燃、易爆和有腐蚀性气体影响场所的电缆,应敷设在管道内。当管道穿过舱壁时,应保持舱壁原有的密封性能,防止有害气体进入其他舱室。

(6)电缆一般不应穿越水舱,如无法避免时,可用单根无缝钢管穿管敷设,管子及其与舱壁的焊接均应保证水密并应有防腐措施。电缆严禁穿越油舱。

(7)电缆与船壳板、防火隔堵及甲板的敷设间距应不小于20mm,与双层底及滑油、燃油柜的敷设间距应不小于50mm。

(8)在磁罗经安装中心1m范围内的直流馈电线,必须采用双芯电缆。

(9)为了便于电缆的敷设与检修,电缆线路周围应留有一定的空间。

(10)电缆的弯曲半径应符合表6-3中的要求,且施工时的环境温度应不低于-15℃。

固定敷设电缆最小弯曲半径表(mm) 表6-3

电缆结构		电缆外径 D	最小弯曲半径
绝缘材料	外护套		
热塑料材料和弹性材料	金属护套、铠装	任何	$6D$
	其他保护层	≤25	$4D$
		>25	$6D$
矿物	硬金属护套	任何	$6D$

(11)下列电缆应尽量避免在一起敷设:具有不同允许温度的电缆不应成束敷设在一起,否则所有电缆的允许工作温度应以允许工作温度最低的一根为准;主用和应急用的干线、馈电线、主用和备用馈线等均应远离分开敷设。

(12)主用和应急馈电线通过防火区时,应尽可能分开敷设。

(13)舱室的木质封闭板上允许明线敷设,但封闭板必须是固定的。

(14)桅杆、吊杆上敷设的电缆原则上敷设在桅杆、吊杆的背面,在不妨碍人员上下的情况

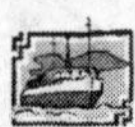

下尽量靠近梯子，以利于敷设与维修。但为了人员上下的安全，敷设的电缆不应靠近扶手，以免发生触电事故。

四、全船电缆的紧固

1. 电缆紧固的条件

(1)电缆已拉放完毕，或在一段线路内已拉放齐全，经检查无错漏。

(2)检查电缆两端进入设备的留线长度是否已经足够。

(3)电缆束已经整理。

(4)已准备好紧固件的附件及相应的工具。

2. 电缆的紧固工艺要求

(1)电缆的排列应平直、整齐，尽量不交叉。对于难以避免的交叉，应安排在电缆束的内部，且不得在紧固位置，以免影响美观及紧固质量。

(2)电缆紧固后，在紧固件内不应松动，电缆护套的变形应小于电缆外径的5%，以免使电缆受到有害的变形和损伤。

(3)紧固电缆时，不允许使用手锤等坚硬的工具敲击、挤压电缆，以免损伤。

(4)电缆的弯曲部位，紧固时力求美观，且应符合电缆允许弯曲半径的要求。

(5)用紧钩、电缆支架或桥形板等敷设电缆时，必须对每个紧固件都要进行紧固，紧固件的间距应符合表6-4规定。

电缆紧固件间距表(mm) 表6-4

电缆外径 D	紧固材料间距		电缆外径 D	紧固材料间距	
	非铠装电缆	铠装电缆		非铠装电缆	铠装电缆
$D\leqslant 8$	200	250	$20<D\leqslant 30$	350	400
$8<D\leqslant 13$	250	300	$D>30$	400	400
$13<D\leqslant 20$	300	350			

(6)检查穿过不设密封贯穿件的电缆，在距贯穿件100~150mm内应进行电缆紧固；穿过密封贯穿件的电缆，应该在距贯穿件250mm内设支承件并紧固电缆。

(7)所有电缆的紧固件及其附件应是坚固的。接触电缆的表面应无毛刺和锐边，金属紧固件表面应镀锌或涂以防锈漆。

(8)不得在水密的舱壁、甲板或甲板室的外围壁、上层连续甲板以下的船壳板上钻孔用螺钉来紧固电缆。

(9)穿过电缆贯穿件的电缆截面积的总和应不超过贯穿件截面积的40%，为密封留有足够的填充空间。

(10)用尼龙扎带紧固电缆时，应采用下托敷设的形式，避免电缆悬挂或横向敷设。如图6-7所示。图a)为合格的敷设方式；图b)、c)为不合格的敷设方式，因为扎带所受的应力集中，容易断裂。

(11)电缆紧固结束时，应清除临时固定用的支架、保护物和捆扎物。

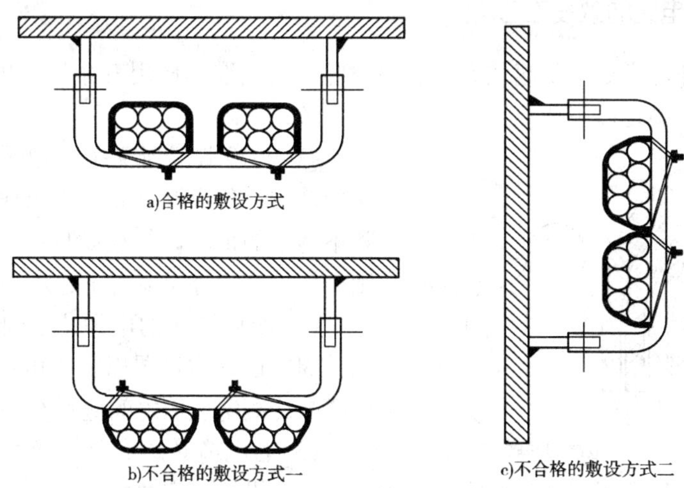

图 6-7　用尼龙扎带固定电缆

第五节　电缆在特殊条件下的敷设工艺

一、单芯电缆的敷设工艺

无论是交流电路还是直流电路，均应尽量不选用单芯电缆，以避免在电缆的铠甲中或电缆贯穿件中因涡流效应而造成的发热。当工作电流大于 20A，且必须采用单芯电缆时，应采取如下工艺措施：

(1)交流电路的单芯电缆应尽量选用无金属护套或有非磁性金属护套的电缆。

(2)同一交流电源的不同相或同一直流电源的不同极的单芯电缆，应相互靠近敷设。

(3)交流单芯电缆的紧固件，应尽量采用非磁性材料；否则，同一电源不同相的电缆应紧固在同一紧固件内。

(4)同一电源不同相的交流单芯电缆穿过金属管道敷设时，应穿在同一管道内，以使其产生的交流磁场相互抵消。

(5)交流单芯电缆沿钢质舱壁或构件敷设时，应尽量远离钢质舱壁或构件。当电缆电流超过 250A 时，电缆与钢质舱壁或构件的距离不得小于 50mm。但同一交流电路的电缆按“品”字形排列时除外。

(6)同一电源不同相的交流单芯电缆穿过钢质舱壁或构件时，必须穿在同一电缆框、电缆筒或填料函内，并且电缆相互间不应有任何磁性材料存在。电缆与电缆贯穿件内壁的距离应不小于 75mm。若采用三相“品”字形排列，其距离可适当减小。

(7)同一交流电源的每一相或直流电源的每一极，可采用截面积相同的多根单芯电缆并联使用。若为三相交流电源，每相有两根电缆并联，当其为“一”字形排列或为双层排列时，其正确的并联方式如图 6-8 所示。这样可以使得各相电缆的路径基本上一致，其阻抗基本上相等；当六根电缆两两并联后，分别连接三相交流电源，可以防止电缆中三相电流分配不均匀。

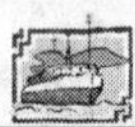

二、冷藏场所电缆的敷设工艺

由于冷藏场所经常处于低温状态，又极其潮湿，对电缆的使用寿命将产生很大的影响，所以其电缆的敷设应满足以下要求：

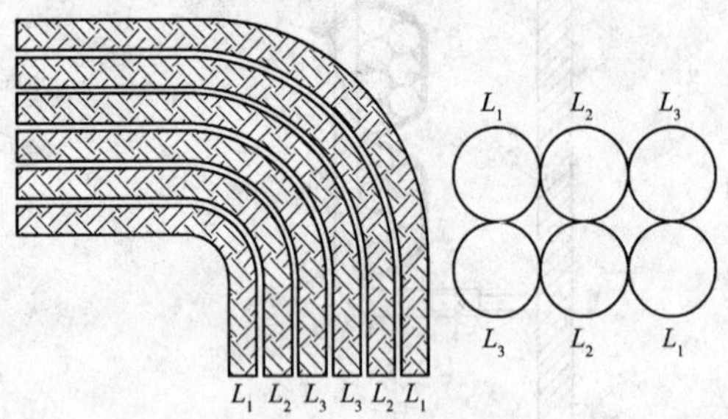

图 6-8　三相电源电缆的并联

(1)与冷藏场所无关的电缆，不要穿过冷藏场所敷设。敷设在冷藏场所的电缆均应有耐寒和不透水的护套。若敷设具有金属护套的电缆，则金属护套的外层应有不透水和耐腐蚀的护套。

(2)冷藏场所的电缆应全部以明线敷设，并在其周围设置防护罩以防止电缆受到机械损伤。电缆与冷藏室表面之间应留有一定的距离。

(3)若电缆必须穿越冷藏场所的热绝缘层，则电缆应敷设在金属管子里并垂直穿过。管子两端应设置水密填料函。

(4)固定电缆的金属紧固件最好采用耐腐蚀材料制成，若采用钢质材料，则应有可靠的防腐措施。

三、油船电缆的敷设工艺

油船属于危险性船舶，一旦发生火灾事故，其后果是相当严重的，所以油船电缆的敷设必须考虑如下因素：

(1)第一类舱室主要包括货油舱和垂直隔离空舱。在该类舱室内严禁安装电气设备及敷设电缆。若不可避免时，电缆必须敷设在气密良好、结构坚固的电缆管内，且电缆管不准贴近油舱壁安装。电缆进入该舱室时，电缆管的密封要确保可靠，以达到与其他舱室严格隔离的目的。

(2)第二类舱室主要包括水平隔离空舱，与货油舱和垂直隔离空舱上面直接相邻的舱室，货油泵舱，贮藏输油软管的舱室，在离爆炸性气体出口 3m 以上的露天区域，货油舱向船艏或向船艉延伸 3m 及离甲板上 2.4m 高度以内的区域，邻近于货油舱的竖阱、通道和舱室等。在该类舱室内所安装的电气设备必须是防爆型的，其他舱室的电缆尽量避免通过该舱。电缆在敷设时应与甲板、舱壁、油舱以及各种管子离开不小于 50mm 的距离。电缆进入该舱室时，电缆管的密封仍要确保可靠，以达到严格隔离于其他舱室的目的。此外，电缆的伸缩接头不应在本舱室之内。

(3)第三类舱室是指除了第一类和第二类舱室以外的其他舱室。电缆穿过隔舱壁时，敷设在甲板或步桥上的电缆应有保护的措施，防止受到机械损伤。该电缆还应留有一定的余量，可通过在电缆槽内按蛇形敷设或设置电缆的伸缩弯头来完成，以防止船体结构变形而造成电缆的断裂。此外，还要使敷设的电缆容易接近，便于维修。沿着甲板敷设的电缆管或金属罩壳距甲板高度要不小于 200mm。电缆或电缆管穿越分隔“危险区”与“非危险区”等处的气密舱壁或甲板时，应保证其气密的完整性。

四、邻近无线电设备电缆的敷设工艺

为了防止其他电路在工作时对无线电设备产生感应干扰，邻近无线电设备电缆的敷设应考虑如下因素：

(1)敷设在露天甲板上或非金属上层建筑内的电缆,应有金属护套或敷设在金属管子、金属罩壳内。

(2)进入无线电舱室的电缆和无线电助航仪器的电缆,应有连续的金属护套。

(3)上述各种情况所用的金属护套、电缆管及金属罩壳等的两端应可靠接地。

(4)与无线电室无关的电缆原则上不应穿过无线电室敷设。

第六节　电缆孔的密封

电缆通过电缆贯穿件且有水密、气密及防鼠等要求时,均需进行密封工作,由于船舶上不同位置对电缆密封要求的不同,再加上贯穿件结构型式的各异,电缆孔的密封工艺也有所不同。下面介绍几种常用的密封工艺。

一、填入式密封工艺

它是利用粘性填料填入密封件内,使填料紧紧粘在密封件内壁和电缆护套上来达到密封目的的。为了提高该方法的密封性能,在向填料函内填塞填料时,应加以一定的压力。填入式环氧树脂填料在填料盒中密封的情况如图6-9所示。

1. 施工程序

(1)核对通过填料盒的电缆的型号、规格、数量,并准备好所需的甲、乙组填料及填料盒零件。

(2)对填料盒壳体的内壁和每根电缆的表面,涂以环氧胶水。配方:环氧树脂与硬固剂按1∶0.8混合,并用适量丙酮稀释。经一定时间后即自行固化,应随配随用。

(3)将电缆进行分层整理,在填料盒的靠近电缆处,用填料、石棉绳等材料加以封闭,并在电缆的层之间用厚度不小于20mm的衬条隔开,衬条应与电缆框相接触。

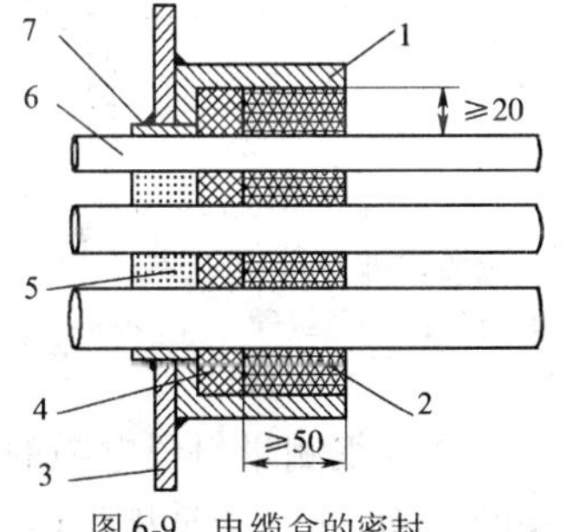

图6-9　电缆盒的密封

1-填料盒壳体;2-填料;3-隔舱壁;4-衬条;5-石棉绳;6-电缆;7-电缆框

(4)估计所需填料数量,将甲、乙两组填料充分混合均匀,随即将填料填入填料盒中。在填充过程中,应施加一定的压力,使每一根电缆周围均保证有填料,填料应填塞紧密且无缝隙。

(5)填料沿电缆轴线的填塞厚度应不小于50mm,电缆与填料盒内壁之间的填料厚度不宜小于20mm。

(6)填塞好的填料盒在20~30℃温度条件下,应至少保持静置24小时,以保证填料盒充分硬固。在此期间里,不得拉动电缆。

(7)填料盒两端的电缆应与填料盒基本上处于同一水平位置,并应保证有不小于400mm的直线段,以方便施工并能避免填料因电缆弯曲而受到挤压。

2. 基本技术要求

(1)填料盒填料在充分硬固后,其与填料盒壳体和电缆之间均应牢固粘结、没有缝隙。硬固后的填料,可用刀具轻易地凿开,并且有可重新补充粘合的性能。

(2)填料应为滞燃、自熄和无腐蚀性的。

(3)在常温下，填料盒应能承受压强为 9.8N/mm^2 的水密性试验 1 小时无漏水现象。

(4)填料盒应能承受温度为 90℃，时间为 20 个周期的交变温度试验。每一周期 8 小时加热，16 小时自然冷却至常温。

(5)填料盒应能承受温度为 -25℃，时间为 8 小时的低温试验。

(6)填料盒应进行耐冲击和振动试验，并能满足有关的参数要求。

二、机械压紧法密封工艺

利用机械压力，使填料函压缩后紧贴在密封件内壁和电缆护套上，从而满足密封的要求。

1. 设备填料函的密封

其密封情况如图 6-10 所示。设备填料函的填料为橡皮圈。在电缆引入设备前，依次压紧螺母、钢质垫圈、橡皮圈等套入电缆。为了防止橡皮圈在密封中的轴向移动，可用粘性塑料带把橡皮圈与电缆缠绕在一起。在电缆引入设备时，将上述密封件一起推入填料函底部，旋紧螺母，压紧橡皮圈，直至电缆无轴向移动为止。要求压紧螺母不得全部旋入，留出 2~3 圈螺纹作为以后恢复性能时用。对于向上及水平方向的填料函，为了不使水积在电缆与压紧螺母的空隙内，须用填料填塞成半圆形。

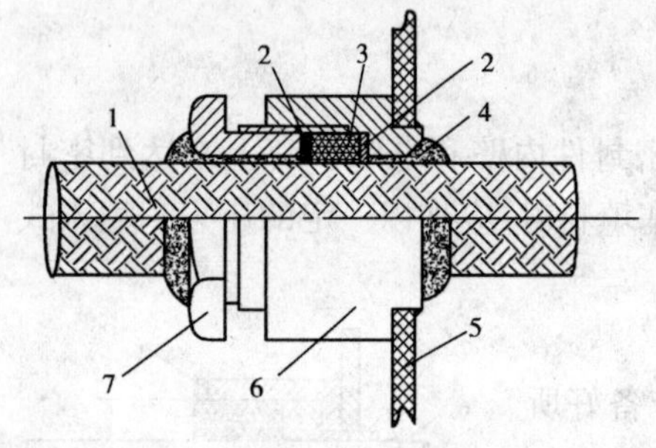

图 6-10 设备填料函的密封

1-电缆；2-垫圈；3-橡皮圈；4-填料；5-设备壳体；6-函体；7-压紧螺母

2. 组合式橡胶块填料盒的密封

(1)施工程序和施工工艺：

①按照施工图纸，校对通过填料盒所有电缆的型号、规格和数量，并准备好所需的橡胶块及其他相应的填料盒零件。

②仔细测量每根电缆的外径，并以实测数据为准，核对按所选橡胶块的孔径与实测电缆外径的间隙，使之满足相关规定。

③按照设计所规定的电缆穿线及橡胶块排列图，将电缆进行分层隔开，然后填入相应的橡胶块。填入橡胶块应自下而上分层进行。

④在填入橡胶块时，应在填料盒壳体的左右侧表面上涂以少量的润滑剂，以减少橡胶块与壳体间的摩擦；还应在橡胶块的内表面上涂上少量的硫化硅橡胶，以有利于电缆的水密性能。

⑤在最上一层电缆的橡胶块填充完毕后，即可填入压块，并收紧压紧螺栓，直至可填入辅助橡胶块为止。

⑥在水密隔舱的两侧分别填入辅助橡胶块和前后夹板，并用螺栓、螺母紧固。然后再适当放松压紧螺栓，以减少对电缆的压力。

⑦填料盒两端的电缆应与填料盒基本上处于同一水平位置，并应保证有一定距离的直线段，参考表 6-5，以方便施工并能保证橡胶块受力均匀。如图 6-11 所示。

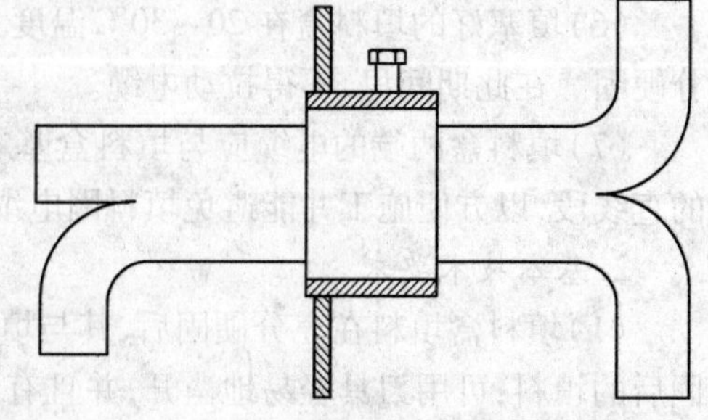

图 6-11 填料盒两端电缆的直线段

填料盒两侧的直线段(mm)　　表6-5

电缆外径 D_{max}	≤30	≤40	≤50	>50
直线段 l	≥400	≥600	≥800	≥1000

(2)基本技术要求:

①填料盒中填料充分凝结后,紧固填料盒的螺栓与填料盒壳体和电缆之间均应牢固粘结,没有缝隙。

②填料应为滞燃、自熄和无腐蚀性的。

③在常温下,填料盒应能承受压强为9.8N/mm^2 的水密性试验1小时无漏水现象。

④填料盒应能承受温度为90℃,时间为20个周期的交变温度试验。每一周期8小时加热,16小时自然冷却至常温。

⑤填料盒应能承受温度为-25℃,时间为8小时的低温试验。

⑥填料盒应进行耐冲击和振动试验,并能满足有关的参数要求。

三、灌注式密封工艺

将具有一定浓度的液体填料,直接或通过浇灌装备灌入密封件内,利用填料自然干燥或发泡膨胀的特性,使之充满密封件的空间,从而达到密封的目的。此法宜于成束电缆穿过舱壁及甲板时的密封。其密封方法如图6-12所示。

1.施工程序和工艺

(1)按照设计图纸,校对通过填料盒的所有电缆的型号、规格和数量,并准备好所需的填料原料及填料盒零件。

(2)对电缆进行分层整理,并将挡板按电缆束的大小和形状,在现场进行开孔。

(3)插入挡板,并在内外两块挡板之间塞石棉绳、石膏粉等填充料加以封闭,以免在灌注填料时,液态填料从填料盒中泄漏出来。

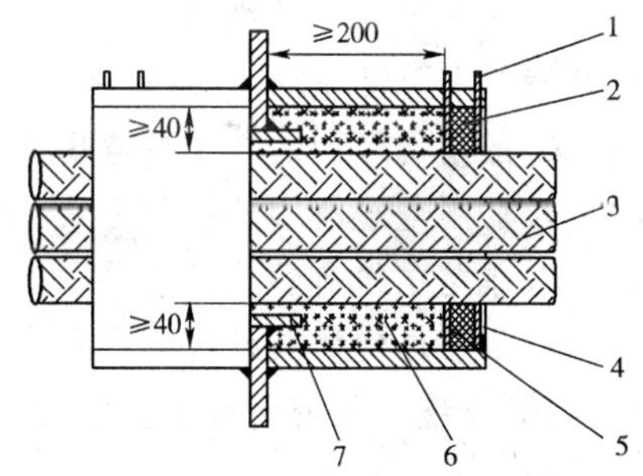

图6-12　填料盒的灌注法密封

1-外挡板;2-填充料;3-电缆;4-角钢;5-内挡板;6-填料;7-电缆框

(4)按填料配方,将所需原料依次倒入容器中并搅拌均匀,随即倒入填料盒中。填料应充满填料盒壳体的空间而无缝隙。

(5)填料沿电缆轴向的灌注厚度应大于200mm,填料盒内壁与电缆之间的填料厚度应不小于40mm,电缆与电缆之间也应保持有适当厚度的填料。

(6)灌注好的填料盒应在20~30℃的温度下保持静置的时间要大于72小时,以保证填料充分固化。在静置期间里,不得拉动电缆。

(7)填料盒两端的电缆应与填料盒基本上处于同一水平位置,并保持有不小于500mm的直线段,以方便施工及使填料不致因电缆弯曲而受到强力挤压。

2.基本技术要求

(1)在电缆盒填料充分凝结后,其与电缆壳体和电缆之间均应牢固粘结,没有缝隙;填料

表面光洁平滑且富有弹性，可用刀具轻易地撬开，并有可重新补充粘合的性能。

(2)填料应能耐海水腐蚀，在其完全凝结时，浸入海水12小时，应不发生溶解现象。

(3)填料应为滞燃、自熄和无腐蚀性的。

(4)在常温下，填料盒应能承受压强为$9.8N/mm^2$的水密性试验1小时无漏水现象。

(5)填料盒应能承受温度为90℃，时间为20个周期的交变温度试验。每一周期8小时加热，16小时自然冷却至常温。

(6)填料盒应能承受温度为-25℃，时间为8小时的低温试验。

(7)填料盒应进行耐冲击和振动试验，并能满足有关的参数要求。

思考与练习 SIKAO YU LIANXI

1. 船用电缆由哪些部分组成？各部分有什么作用？

2. 船舶常用电缆主要有哪些类别？

3. 常用电力电缆及控制电缆主要哪些类别？各有何作用？

4. 船用电缆的命名与代号是如何规定的？

5. 有一聚氯乙烯绝缘氯磺化聚乙烯内套裸钢丝编织铠装船用控制电缆，27芯，$1.5mm^2$，燃烧特性DB型，试写出其型号。

6. 船用电缆的选择主要考虑哪些问题？有时电缆的截面为什么要进行修正？

7. 船用电缆有哪些拉放方法？简要说明电缆拉放的工艺要求。

8. 单芯电缆有哪些工艺要求？

9. 油船电缆的敷设有哪些要求？

10. 电缆孔的密封有哪些方法？各有什么特点？

第七章　船舶电气设备的安装

● **学习目标**

知识目标

1. 了解船舶电气设备安装阶段及原则；
2. 正确理解和掌握船舶电气设备的基本安装方法；
3. 掌握船舶灯具、船用蓄电池、船舶通信导航等设备的安装。

能力目标

1. 具备船舶电气设备安装的能力；
2. 会安装船舶灯具、船用蓄电池、船舶通信导航等设备。

第一节　船舶电气设备安装原则及安装阶段

一、船舶电气设备安装的总体要求

1. 符合规范

船舶航行于不同国家或地区的海域、河流中，航行区域广泛。由于船舶用途的不同，船舶的种类繁多，有货船、油船、客船、拖船、军舰等等。为了有利于船舶检验部门的统一监督和管理，船舶电气设备的安装和施工应符合我国或国际的造船规范，这样，船舶的可航行性才能得到国内或国际的航运和港务部门的广泛认可，船舶才能获准投入运营。

2. 安全可靠

由于船舶航行条件比较恶劣，要经受海浪的袭击以及海水盐雾和机舱中的油、水、蒸汽等的侵蚀，且有一些设备在航行中不便检修，如舵机、泵系统、航行灯、信号灯等，所以船舶电气设备的选择和安装必须要可靠耐用，否则，船舶随时都有发生事故的可能。

3. 布局合理

船舶的空间位置极为有限，要想充分利用，应合理地布置和安装船舶电气设备。在布置和安装的过程中，要确保电气设备的可操纵性、可维修性，以达到最佳的利用率；同时还要兼顾相邻电气设备之间的联系以及全船电气设备之间的合理有序。

4. 经济美观

船舶电气设备从计划到施工安装的整个过程中，需要精心设计、减少消耗、注重提高经济效益。与此同时，船舶电气设备在安装时还需考虑美观大方，因为船员长期生活在海上，需要美观舒适的环境；这样既可以提高工作效率，又能够消除船员的疲劳。

二、船舶电气设备安装基本原则

(1)设备安装应拆装方便，高度适宜，所以设备应能自由回转90°以上，以便于对设备内部

元器件进行维护和保养。

(2)设备安装须使用方便,原则上要做到就近控制,以便能及时迅速地通断电源。如电动机的控制器,在安装时应尽量靠近它所控制的电动机。

(3)设备安装应尽量避开高温和剧烈振动的场所,并注意防止水、油、潮湿、蒸汽等有害物质的侵蚀,避免设备上方有液体或气体的管接头,潮湿场合其进线填料函应避免朝上。对于可能产生易燃气体的场所,必须安装防爆电气设备。

(4)设备安装应整齐、无歪斜现象,不应使设备箱体结构因受外部应力作用而发生变形。覆板上质量20kg以上的设备应有预埋件,以提高设备安装的可靠性;覆板内的设备应有可拆卸且带有标记的盖板,以便于维护和识别。

(5)设备安装时电缆的引进要方便简捷、节省材料,并符合电缆弯曲半径的要求。若电缆弯曲半径为R,电缆的外径为D,则至少应满足$R\geqslant 4D$。

(6)任何电气设备不能直接焊装在主甲板和水线以下的船壳板上,以防止降低船体的机械强度和水密性。

(7)电机在安装时,其转轴应分别平行于船舶的艏艉线或垂直于船舶的水线平面,以避免其工作时给船舶航行带来影响。机组应有共同的底座,传动带、链或联轴器等机构应设有防护罩。布局上应考虑有足够的维修空间。

(8)当船舶主配电板在安装时,其前后应分别留有宽度不少于0.8m和0.6m通道,且应铺有橡皮绝缘踏板。当配电板(海船上)的长度超过4m时,其两端均应设门,以便在应急情况下能通、断电源。配电板附近原则上不应敷设各种液体、气体管道,若不能避免,则管子不应有可拆的管接头。

(9)工作电压、工作温度较高的电气设备,应进行安全防护,以防止触电或烫伤,发热量大时,应考虑防火问题。

(10)对于经常操作的电气设备,其操作位置中心的高度一般为1.5m。大小不一的几个设备安装时可以其底面为统一基面进行布置。

(11)电压超过50V的带电部分应进行防护,发热的电气设备应考虑防火,外壳温度超过80℃的电气设备应加防护罩。

(12)不得在水密舱室壁板及甲板上打孔安装设备。

(13)电气设备和电缆不得安装在船体的外板上。

(14)电气设备的金属外壳应与船体进行可靠的连接。

(15)当一种金属支架的电气设备要安装到另一种金属的基板上时,其接触面应加绝缘衬垫,以防止电解腐蚀。

(16)在应急报警电气设备的安装时,其操作部分的标志或标牌应使用醒目的颜色。

三、油船电气设备安装的附加要求

1. 第一类舱室

(1)油船的第一类舱室禁止安装一切电气设备。

(2)若不可避免,则只允许在垂直隔离空舱内安装测深仪振荡器。振荡器必须安装在坚固、气密的围阱内,而且围阱不得贴近隔舱壁。

2. 第二类舱室

(1)本类舱室只能安装防爆式电气设备,但不得安装任何类型的插座。

(2)本类舱室的照明开关,应设在第三类舱室的单独控制箱内,其开关应能切断所有绝缘极,并在控制箱上设有指示灯。

(3)本类舱室的照明,可在第三类舱室用非防爆灯具进行隔壁照明,但照明舱的结构应坚固,且为气密式,还应有防止机械损伤的保护栅。

(4)如在油舱内安装测深仪振荡器,其要求同第一类舱室。

(5)非防爆式电气设备与货舱透气出口端的距离一般应不小于3m。透气管与桅杆上的灯具之间的距离若不能达到上述要求时,其出口端应高出灯具不小于1m。

3. 第三类舱室

(1)安装在本类露天空间的插座,应为设有能切断所有绝缘极的开关插座,而且插头应与开关联锁,能保证当开关在接通位置时,插头不能插入和拔出,或者当开关在接通位置时,插头不能拔出,插头拔出后开关不能接通。

(2)本类舱室的独立回路,如柴油机起动蓄电池电路等,允许工作接地。

四、船舶电气设备的安装阶段

1. 大型电气设备安装阶段

某些船舶,因工作舱室的舱口面积较小或安装位置特殊,对于大型电气设备,如发电机组、大型电动机、主配电板、应急配电板、大型操纵台及大型控制设备等,应在舱室的封口板安装前,或在大型机械设备(如主机、副机等)安装前,按"大型设备进舱清单"的项目及程序,将其安装完毕或安置在安装地点,以保证全船的建造进度。

大型电气设备一般为落地式安装,即安装或焊接在甲板和船体构件的基座上。

2. 普通舱壁安装阶段

所谓普通舱壁,是指不敷设热绝缘层的钢质舱壁。在普通舱壁上安装电气设备,一般是在安装场所的船体工作已全部完成之后再进行。其安装方法一般有以下几种:

(1)单件安装法:

①组装配套安装法:即按"电气设备安装配套明细表"及有关图纸,将电气设备及与之相对应的安装附件(如支架、减振器、接地装置等)按照工艺要求进行装配,然后再将其焊接在船体的舱壁上。

②样板安装法:即先将设备支架安装在相应的样板上,然后焊接到舱壁的划线位置,拆下样板,在电缆紧固工作结束后,即将电气设备固定到支架上去。

③暗式安装法:即在舱壁上按设备外形开孔,设备插入孔内安装,其正面与舱壁基本在同一平面上,而设备的主体却嵌入在舱壁内,所以亦称为嵌入式安装。

(2)组合安装法。即将几个设备安装在同一组装架上,再上船安装。这样,可以大大提高设备安装的效率。而轻质(如铝合金)或木质壁上的电气设备的安装,亦可在本阶段进行。

3. 有封闭的舱室电气设备安装阶段

(1)支架安装法。当设备质量超过5kg时,应以支架底座与船体构件相焊接,然后由木工在支架处对木质封板开孔;设备安装在支架底脚上。底脚的长度应等于钢质舱壁与木封板的

距离。如设备接地采用专用接地线的,应在封板前将接地线焊接在船体构件上。如钢质舱壁与木封板距离较大,亦可采用暗式安装法。

(2)直接安装法。设备质量小于5kg时,可以直接用木螺钉固定在木封板上。但3~5kg的电气设备,应在设备固定脚对应地方的木封板后面,加固木条,用木螺丝紧固设备。

4. 电气专用舱室安装阶段

电气专用舱室,在一般船舶上有电工间、电气控制屏室、无线电室、广播室、雷达室、电话总机室、驾驶室及海图室等,这类舱室的舱壁,多数是绝缘层加木封板。为了确保已安装的电气设备的安全,特别是精密、贵重的设备的安全,要求在该类舱室的门窗安装完毕后进行,以保证其工作环境良好,且不易遗失。

第二节　船舶电气设备的基本安装方法

为了使安装到船舶上的电气设备便于维护、保养和更换,电气设备应具有可拆装性,而且一般不能直接装焊到船体结构上。通常采用的安装方法很多,现分别说明如下。

一、安装前的准备工作

(1)首先根据电气设备的布置图和明细表,确定所要安装的设备,从配套库领出,并进行认真检查核对;然后,根据安装工艺要求到船上进行设备的实际定位,标出设备的安装位置、名称和代号。

(2)设备运吊上船时,应临时拆除其上面的精度较高、易于损坏、易于遗失的电气器材,如仪器仪表、照明灯泡、玻璃或陶瓷制品等,并作好记录,以便设备安装完后再复装。

(3)设备安装的进行,应在船体火工校正结束后才能开始。此时,设备的支架、基座等都应烧焊完毕,大型设备的基座可采用样板烧焊。

(4)对于与设备接地处锡箔垫相连接的设备底脚、减振器等的接触面要磨出金属光泽,以确保接地的可靠性。

(5)安装设备所用的螺栓、垫圈等紧固件,若为铁质或钢质材料,因其易于生锈,应一律进行镀锌处理。

(6)紧固螺栓长度的选择要求是在螺母紧固后,其螺纹应露出2~3个螺距,最长不超过该螺栓的直径。此外,紧固螺栓还应有防止因振动而松脱的措施。

二、设备安装的基本方法

1. 直接固定在设备支架或基座上

一般船上的主配电板、发电机、电动机、各种箱体等多用此方法。

图7-1为设备采用支架安装的方法,设备采用基座安装的方法如图7-2所示。

2. 用木垫或橡皮固定在基座或甲板上

一些较贵重的设备为防潮和减振,可用木垫或橡皮作垫来进行固定,如雷达、陀螺罗经、自动操舵仪等,如图7-3所示。

3. 用减振器固定在支架或基座上

船舶在工作时，靠近主机、发电机、起货机、锚机、绞缆机等设备处振动比较强烈，对于抗振性能较差的设备，如电子仪器、白炽灯泡等，在安装时必须要采用减振器。一般情况下，轻型设备如照明灯具等，可采用弹簧式（T 型）减振器；小型设备如小型变流机等，可采用平板式（A 型）减振器；中大型设备如电台等，要采用保护式（E 型）减振器。其安装方法分别如图 7-4 ~ 图 7-6 所示。

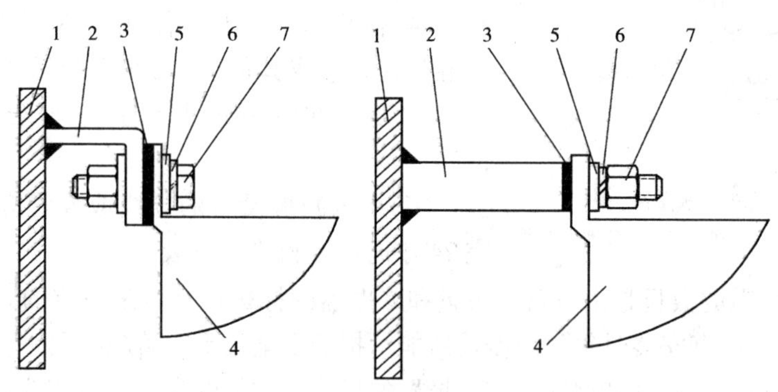

图 7-1　设备支架安装

1-船体或金属构件；2-设备支架；3-锡箔；4-设备；5-平垫圈；6-弹簧垫圈；7-螺栓

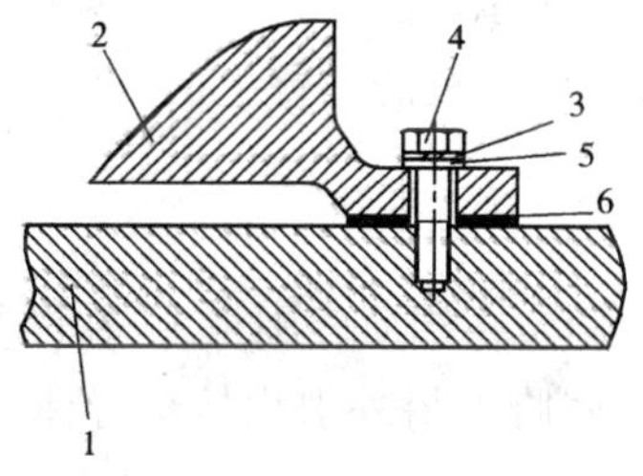

图 7-2　基座安装

1-基座；2-设备底脚；3-弹簧线圈；4-螺栓；5-平垫圈；6-锡箔

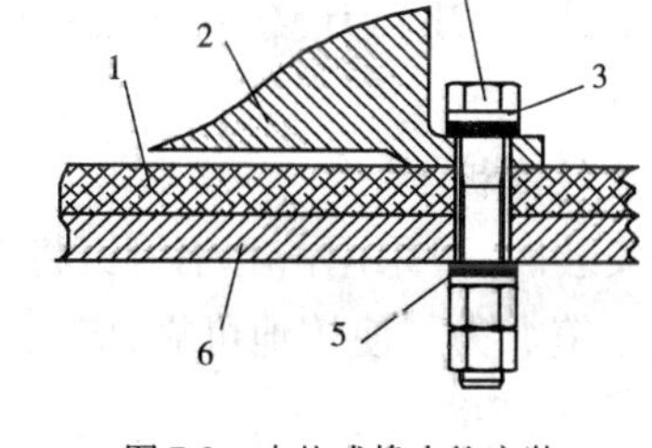

图 7-3　木垫或橡皮垫安装

1-木垫或橡皮；2-设备底脚；3-平垫圈；4-螺栓；5-锡箔；6-基座

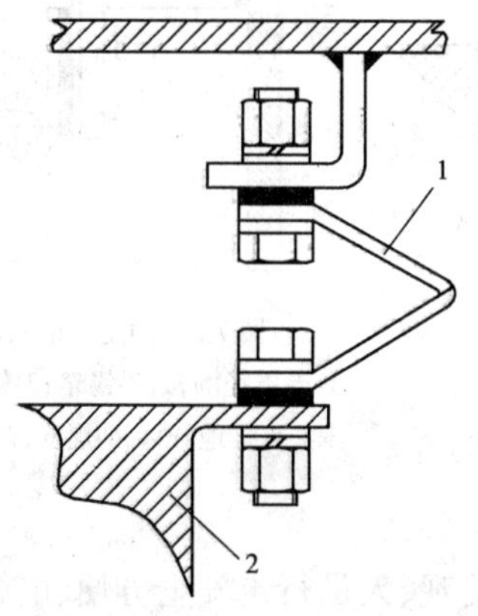

图 7-4　弹簧减振器

1-减振弹簧；2-设备底脚

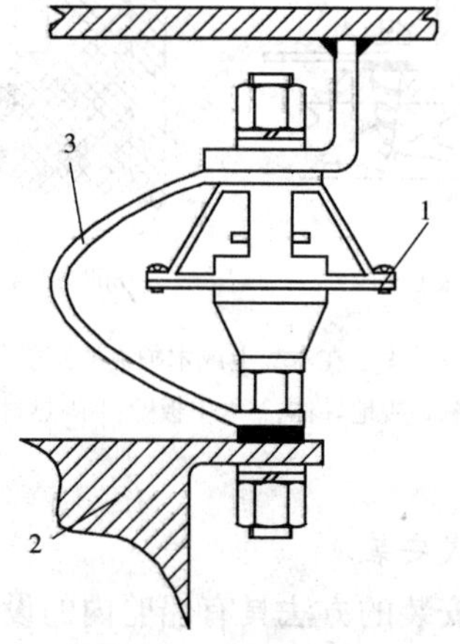

图 7-5　平板式减振器

1-减振平板；2-设备底脚；3-接地跨接片

用减振器安装设备时要满足以下工艺要求：

(1)检查减振器的型号、规格或数量是否符合设计图纸的要求；

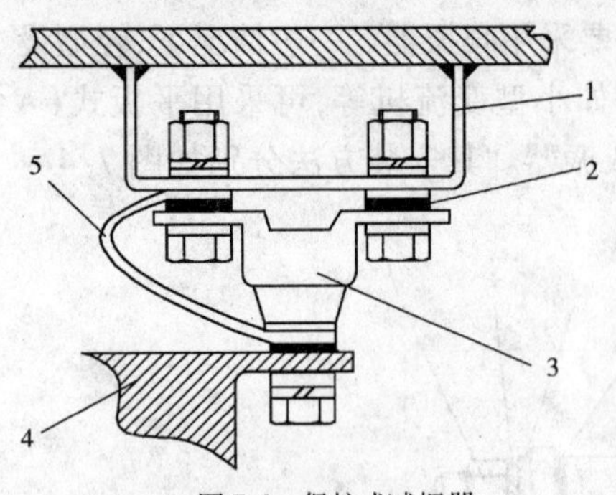

图 7-6　保护式减振器

1-支架；2-锡箔；3-减振器；4-设备；5-接地跨接片

(2)安装前逐一检查减振器的质量，应无裂痕及老化现象；

(3)减振器安装时应高度一致，无歪斜现象且受力应均匀；

(4)减振器安装时应保证设备工作时不致因振动而触及到舱壁或其他设备，在安装设备的接地装置时要考虑设备在各方位上留有不小于 50mm 的自由位移；

(5)引入减振设备的导线或导管应在减振器安装完 24 小时以上再进行安装；

(6)减振器所需的数目是由设备的重量和减振器的标称负重量来决定的。减振器的标称负重量是指在设备垂直安装时每只减振器所能承担的安全负重。若减振器垂直安装但主机转速高、重心高时或减振器侧向安装时，则减振器的标称负重量的安全系数应选大 1～4 倍。

4. 固定在木质板上

船舶上的许多电气设备安装在舱室内，如图 7-7 所示。图 7-7a) 为用木螺丝将设备直接固定在木板上的方法；图 7-7b) 为设备固定在外层有木质护板的舱壁上的方法，固定时要采用设备支架。

5. 固定在铝质轻围板上

在进行设备安装时，可采用击心铝铆钉将支架固定在铝质轻围板上，在设备底脚和铝质轻围板间应加垫上锡箔。为了使接地可靠，应在设备底脚上另外引出接地导体。该方法可用于轻型设备的安装，如图 7-8 所示。

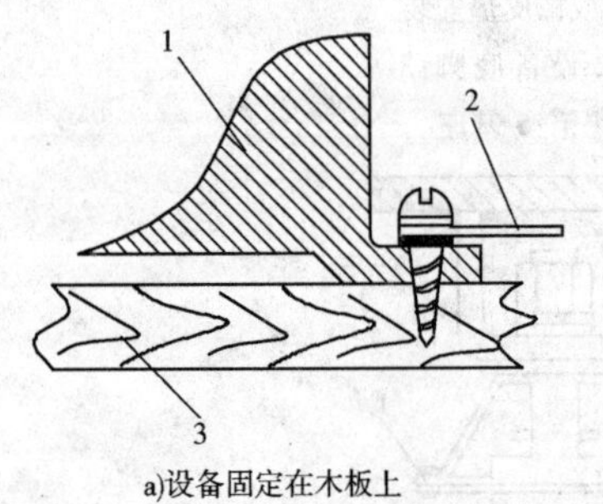

a)设备固定在木板上

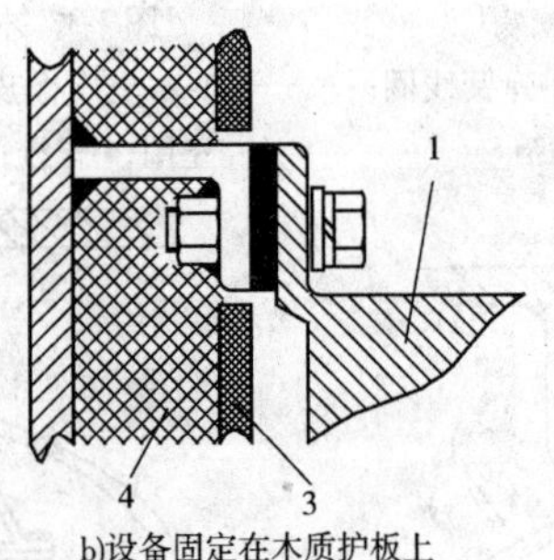

b)设备固定在木质护板上

图 7-7　固定在木板上或木护板的铁壁上

1-设备；2-接地导体；3-木质板壁；4-隔热材料

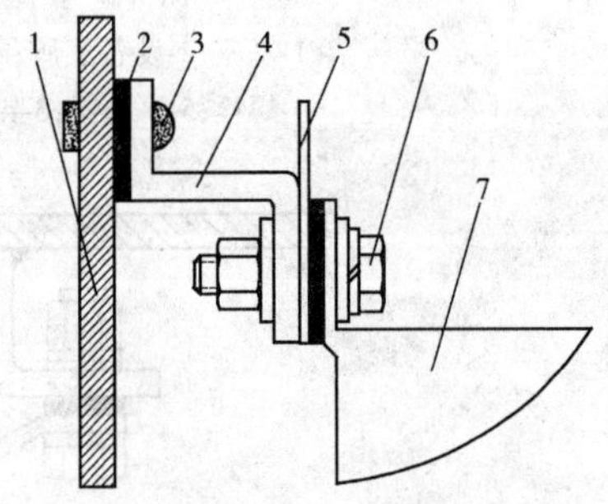

图 7-8　固定在铝质轻围板上

1-铝质轻围板；2-锡箔；3-铆钉；4-设备支架；5-接地导体；6-螺栓；7-设备底脚

6. 设备的暗式安装

设备的暗式安装的方法具有船舱内的设备整齐美观、人员行走安全方便、电缆暗敷及施工方便的优点。自身带有暗装边框的设备，可先在暗边框上钻出安装孔，然后用螺钉将其固定在舱壁上。

安装方法如图7-9a）所示有封板的舱壁上设备的安装，也可采用如图7-9b）所示的方法。

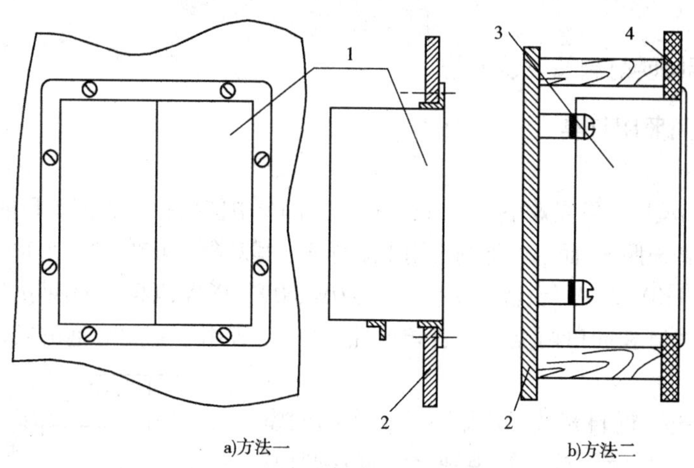

图7-9　设备的暗式安装方法

1-设备;2-舱壁;3-设备;4-衬板

7. 设备安装的紧固要求

船舶电气设备安装的正确与否，它关系到其能否安全可靠的使用，在紧固安装时必须符合以下的要求。

（1）设备支架的选择要有足够的强度。

（2）设备支架或基座的焊接应牢靠。当设备安装在支架上进行焊接时，应注意设备外壳，特别是尼龙材料的外壳不要被电焊所灼伤。

（3）在设备紧固时应该设置弹簧垫圈，弹簧垫圈应紧固在螺母的一侧，平垫圈应该设在紧固螺钉的两侧。

（4）螺丝、螺母紧固后，螺纹应伸出螺母不少于2～3个螺距。

（5）固定在木质板壁内的设备，质量在1kg以内时可利用木螺丝固定在木质板壁上，质量在1～5kg时木质板壁应在加固后再用木螺丝固定，而质量在5kg以上时木质板壁内应焊接金属支架。

第三节　船舶灯具及其安装

船舶上所用灯具主要分为照明灯具和航行信号灯具。照明灯具主要有舱室照明灯、舱面工作强光照明灯、探照灯、低压行灯等；航行信号灯具主要有航行灯、信号灯等。船舶灯具对于船舶正常工作和安全航行是至关重要的，为了保证船舶航行具有较高的可靠性，船舶灯具常采用以下几种防护方式：

（1）保护式：适用于环境条件较好且较干燥的舱室的安装。如起居室、餐厅、驾驶室、无线电室及内走廊等地点。

（2）防水式：适用于有水滴飞溅、滴水和凝水的地方的安装。如机舱、冷藏舱、厨房、卫生间、露天甲板、外走廊等地点。

(3)防爆式:适用于有易燃、易爆物体或气体的舱室的安装。如储油舱、蓄电池室、油漆间、货油泵舱等。

一、船舶常用照明灯具及安装工艺

(一)船舶常用照明灯具

1. 白炽灯

白炽灯亦称钨丝灯。发光效率较低,只有很少一部分电能转换成光能。目前使用的多为充气泡,单丝泡常用于普通照明,而双丝泡则常用于航行灯。其寿命一般在1000小时以上。其主要规格为:额定电压24V、110V、220V等;额定功率25W、40W、60W、100W、300W、500W、1000W等。

灯头形式有螺口和插口两类。前者防振性较好,后者用于双丝灯泡的安装。

2. 日光灯

日光灯的光线接近自然光,主要用于干燥的舱室内的照明,应用较为广泛。按灯管类别分为直管型、圆管型、U字管型等。它由灯管、镇流器、起辉器和电容器等组成,其接线图如图7-10所示。

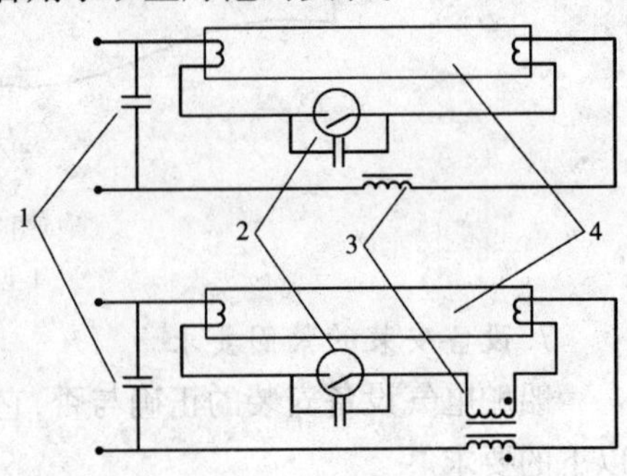

图7-10 日光灯接线图

1-电容;2-起辉器;3-镇流器;4-灯管

按镇流器的线圈特点,日光灯可分为单线圈镇流器和双线圈镇流器两种。单线圈镇流器适用于电压波动较小的情况;双线圈镇流器适用于电压波动较大的情况,能提高起动性能。主线圈的直流电阻较大,起动线圈的直流电阻较小,要注意二者同名端的接法。电容器的作用是用来提高功率因数。

3. 碘钨灯

碘钨灯是一种发光效率较高的照明灯具。体积较小、光色近似日光、寿命较长,可达1600~2000小时。它是在钨丝灯中充入气体和适量的碘,并利用碘和钨的化合及分解作用来工作,能有效抑制灯发黑。

碘钨灯在安装时要避免接近易燃易爆品,且灯管与水平线夹角不能大于5°,否则会影响灯管内碘的循环,从而降低使用寿命。其结构如图7-11所示。

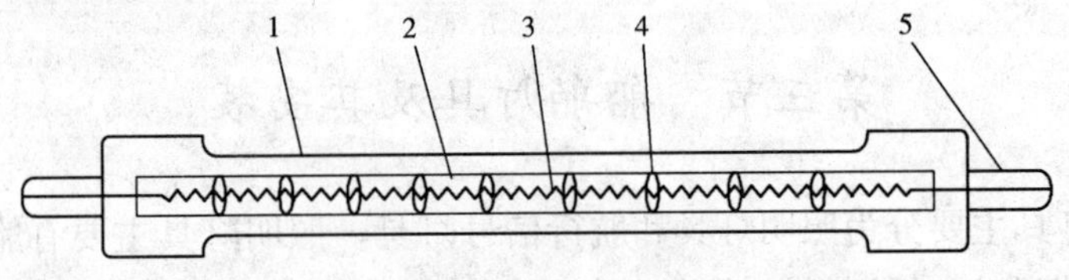

图7-11 碘钨灯结构图

1-灯管;2-碘钨气;3-灯丝;4-固定圈;5-灯脚

4. 超高压汞氙灯

其特点是光色好、发光效率高、更接近于太阳光色。一般用于船舶夜航等强光照明场合。它是利用灯泡内充入高压氙气,并加入适量的水银经高电压触发而发光。使用时必须要有一套专用的触发装置。其结构如图7-12所示。

(1)工作原理:合上QS,按下按钮SA,则T_1次级得到近4000V的高压,使火花间隙被击穿

放电，C_3 与 T_2 产生串联谐振，即形成阻尼振荡，在 T_2 次级得到 40 ~ 50kV 的高频电压，经 C_4 使灯泡产生弧光放电，持续一定时间，松开 SA，加到灯泡两端的 220V 交流电压维持其继续发光。原理图如图 7-13 所示。

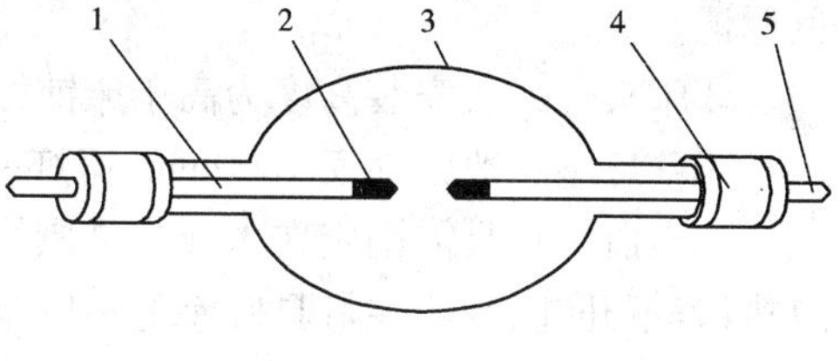

图 7-12　超高压汞氙灯结构图

1-导电体；2-电极；3-石英玻璃；4-灯座；5-接触极

（2）使用时注意事项：

①灯泡应垂直点燃，角度偏差不大于 15°；

②灯泡正常工作时内部压力达十几个大气压，所以必须有安全防护；

③灯泡必须与相应的镇流器和触发器配套使用；

④安装灯泡时避免用手直接接触，以免影响亮度。

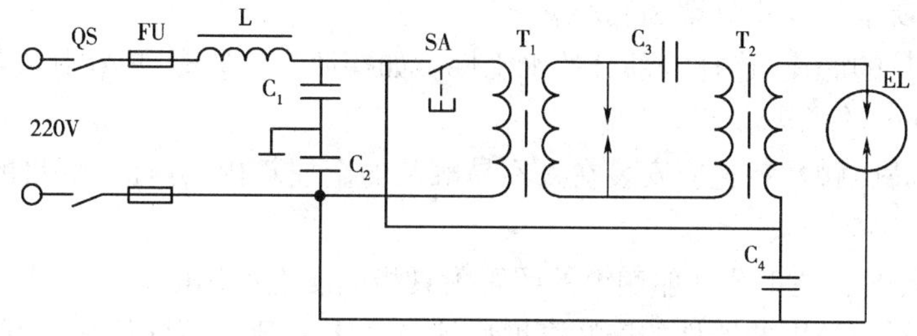

图 7-13　超高压汞氙灯原理图

L-镇流器；SA-点火按钮；T_1-升压变压器；T_2-脉冲变压器；C_3-谐振电容；C_4-耦合电容；EL-灯泡

5. 高压水银灯

高压水银灯特点是发光强、节电、耐用，但启动较慢。一般用于舱面装卸作业照明和机舱照明。它是利用灯泡内高压水银蒸汽的电弧放电激发荧光粉涂层而发光。使用时需和镇流器配套使用。

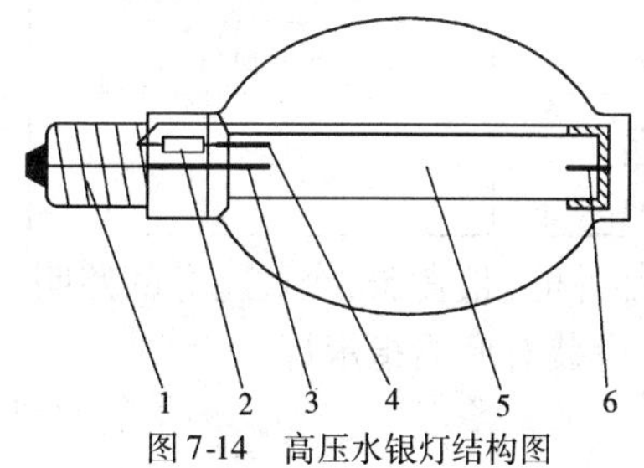

图 7-14　高压水银灯结构图

1-灯座；2-电阻；3、6-主极；4-辅助极；5-内管

工作原理（图 7-14）：通电后，主极 3 与辅助极 4 首先放电，灯泡内温度升高，水银蒸发压力增高，至一定程度，主极 3、6 之间的等效电阻大大降低形成电弧放电，使水银蒸汽电离发出大量紫外线，激发内壁荧光粉而发出强烈的白光。此时辅助极 4 停止放电。值得注意灯熄灭后需等5 ~ 10 分钟后才能再次通电，以防损坏灯泡。

随着照明光源技术的发展，除上述灯具外，一些新的光源还将应用到船舶上。

（二）船舶常用照明灯具的安装

船舶照明灯具的安装的优劣，将直接关系到船舶能否正常工作或安全航行，所以在船舶照明灯具的安装过程中，应严格遵守安装工艺的要求。

（1）舱室照明灯具的安装工艺：

①布局合理：保证船舶操作和船员工作的地点有必要的照明，并使舱室各处照度均匀。双路供电的舱室的灯具应间隔布置，一般设备场所的照明灯高度为 2500 ~ 3000mm。

②在过道、出口及重要设备处应布置应急照明，而且所有应急照明灯具的外壳上应涂有红

色标记。

③床头灯一般安装高度为高于床铺板550mm或距地板1150mm。

④壁灯座一般距地面1600mm，镜灯一般在镜子上方100mm处。

⑤当白炽灯具需固定在木板或易燃材料的顶篷上时，应在灯具安装处的底板上开孔，以利散热；若不开孔，则应在灯具底座上垫以厚度不小于3mm的石棉板。

⑥机舱、舵机舱等振动大的舱室安装灯具时应加减振器。

⑦安装在危险区域或处所的照明灯具应为防爆灯具。

⑧应急照明分电箱不应安装在易于引起火灾的场所。

(2)强光灯、探照灯的安装工艺：

①灯具要便于操纵、转动灵活，以保证需要的照射范围。

②要有符合要求的专用灯架和底座。

③要保证灯具的底座、连杆等部分的水密性。如探照灯安装时，应在其底部和底座之间垫以厚度不小于5mm的橡皮。

④强光灯的高压触发装置应安装在人不易触及的金属箱内，并标有醒目的标志牌，如"高压危险"等。

(3)照明附具的安装工艺。船舶上的照明附具指船舶上所用的各种开关、插座等。

①同一舱室同一类别的器件的安装高度应该基本上一致。不同用途的开关、插座安装高度如表7-1所示。

照明附具安装高度及要求 表7-1

器件名称	安装高度	安装要点
室内开关	距地面1.3~1.4m	靠近开门一侧
室外及走廊开关	距地面1.5~1.6m	靠近开门一侧
台灯、台扇插座	距台面0.15m	台面左侧，避开窗口
落地暗式插座	距地面0.3m	避开窗口
室内水密插座、开关，高低压插座箱	距地面1.3m	
壁扇插座	距地面1.8m	

②煤舱、油漆间、油灯间、蓄电池室、消防控制站、行李舱、邮件舱、粮食舱、冷藏舱等的照明开关不应设在室内。而行李舱、邮件舱、粮食舱、冷藏舱的开关应装有照明指示灯。

③潮湿和有爆炸危险场所的照明开关应能切断所有电极。

④单极分断的照明开关，引入开关的电源线必须是相线或正极线。

⑤安装暗式照明开关时，所有开关的手柄方向应该一致，且向上扳为"接通"、向下扳为"断开"。

⑥非水密开关、插座的安装位置应避开窗口下方，垂直安装时，接地孔应在电源孔的上方；水密开关、插座其插口不应向上，并避免插口向左。

⑦合理选择不同电源种类及电压等级的开关、插座、分线盒等，安装时要分开放置，并有醒目的标志。

(4)日用电器的安装：

①壁扇和顶扇的安装位置，应保证转动时不受阻碍，并不会影响人身安全。壁扇的安装高

度一般距地面为1.8m;顶扇的安装高度一般距地面不小于1.9m。

②电暖气须固定安装。安装场所不应有可燃气体及尘埃积聚。电暖气如安装在可燃材料附近时,应离开适当的距离。

二、船舶航行灯、信号灯及其安装

1. 航行灯

航行灯是关系到船舶夜间航行安全的灯具,用来表明船舶所在的位置、航向、类型及有无拖带等状态。它是由驾驶室内的航行灯控制器来控制,应采用两路电源供电。它有前桅灯、后桅灯、左舷红灯、右舷绿灯、尾灯、前锚灯、后锚灯,照度要符合船舶避碰的有关规定。各路航行灯要有故障报警和指示装置,并要采用双丝灯泡,以便在故障时能迅速地作出判断,并能及时地进行切换。

晶闸管控制航行灯控制器电路如图7-15所示,其工作原理如下:合上电源开关QS、SA_8及各路航行灯开关SA_1~SA_7,则在正常情况下航行灯EL_1~EL_7及工作指示灯EL_8~EL_{14}发光;报警电路中的三极管饱和导通,晶闸管关断,报警器HA不报警。当某一组灯丝断路后,相应的指示灯熄灭,加到三极管V_8基极的为低电位,三极管截止集电极为高电位,使得晶闸管V_9被触发导通,报警器HA报警,值机人员将其控制开关推到另一位置,航行灯的另一灯丝继续工作。

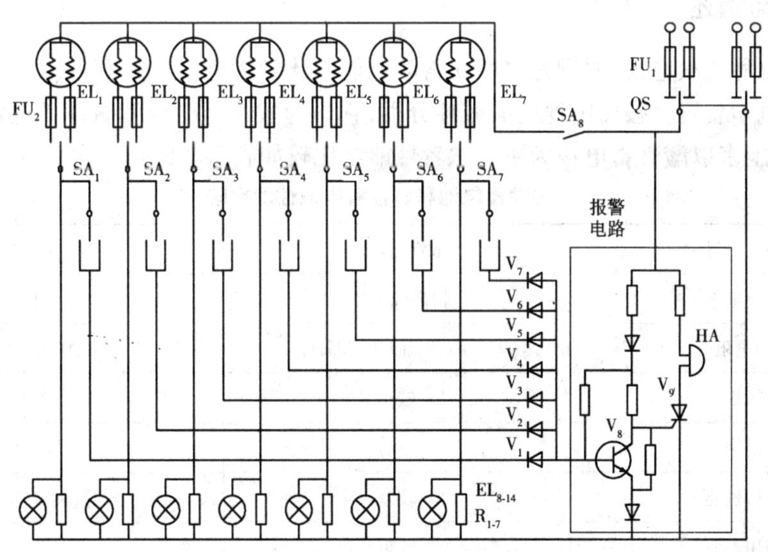

图7-15 晶闸管航行灯控制器原理图

2. 信号灯

船舶在夜间航行时,为了表明船舶火灾、失控、转弯、通过狭窄水道的性质,进行船舶间的互相联系,必须安装各种信号灯具。为保证信号灯工作的可靠性,应采用两路独立的电源供电,而且,信号灯控制器上应有表示信号灯工作正常与否的指示灯。常用的信号灯有操纵失灵灯、通信闪光灯、转弯闪光灯、雾笛信号灯、冲车信号灯等。它们由信号灯控制器来完成控制,并要求有信号灯工作正常与否的指示。

3.船舶航行灯、信号灯的安装

(1)适应环境温度指标:国际航行 -30 ~ +50℃;国内航行 -25 ~ +40℃;极区另定。号灯的温度不得超过50℃,其连接电缆应符合有关规范。

(2)电气信号灯应是防水式。

(3)主用失控灯应由驾驶室内的照明分电箱或港口信号灯控制箱供电,备用失控灯控制应由应急电源供电。

(4)手提白昼信号灯除了由应急电源供电外,还应带有自用蓄电池。

(5)航行灯的安装颜色、水平弧光总角度、能见距离要符合相关要求。

(6)号灯应采用耐海水腐蚀的材料制成,若用钢质材料,应涂以有效的保护层。

(7)信号灯电键的安装位置,应设在驾驶室两翼的前沿,其安装高度距甲板约为1m。

第四节 船用蓄电池的安装

船舶为了适应各种复杂的情况,有些设备不能停止供电,如船舶的内外通信、助航、信号等。蓄电池是一种低压直流电源,它具有供电方便、安全可靠等优点,是完全能够满足上述需要的。船用电池一般用200AH(或150AH)扁头电池。

一、蓄电池概述

蓄电池也称二次电池,原理是将所获得的电能以化学能的形式贮存并可将化学能转化为电能的一种电学装置。按照电池的酸碱性分类,它分为酸性蓄电池和碱性蓄电池两大类。目前,普通船舶上多以酸性蓄电池为主。二者性能之比较如表7-2所示。

酸性蓄电池和碱性蓄电池性能比较 表7-2

项　　目	酸性蓄电池	碱性蓄电池
放电电压	较高(2.1V)	较低(1.25V)
内电阻	较小(平均为0.005Ω)	较大(0.03~0.06Ω)
体积	较小	较大
维护	较易	较精细
机械性能	较差	较好(耐震动、冲击)
使用寿命	较短	较长
保管	注意有酸性腐蚀	方便
开路损失	较大,需维护性充电	较小,可长期存放
放电	不可在长期放电状态	可在长期充电状态
耐短路性能	好	较差
电液	不需调换	需调换
价格	较便宜	较贵,需用贵重金属镍及镉

常用的蓄电池有铅酸蓄电池、镉镍蓄电池、铁镍蓄电池、金属氧化物蓄电池、锌银蓄电池、锌镍蓄电池、氢镍蓄电池、锂离子蓄电池等。

(1)铅酸蓄电池负极为铅,正极为二氧化铅,电解质为硫酸,主要有起动型、固定型、牵引型、动力型和便携型,多数为开口或防酸式,少量为胶体电解质蓄电池。近年来,密封铅酸和其他类型蓄电池产品在许多领域取代原来使用的铅酸蓄电池。铅酸蓄电池具有价格低廉,适于低温高倍率放电,被广泛应用。但由于铅酸 蓄电池比能量低,生产过程有毒、污染环境,影响其使用范围。

(2)镉镍蓄电池负极为镉,正极为氧化镍,电解质为氢氧化钾水溶液。常见外形是方形和圆柱形,有开口、密封和全密封三种结构。按极板制造方式又分有极板盒式、烧结式、压成式和拉浆式。镉镍蓄电池具有放电倍率高、低温性能好,循环寿命长等特点。

(3)金属氢化物镍蓄电池负极为吸氢稀土合金,正极为氧化镍,电解质为氢氧化钾、氢氧化锂水溶液,比镉镍蓄电池大1.5~2倍的容量,具有可快速充电,优良的高倍率放电性能和低温放电性能,价格便宜,无污染,称为绿色环保电池。

(4)铁镍蓄电池负极为铁粉,正极为氧化镍,电解质为氢氧化钾或氢氧化钠水溶液。具有结构坚固、耐用、寿命长等特点,多用于矿井运输车动力电源。

(5)锌银蓄电池负极为锌,正极为氧化银,电解质为氢氧化钾水溶液,具有高的比能量,优良的高倍率放电性能,但价格高,多用于军事工业及武器系统。

(6)锌镍蓄电池负极为锌,正极为氧化镍,电解质为氢氧化钾水溶液,具有高比能量,价格较低,但寿命较短,近年来锌镍蓄电池的循环寿命有了较大提高,随着循环寿命的提高将获得更广泛应用。

(7)锂离子蓄电池负极是碳(石墨),正极是氧化钴锂,采用有机电解质,具有电压高,比能量高,优良的循环寿命,安全无污染,称之为绿色电源。

船用蓄电池应符合的船用环境技术条件,包括以下几点:

(1)适应振动和冲击。振动可使电气设备的固定或连接部件松脱,使部件结构损坏或失灵。所以要有防松脱措施、减振或隔振措施,具有坚固的耐振动和抗冲击的机械结构。

(2)适应倾斜和摇摆。持续的倾斜和摇摆破坏了正常静止位置时力的平衡,对运动部件产生附加力,导致设备故障或损坏。

(3)适应环境温度。环境温度对电气设备的性能和使用寿命有重要影响。环境温度包括空气温度和海水温度。

(4)适应潮湿、盐雾、油雾和霉菌的环境。环境空气的潮湿、盐雾、油雾和霉菌使电气设备绝缘材料的绝缘性能下降,使金属部件产生锈蚀和腐蚀。潮湿的盐雾在绝缘材料表面形成潮湿的漏电薄膜,在湿热条件下霉菌分泌有机酸,加剧了表面的潮湿性。油雾和灰尘粘附于表面增加了表面的漏电,而且阻碍散热使温度升高。潮湿的水分子渗入绝缘材料的裂缝和毛细孔中,使漏电流增大,从而导致绝缘电阻下降。

(5)适应船舶电网电压和频率的变化。

(6)防护要求。为了避免电气设备受到外部固体和液体异物的侵入而发生故障或损坏,从而引发火灾隐患,一般电气设备应有防护壳罩.

蓄电池的充电制有:

(1)充放制:蓄电池经一段时间充电后,转入放电,充放电轮流进行,使用寿命较短。

(2)定期浮充制:蓄电池部分时间对负载供电,其余时间对它浮充电,使用寿命稍长。

(3)连续浮充制:即连续对蓄电池进行浮充电,可延长蓄电池的寿命1~2倍,电效率较高。

蓄电池的充电方法:

(1)恒流充电法:充电过程中充电电流始终保持不变。该方法充电迅速,但在充满电时的大电流会降低蓄电池的使用寿命。

(2)恒压充电法:充电过程中充电电压始终保持不变。

(3)分段恒流充电法:充电初期用大电流充电,待电压上升至一定值时,改用小电流充电。具有节约电能、充电时间短并能延长蓄电池的寿命的优点。

二、蓄电池的安装要求

(1)蓄电池应安装在专用舱室或箱柜内。在机舱内安装条件不允许时,则可敞开安装在通风良好的地方。在一般情况下,蓄电池不得放在生活区域内。

(2)放置蓄电池箱、柜及散开安装的蓄电池场所附近,不应有排气管、蒸汽管等各种热源或产生火花的设备。

(3)蓄电池的安装应便于检测、加液、清扫、更换并且要空气流通。上下层蓄电池之间应留有不小于300mm的空间,每只蓄电池四周应留有不小于200mm的空隙。蓄电池的一般安装高度应满足与甲板的距离不大于1.4m。否则,应设有踏板以便操作。

(4)蓄电池之间的空隙,应用不吸潮、耐电解腐蚀的绝缘材料来楔隔、衬垫。蓄电池底部应以厚度大于2mm的青铅皮或其他耐腐蚀的材料制成的托盘加以衬垫。托盘的四周高度应不小于45mm,以防电解液漏出与船体接触。对散开安装的蓄电池,其上部还应设有挡板(盖板)。

(5)蓄电池箱、柜应有独立的通风装置,其出风口设在上方,进风口设在下方。进出通风口的位置,一般设在箱柜对角线的两端。在结构上,应设有挡板或弯头,以防止水和火星的进入。出风口的管子应直通敞开甲板的外面。除通风口外,蓄电池的其他开孔均应作有效关闭,以防爆炸性气体进入舱室。

(6)蓄电池的门和专用箱、柜的外面应有“禁止烟火”的标志,并应有标明蓄电池用途的铭牌。

(7)酸性蓄电池与碱性蓄电池不应放置在同一蓄电池室、箱、柜内。

(8)应急收发信机多数用蓄电池作为电源。蓄电池室应布置在无线电室附近,其出口应直接通向露天甲板。应急蓄电池室,不得低于无线电室所在的甲板。

(9)蓄电池的连接线应进行总体上的包扎和密封,应有正、负标志,正极为“红色”;负极为“蓝色”。

(10)蓄电池接线结束后,所有接线柱应用凡士林等油脂涂封,以防腐蚀。

(11)安装过程中必须保持蓄电池的清洁。接线时应擦掉接线柱上的灰尘和氧化层,以保证接触良好。

(12)安装蓄电池必须注意安全,以防碰撞、冲击而损坏,特别注意的是,防止裸露金属件(工具、材料等)同时接触到电池的正、负极而发生短路。

第五节　船舶通信、无线电及助航设备的安装

船与船、船与岸、船与飞机以及船舶内部的通信方式主要是无线电通信。船舶无线电通信在国际电信联盟的《无线电规则》中称为“水上移动业务”和“卫星水上移动业务”，主要任务是保障船舶航行安全和海上人命安全，保证各项航海业务顺利进行，保持船岸之间的日常联系。

一、船内通信

船内通信一般由电话完成，常用的船用电话分为三种类型：船用声力电话、船用指挥电话、船用自动电话。

1. 船用声力电话

声力电话也称直通电话或对讲电话，它是两个重要工作部位的专用电话，是保证快速通话的联络通信。它由二台声力电话机直接连接在一起组成。工作原理如图 7-16 所示，声力电话不需要电源，凭借人们讲话的声音使送话器的振膜随声音而振动，改变了磁路中气隙的大小，引起磁路中磁通的变化，从而在送话器线圈中产生感应电流，实现了声电之间的转换。这个感应电流传输到收话方受话器的线圈中，从而引起磁通同样的变化，使受话器的振膜振动，发出声音。

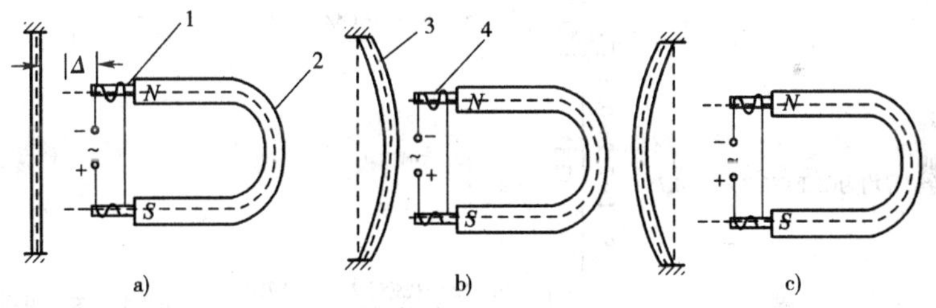

图 7-16　声力电话机的送、受话器原理图
1-极靴；2-磁石；3-导磁的振动膜片；4-绕组

2. 船用自动电话

船用自动电话为了有关舱室进行日常工作和生活上的联络通话而装设。它由一台无需人（话务员）值班的自动电话交换机（也称总机）和若干台带有拨号盘（或按键）的单机（也称自动电话机）组成。通常总机安装于总机室或通道内，自动电话机分别安装于各工作舱室和生活舱室。为了保证船长或轮机长室电话在必要时能优先于其他用户进行呼叫和通话，船长室或轮机长室电话应为特殊用户。在船舶停靠码头时，自动电话系统能与岸上电话网相连。

3. 船用指挥电话

船用指挥电话是驾驶室与航行有关部位之间进行指挥通话使用。它包括总机和单机，总机安装在驾驶室内，单机安装在各航行有关部位。

指挥电话具有声力电话直通的特点，还具有总机和单机，单机和单机，总机同时和所有单机通话的特点。它在容量上可分为四门、八门和十二门三种。总机和单机都有双向半导体放大器，通话声音响，还带有闪光器，能适应机舱内噪声较大的环境。如图 7-17 所示。

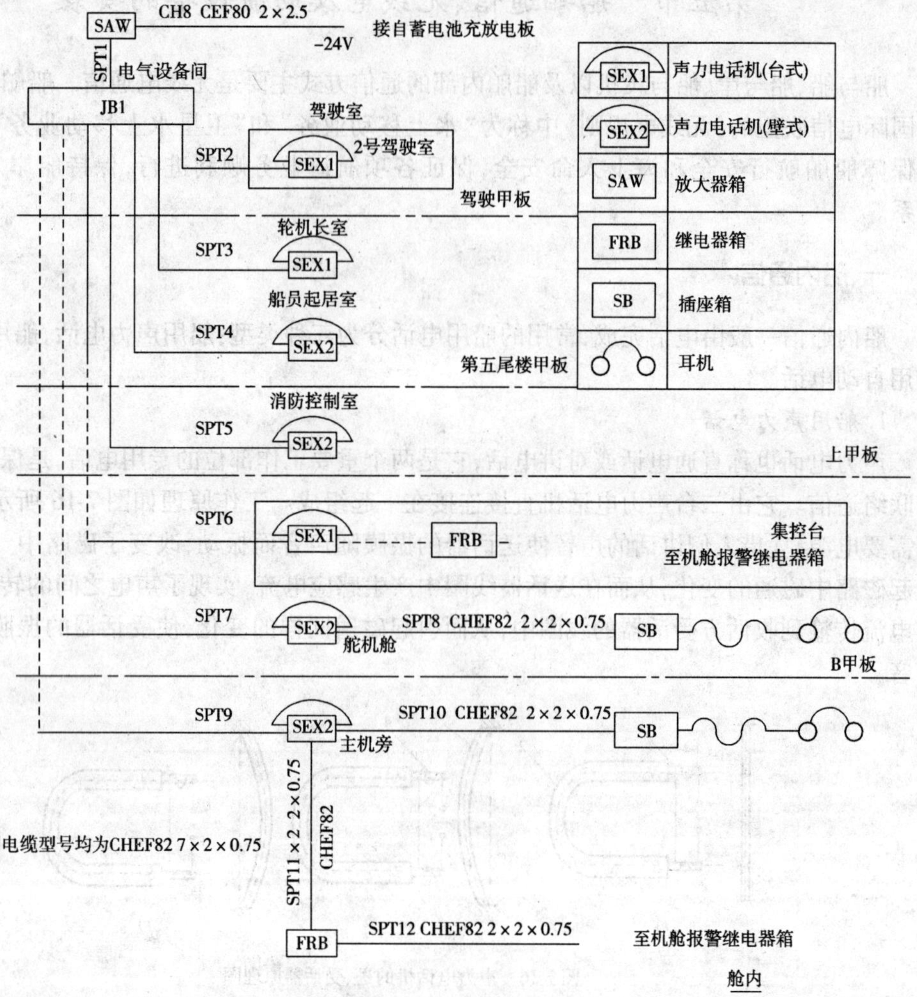

SAW CH8 CEF80 2×2.5 -24V 接自蓄电池充放电板
SPT1 电气设备间 JB1
驾驶室 SPT2 SEX1 2号驾驶室
驾驶甲板
轮机长室 SPT3 SEX1
船员起居室 SPT4 SEX2
第五尾楼甲板
消防控制室 SPT5 SEX2
上甲板
SPT6 SEX1 FRB 集控台 至机舱报警继电器箱
SPT7 SEX2 舵机舱 SPT8 CHEF82 2×2×0.75 SB
B甲板
SPT9 SEX2 主机旁 SPT10 CHEF82 2×2×0.75 SB
SPT11×2 2×0.75 CHEF82
FRB SPT12 CHEF82 2×2×0.75 至机舱报警继电器箱
舱内
SEX1 声力电话机(台式)
SEX2 声力电话机(壁式)
SAW 放大器箱
FRB 继电器箱
SB 插座箱
耳机
注:未注明电缆型号均为CHEF82 7×2×0.75

图 7-17 实际使用的指挥电话系统

二、船舶信号装置

船舶信号装置包括船舶操纵信号设备、电气信号设备、及船用广播系统等。

船舶操纵信号设备是供船舶驾驶员了解各种航行机械运行情况，正确指挥操纵，提高船舶操纵性能，实现船舶安全航行的重要设备。用于操纵船舶航行的信号设备，根据不同用途分为电气传令钟、舵角指示器、主机转速表、调距桨传令钟和指示器。

电气传令钟又称电车钟，按其传信原理可分为四类：

(1) 利用指示灯系统传信原理的灯光传令钟；

(2) 利用直流同步传信原理的直流电动传令钟；

(3) 利用交流自整角机同步传信原理的交流电动传令钟；

(4) 采用微处理器技术的传令钟。

舵角指示器在船上用来传送操舵命令和检测舵叶转向和转角的设备称为舵角传令钟，只用来检测舵叶转向和转角的设备称为舵角指示器。舵角指示器分为两部分，发送器安装在舵机上，其转子与舵杆机械相连；接收部分安装在驾驶室内。

船用主机转速表是通过转换装置远距离测量主机转速的一种仪表。它一般由测速发电机、转速指示表和接线箱组成。

三、电气信号装置

船舶内部电气信号装置用于向旅客、船员传送与安全有关的声光信号和指示，用于下述报警系统：通用紧急报警、失火报警、灭火剂施放报警、探火系统报警、机器报警及呼叫系统。各种报警系统指示符号如图 7-18 所示。

图 7-18　各种报警系统指示符号

四、船用广播系统

船用广播系统包括扩音机、遥控台和扬声器（表 7-3）。

HKD 型船用扩音系统组成一览表　　表 7-3

序号	名称及型号	防护等级	数　量	备　注
1	船用扩音机 HKD	IP20	1	
2	驾驶室遥控台 RM-1Q	IP20	1	
3	首、尾遥控台 RM-1F	IP56	2	
4	无线遥控器 RM-1R	IP22	1～2	
5	高音扬声器 5～50W	IP56		60V/120V
6	YDG 壁挂式扬声器 1～5W	IP20		60V/120V
7	YDQ 嵌入式扬声器 1～5W	IP22		60V/120V
8	插座盒 CZB-1，话筒用	IP20	2	左右舷
9	手持话筒		2	

（1）扩音机：扩音机有壁式、台式两种。扩音机包括放大器、收放音、遥控接口电路、控制

电路及电源部分。

(2)遥控台:遥控台分为驾驶室、船首、船尾遥控台,驾驶室遥控台设有左右舷话筒插座,具有最高优先权。

(3)扬声器:扬声器分为高音扬声器、嵌入式扬声器及壁挂式扬声器三种,前者主要用于舱面,后两种用于舱内。

五、船内通信和信号装置安装要求

船内的通信和信号装置是船舶上的人员进行通信联系、指挥及故障或事故报警必不可少的重要设备。安装时要满足以下要求:

(1)音响及灯光信号设备应安装在有关工作人员易于听到的之处,并应设有必要的识别标志。

(2)电铃(警钟)的应顶天棚安装,不得使铃锤朝上,以免尘埃积聚。

(3)火警按钮盒应安装在较醒目之处。舱内的安装高度一般为1.3~1.4m;舱外距地面一般为1.5~1.6m。其击锤应设在火警按钮的右侧。

(4)壁式自动电话及指挥电话的安装高度一般为距地面1.4m;台式自动电话的接线盒,一般安装在台或桌的右侧,须避开舷窗漏水部位,安装高度为距台面约150mm,并与台灯、台扇插座高度一致。

(5)舱室内扬声器箱的安装高度,一般为距地面1.9m;配置的接线盒应装于扬声器箱两侧100mm处。

(6)舱外的指挥电话、扩音遥控站或有线对讲分机,一般应安装在防水式的金属箱内。

(7)主机传令钟的安装,应考虑操纵手柄的方向与倒顺车方向相一致;如主机设置二台或二台以上,则传令钟的排列应与主机排列相对应。

(8)主机转速表、舵角指示器等单独安装的指示仪表,其安装位置及高度应便于观察。

(9)应急报警装置的控制器,包括集合警铃的关闭器、火警按钮盒、测温、测烟或火警传感器等,均应涂上红色和设有标明其用途的明显的耐久性的铭牌。

(10)感温器应装在舱室的顶部。水银式温度继电器应垂直安装,以保证其工作正常。

(11)测量仪表安装在房间内时,应选择易于观察的位置。

六、无线电及助航设备的安装

无线电通信设备是船舶航行时对外联系的重要工具,而助航设备是驾驶人员了解周围海况的主要助手,安装时,要考虑以下一些因素:

(1)无线电天线应远离烟囱、通风筒、桅杆及上层建筑等其他金属构件,其距离应不小于1m。

(2)主罗经和方位分罗经的安装与确定,应使其首尾标志线与船舶纵向中心剖面平行,主罗经首尾基线安装误差应不大于0.5°,方位分罗经误差应不大于0.25°。

(3)由于雷达天线座具有水平要求,所以雷达天线应在船台上安装完毕。在雷达天线周围3m内除雷达桅杆外,不得有其他大的障碍物和发射天线。雷达天线的首尾与船体艏艉线重合或平行,误差不大于0.5°,水平误差应不大于0.2~0.5°。

在安装雷达波导管时，考虑到高频损耗的影响，弯头应该尽量减少（不宜多于5个）。穿过罗经板处应保证水密。波导管连接头需用金属编织线连。接波导管安装后应进行密性试验。

（4）测深仪的安装，其辐射面应保持水平，水平面的倾斜不得超过±3°，换能器表面上应保持清洁，不得有油污，安装后应经0.2MPa的压力试验。

（5）电磁计程仪传感器安装应平行于船体的艏艉线，其误差应不大于±3°。电磁计程仪传感器的正前方5m内不能有任何凸出的物体，电极板上不得有任何涂料或油脂等污物。

（6）测向仪天线安装时首标志箭头应指向船艏方向，天线2m以内不得有其他金属构件。

（7）各类双曲线导航系统和卫星导航接收机等定位设备的天线应安装得尽可能高，不要被烟囱、桅杆、桥楼结构等垂直金属物体所遮蔽；不应置于发射天线之下，尽可能远离烟囱和其他天线，尤其是发信天线，以免因大功率发射损坏接收机，也不要离雷达或电视天线太近，以免受其辐射干扰。

SIKAO YU LIANXI

1. 船舶电气设备安装的总体要求应符合哪些条件？
2. 船舶电气设备安装可分为哪几个安装阶段？各阶段有什么特点？
3. 船舶电气设备的基本安装方法有哪些？
4 设备安装的紧固要求是什么？
5. 船用航行灯有哪些种类？各有什么特点？
6. 照明辅具安装高度有哪些要求？
7. 船舶航行灯、信号灯等安装时应注意哪些问题？
8. 船舶蓄电池的安装应满足哪些要求？
9. 无线电天线安装时应避免靠近什么位置？
10. 测深仪安装时有哪些要求？

参考文献

[1] 许宝森. 船舶动力装置安装工艺. 北京:人民交通出版社,2007.
[2] 张德孝. 船舶电工工艺. 北京:中国经济出版社,2002.
[3] 胡适军. 船舶动力装置安装工艺. 哈尔滨: 哈尔滨工程大学出版社,2007.
[4] 陆金铭. 船舶动力装置安装工艺学. 北京: 国防工业出版社,2006.
[5] 刁玉峰. 船舶机装与电装工艺. 哈尔滨: 哈尔滨工程大学出版社,2010.